Bessere Videos drehen

Reinhard M. Nikschick

Bessere Videos drehen

Ein Leitfaden zu Recherche, Story, Aufnahme, Schnitt und Effekten

mitp

Bibliografische Information der Deutschen Nationalbibliothek
Die Deutsche Nationalbibliothek verzeichnet diese Publikation in der Deutschen Nationalbibliografie; detaillierte bibliografische Daten sind im Internet über http://dnb.d-nb.de abrufbar.

Bei der Herstellung des Werkes haben wir uns zukunftsbewusst für umweltverträgliche und wiederverwertbare Materialien entschieden.
Der Inhalt ist auf elementar chlorfreiem Papier gedruckt.

ISBN 978-3-7475-0541-0
1. Auflage 2023

www.mitp.de
E-Mail: mitp-verlag@sigloch.de
Telefon: +49 7953 / 7189 - 079
Telefax: +49 7953 / 7189 - 082

Lektorat: Katja Völpel
Sprachkorrektorat: Petra Heubach-Erdmann
Covergestaltung: Christian Kalkert
Coverbild: TarikVision/stock.adobe.com
Satz: Petra Kleinwegen
Druck: ADverts in Riga, Lettland

Inhaltsverzeichnis

Einleitung

Ideen kommen von allem.

Alfred Hitchcock 13.08.1899 - 29.04.1980

Begeisterung

Mit dem nagelneuen Handy erfüllte sich der lang ersehnte Wunsch: Videos auf Knopfdruck. Das Superhandy aus der Hosentasche holen – und los. Bunte Bilder in großartiger 2K-Auflösung auf den Bildschirm zaubern, der Traum beginnt.

Ein Schwenk über Omas Kuchentafel, die Autofahrt in den Urlaub, vorbei an endlosen Bergketten, Frau und Kinder beim Einkauf auf einem südländischen Markt – die Videobegeisterung in der Familie ist grenzenlos.

Zur Jahresversammlung im Sportverein viel Anerkennung für den Videofilmer. Die ganze Truppe im Umkleideraum, einige unter der Dusche, verwackelte Ausschnitte des verlorenen Pokalspiels, das kalte Buffet, Abreise der gegnerischen Mannschaft, Ende. Alles selbst gefilmt mit dem Handy.

Zur Unternehmensvorweihnachtsfeier sollte sich jeder etwas Kulturelles überlegen. Klar, ein Video mit Aufnahmen vom Grillfest im vergangenen Sommer, kauenden Kolleginnen und Kollegen, Bierkisten, liebevoll gebastelter Tischdekoration. Jedes Teammitglied ist auf Video zu sehen, auch eine frühere Mitarbeiterin, die bis zu ihrem Ruhestand für die Post im Unternehmen zuständig war. Als im Video die etwas unscharfe Stelle mit der kollektiven Reparatur des motorbetriebenen Schweinespießes läuft, schmunzelt selbst der eher humorlose Chef und murmelt wohlwollende Worte. Später und mit einem Bier in der Hand entsteht während eines vertrauten Gesprächs die Idee, ob mit einem kleinen Video vielleicht, nur mal versuchsweise, im Unternehmen etwas gemacht werden könnte, es muss ja auch nicht so aufwendig sein. Vielleicht im Bereich Vertriebsunterstützung interessierten Kunden die Produkte per Video erklären. Überhaupt, die Firma mit einem Video in den sozialen Medien vorstellen oder zumindest auf der Homepage des Unternehmens, das wäre doch echt was Modernes.

Es läuft bestens mit dem neuen Handy. Das Modell hatte ja auch etwas mehr gekostet als ein »Normales«. Eine lohnenswerte Investition? Bestimmt!

Ernüchterung

Geraume Zeit später.

Die Videobegeisterung hat sich gelegt. Am Abend gibt's wieder die bekannten Fernsehserien. Bei Omabesuchen Alltagsgeschichten zum selbst gebackenen Kuchen austauschen – wie früher. Fotos aus dem Garten mit schneebedeckten Frühblühern sind interessanter als Videoaufnahmen aus dem Wintersportgebiet. Daran ändert auch die Tatsache nichts, dass der jüngste Spross den vereisten Idiotenhügel ohne Hilfe und Blessuren bezwungen hat. Erinnerungsfotos – mit dem teuren Handy fotografiert – reichen als Winterurlaubsbeleg.

Im Sportverein wird die kommende Saison geplant. Anders als vor einem Jahr – da war das Superhandy noch der Renner und die Sportfreunde stürzten sich auf das gedrehte Material – geht der Vorschlag, wenigstens einige Wettkämpfe mit der Videokamera aufzunehmen, im allgemeinen Organisationschaos unter.

Auch das Projekt Firmenvideo fand keinen rühmlichen Abschluss. Dabei legte sich der Chef mächtig ins Zeug und beschrieb wortreich, wie das Unternehmen im Video »rüberkommen« solle. Moderne Arbeitsplätze zeigen, Weltklasseprodukte präsentieren, den vor einem Jahr errichteten Neubau ins Bild setzen. Im Video wurde viel gezeigt und noch mehr geschwenkt. Auf dem häuslichen Computer war inzwischen ein Videoschnittprogramm installiert, doch der Chef wirkte nicht besonders glücklich, wenn er das Firmenvideo betrachtete. Sogar die Kollegen gingen in Deckung, wenn das Smartphone mit der SuperCam aus der Hosentasche geholt wurde. Das Firmenvideoprojekt verlief irgendwann im Sande – ganz stillschweigend.

Die Begeisterung für die tolle Handycam mit 2K-Auflösung zerbröselte restlos, nachdem ein Kollege im Zuge der Verlängerung des Mobilfunkvertrags ein neues, noch moderneres Handy mit 4K-Auflösung und x anderen Features in Besitz nehmen konnte.

In einer Stunde der Besinnung waberte plötzlich der Gedanke durch den Kopf, weshalb die Familie Serien und Krimis im TV, die Sportgruppe eine Wandzeitung mit Fotos und der Chef Prospekte und Werbekugelschreiber einem selbst gedrehten Video bevorzugen.

Der Besinnung folgt die Erkenntnis, dass irgendetwas mit den liebevoll gedrehten Videos nicht stimmt. Vielleicht, so der noch zaghafte Gedanke, kann oder sollte oder müsste man mehr machen aus den gedrehten Videoclips? Manche Aufnahmen sind gut gelungen, andere könnten besser sein. Vielleicht würde das Kürzen einiger Einstellungen und Veränderungen der Reihenfolge mit einem Schnittprogramm mehr aus den selbst gedrehten Videos machen?

Glückwunsch und viel Erfolg dabei.

Für wen ist dieses Buch?

Wer nach ersten Videoversuchen begeistert ist – oder verzagt – und gerade deshalb – oder trotzdem – tiefer in die Welt der Videoherstellung eindringen möchte, findet mit diesem Buch einen Einstieg. Videos herzustellen ist nicht besonders schwierig, sondern besonders vielseitig.

Vollkommen gleichgültig, ob das Endprodukt die Familie, Freunde und Bekannte, Kollegen oder den Chef in der Firma begeistern soll, immer haben wir es mit Zuschauern zu tun. Egal ob vor dem heimischen Sofa eine Vorabendserie über den Bildschirm flimmert oder im Meetingbereich das Produktvideo des Unternehmens gezeigt wird. Die Zuschauer allein entscheiden, ob das Gezeigte interessant, spannend, lehrreich, unterhaltsam – oder sagen wir einfach – gut ist.

Konntest du bereits Medienerfahrungen sammeln? Vielleicht als junger Redakteur der Schülerzeitung, während der beruflichen Ausbildung oder im Studium? Arbeitest du als Lehrer in einer Schule? Bildest du als Hochschullehrer an einer akademischen Einrichtung Studierende aus?

Artikel schreiben, Referate verfassen, Präsentationen entwickeln, damit hast du bereits Erfahrungen, konntest schon Erfahrungen mit einer Präsentationssoftware sammeln.

Artikel oder Präsentation – immer geht um die Gestaltung und Vermittlung von Inhalt.

Für die technische Herstellung eines Referates bedarf es eines Bleistifts und einiger Blätter Papier. Für die Präsentation eines Vortrags kommen eventuell noch eine Tafel und Kreide hinzu.

Zur Entwicklung einer PowerPoint-Präsentation sind Computer und Software erforderlich. Inhaltlich und gestalterisch anspruchsvolle Präsentationen gelingen ohne profunde PowerPoint-Kenntnisse nicht auf Anhieb. Technische Grundkenntnisse brauchst du, um die Präsentation mit einem Beamer auf eine Bildwand zu projizieren.

An der Handhabung der Medientechnik scheitern die wenigsten. Aufwendig und vielfach unterschätzt ist die inhaltliche Vorbereitung. Dabei finden sich viele Gemeinsamkeiten bei der Vorbereitung von Artikeln, Referaten, Präsentationen – und Videos.

Die Arbeitsschritte:

- Thema analysieren (oder erst einmal finden) – Kopfarbeit
- Informationen zum Thema sammeln – Fleißarbeit
- alles zum Thema aufschreiben – viel Fleißarbeit

gehören zur Vorbereitung von Vorträgen und auch Videos.

Solltest du einwenden, dass zwischen Vorträge halten und Videos machen ein großer Unterschied besteht, lautet die klare Antwort »JEIN«.

Das Werkzeug für einen spannenden und interessanten Vortrag ist Sprache. Mit Worten und Formulierungen muss der Autor Ereignisse, Erlebnisse, Gefühle und Gedanken ausdrücken.

Dagegen ist die Werkzeugpalette für ein Video erheblich größer. Aufnahmen unterschiedlicher Einstellungsgrößen, aus verschiedenen Perspektiven zusammengeschnitten, mit Text und Geräuschen unterlegt, mit Videoeffekten versehen u. v. a. m. Das alles kann ein Vortrag nicht.

Dafür muss der Videomacher es lernen, die ihm zur Verfügung stehenden Werkzeuge zu beherrschen und sinnvoll einzusetzen.

Anfangs erscheinen dir die vielen Gestaltungswerkzeuge für die Herstellung von Videos wie ein Weg durch unbekanntes Gelände.

Auf diesem Weg möchte das Buch Starthilfe sein – und Begleiter für die ersten Videoprojekte.

Die häufigsten Wege der Videoverbreitung sind Videoportale wie YouTube und die Kanäle Sozialer Medien. Aber auch Wartezimmer in Arztpraxen und Behörden, Bahnhöfe, Reisezüge, Nahverkehrsmittel, Supermärkte und Flughäfen sind Austragungsstätten der Medienrevolution. In Behörden, Forschungsstätten und selbst in Bildungseinrichtungen jeder Ausprägung haben Lehrende wie Lernende erkannt, woher nach der Erfindung des Buchdrucks und dem Siegeszug von PowerPoint-Präsentationen Werkzeuge der neuen Medienrevolution kommen – aus der Hosentasche.

Wenn dieses Buch Hilfe und Motivation für den Einstieg in die Welt des digitalen Videomedienmachens ist und du selber in die Tasche greifst, um das Smartphone für ein erstes Videoprojekt herauszuholen, dann haben die Seiten dieses Buches ihre Aufgabe erfüllt.

Technik-Voraussetzungen

Fast jedes moderne Smartphone kann Videos in bester Qualität aufzeichnen. Damit ist es für unsere Zwecke bestens ausgerüstet. Nutzer älterer »Knochen« – so hießen die ersten Mobilfunkhandys – brauchen für Videoaufnahmen ein anderes Gerät. Vielleicht verstaubt im Wohnzimmerschrank ein selten genutzter digitaler Fotoapparat. Diese sind häufig mit Videofunktionen ausgestattet und damit für Videoaufnahmen geeignet. Ein Blick in die Betriebsanleitung schafft Klarheit über die Eignung als Videocam. Für solche Geräte spricht vor allem, dass die Aufnahmedauer durch Austausch des Speicherchips nahezu unbegrenzt verlängert werden kann. Besitzer einer digitalen Videocam sind technisch ebenfalls bestens ausgerüstet.

Für den späteren Videoschnitt sind viele Programme am Markt verfügbar. Die grundsätzliche Arbeitsweise von Software für den Videoschnitt wirst du am Beispiel von Kdenlive kennenlernen. Dieses Programm gibt es für Windows, verschiedene Linuxsysteme [1] [2] [3] und neuerdings auch für Applecomputer (mit Intel-Prozessor).

Kdenlive kann auf der Entwicklerseite kostenlos heruntergeladen werden. Selbst Computerlaien sollte die Installation gelingen. Falls doch Probleme auftreten, gibt es neben ausführlichen Anleitungen auch einen regen Anwenderaustausch auf der Internetseite der Entwickler. Programmbeschreibungen und Handbücher in vielen Sprachen finden sich ebenfalls im Internet. Tutorien zum Einstieg sowie viele Kniffe und Tricks können per Video bei YouTube angesehen und heruntergeladen werden.

Was dieses Buch nicht kann

Das Buch hat nicht den Anspruch, bei der Beschreibung spezieller technischer Eigenschaften und Funktionen stets auf dem neuesten Stand der Entwicklung zu sein. Selbst der Versuch wäre bei dem Tempo der Innovationen von Handy- und Videotechnik zum Scheitern verurteilt. Spezielle und herstellerbezogene Beschreibungen und Eigenschaften von Handy- und anderen Cams werden daher die Ausnahme sein.

Leser, die nach ihren ersten Videoproduktionen zu der Erkenntnis gekommen sind, dass auch mit einem Smartphone und integrierter Superhandycam nicht zwangsläufig ein Supervideo entsteht, werden das Fehlen detaillierter Produktbeschreibungen nicht als Mangel empfinden.

Kapitel 1

Video kann jeder

Bestimmt hast du über die Produktion von Filmen und Videos schon manches gehört oder das Glück gehabt, Dreharbeiten zu beobachten. Da laufen meist eine Menge Leute durch die Gegend und richtig gedreht wird nur gelegentlich.

Das Bild dieser großen Filmcrew geht dir nicht mehr aus dem Kopf und immer überlegst du, wie ein Einzelkämpfer ein Video mit allem Drum und Dran realisieren soll.

Die Schlussfolgerung: Deine Videos sollen weder im Kino noch über einen Fernsehsender ihr Publikum erreichen. Deine Zielgruppe: ein sehr überschaubarer Kreis von Zuschauern.

Videoimpressionen vom Kinderfasching der Tochter – die sind NUR für Vorführungen im Kreis der Familie gedacht. Erinnerungen an das Tischtennisturnier in der Firma sind NUR für die Kollegen und Kolleginnen gedacht.

Was sind NUR-Videos?

NUR-Videos dreht man für Zuschauer, die nichts von Videos verstehen, und über keinerlei Erfahrungen in Bezug auf deren Herstellung verfügen. NUR-Video-Publikum ist es gewöhnt, sich zu langweilen, interessiert sich für nichts und glotzt trotzdem stundenlang auf den Fernsehbildschirm. Vermutlich trifft diese Beschreibung weder auf deine Verwandtschaft noch für deine Kollegen zu. Denn täglich sitzen sie vor dem Fernsehgerät, sehen Videos und äußern sich kritisch über das Gesehene. Die wenigsten deiner Zuschauer sind Medienspezialisten mit tief greifenden Kenntnissen über Videogestaltung. Ob ein Video sie jedoch langweilt oder interessiert, das wissen sie bestimmt.

Der Entschluss, *keine* NUR-Videos zu drehen, beweist eine hohe Wertschätzung deines späteren Publikums. Die weiteren Überlegungen gründen sich deshalb auf dem (guten) Vorsatz, die Zuschauer mit interessanten und nie langweiligen Videos zu unterhalten.

Interessante Videos, deren Betrachtung Vergnügen und Spaß macht? Vergnügen und Spaß? Was bedeutet es, Vergnügen zu haben und Spaß zu empfinden? Mit deinen ersten Videos ist das vielleicht nicht so richtig geglückt. Die Folge: schwindendes Interesse der Zuschauer an deinen Videoproduktionen. Was konkret fehlt deinen Videos? Weshalb das nachlassende Interesse?

Wir sollten ein wenig darüber nachdenken, wie Videos in den Köpfen der Zuschauer Gefühle wie Interesse, Vergnügen und Spaß auslösen. Hightech-Handy und nun auch noch Psychologie? Ja. Es wird sogar noch »schlimmer«.

Video ist Teamwork

Die Herstellung eines Videos ist ein Gemeinschaftswerk. Jeder Mitarbeiter hat dabei seine Aufgabe:

- Der Autor schreibt die Geschichte.
- Der Regisseur macht daraus ein Video.
- Der Kameramann dreht schöne Bilder.
- Der Tonmeister lässt es gut klingen.
- Der Cutter montiert Bilder und Töne.
- Der Aufnahmeleiter organisiert das Drehen.
- Der Producer beschafft ausreichende Mittel zur finanziellen Absicherung der Produktion.
- Mitarbeiter für Kostüm, Maske, Ausstattung sowie viele Assistenten und Hilfskräfte runden die Crew ab.

Die Vielfalt der Aufgaben macht Spezialisierung sinnvoll und erforderlich. Als Videoeinzelkämpfer ist es unvermeidbar, ein wenig in einzelne Fachgebiete der Spezialisten hineinzuschnuppern, Fachbegriffe zu verstehen und unverzichtbare Grundlagen und Kenntnisse zu erwerben.

Ansehen, was andere mit ihrer Kamera produziert haben. Ihre Videos ansehen und wirken lassen. Dann bewusst die Frage nach dem Gefallen oder Nichtgefallen stellen: »Die erzählte Geschichte fand ich interessant.« »Die unterlegte Musik war hinreißend.« »Wie sind die aufgenommenen Bilder entstanden?«

»Weshalb erfahre ich nicht, in welcher Stadt mit den Fachwerkbauten das Urlaubsvideo entstand? Das Video wirkt so unruhig, ständig schwenkt die Kamera herum. Die Einstellungen sind so lang und so langweilig.«

Aus den Fehlern anderer Videomacher kannst du ebenso viel lernen wie aus ihren Erfahrungen. Deshalb: heraussuchen, mitnehmen, nachmachen, was deinen Videos nützt und sie besser macht.

Videofilmer sind universalbegabt. Geschichten erfinden können sie ebenso wie mit einer Videocam umgehen, Töne einfangen und am Computer ein vorführfertiges Video produzieren.

Geld für die technische Ausrüstung, einige Euro als Dankeschön für Helfer, Tankfüllungen, Eintrittsgelder für ein Museum und ein kräftiges Frühstück in den Drehpausen bezahlen sie als Producer aus der Haushaltskasse.

Nichts kann die Vielfalt dieser Fähigkeiten besser beschreiben als der im 18. Jahrhundert entstandene Begriff *Dilettant*. Im Gegensatz zu Menschen, die mit einer Tätigkeit ihr täglich Brot verdienen mussten, war es den (meist adligen) Dilettanten vergönnt, ihrer Leidenschaft nachzugehen, ohne damit Geld verdienen zu müssen.

Universaldilettant in Sachen Videoherstellung ist die passende Bezeichnung für dein Tun. Nicht in einem (Film-/Video-/Medien-)Studium, sondern aus Begeisterung, Engagement und viel Hingabe hast du gelernt oder bist du dabei, der Familie, den Nachbarn und Bekannten, den Kollegen und vielleicht sogar dem Chef Vergnügen zu bereiten.

Vergnügen und Spaß schaffender Universaldilettant auf der Suche nach dem WIE. So etwa fühlen sich Videocambesitzer nach den ersten Fehlschlägen. Das Bessermachen beginnt mit einer einfachen Analyse. Was brauchen wir für interessante Videos und was fehlt uns? Als Technik steht ein Handy mit integrierter Kamera zur Verfügung. Auch mit der Menge der aufgenommenen Bilder und Töne haben wir nicht gegeizt. Für die Endfertigung steht der häusliche Computer zur Verfügung. Auf ihm ist sorgfältig ein Schnittprogramm installiert. Nur mit der Endfertigung haben wir uns bei den ersten (nicht so gelungenen) Videoprojekten etwas schwergetan. Das reichlich vorhandene Material ordnen, (aus-)sortieren, die Reihenfolge der Einstellungen festlegen, die Reihenfolge ändern. Der Weg zu einem zufriedenstellenden Videoende erscheint nicht selten wie das Irren durch ein Labyrinth. Bei Vorführungen geht es nicht ohne lange Erklärungen, Hinweise und Entschuldigungen an das Publikum. Es fehlt ein roter Faden, der die vielen gedrehten und zusammengeschnittenen Videominuten zu einem vergnüglichen Abschluss bringt.

Videos machen – kostet Zeit

Einen Kuchen backen, ein 3-Gänge-Menü zaubern, einen Vortrag schreiben – das braucht Zeit, wenn es gut werden soll. Beim Herstellen von Videos ist das nicht anders. Je nach Erfahrung und Umfang des geplanten Videoprojekts wirst du einen nicht unerheblichen Teil deiner Freizeit damit verbringen:

- Themen und Ideen zu entwickeln und aufzuschreiben
- Themen und Ideen zu recherchieren
- einen Fahrplan für das Drehen zu verfassen
- dich mit Protagonisten an Drehorten abzusprechen
- Videoaufnahmen herzustellen
- Text zu schreiben (Kommentar) und aufzunehmen
- Musik, Geräusche, Bilder auszuwählen und zu beschaffen
- und mit der Endfertigung (Material zu sichten, auszuwählen, zu montieren)

Diese Liste wird bei ersten Projekten weniger umfangreich ausfallen. Der zeitliche Aufwand für Planung und Herstellung eines Videos sollte dennoch nicht unterschätzt werden. Nach ersten motivierenden Erfolgen und bei anspruchsvollen Videoproduktionen wirst du die Liste vielleicht erweitern.

Kapitel 2

Begriffe und Technik

Zum besseren Verständnis

Nachfolgende Zeilen beschreiben aus der Filmwelt stammende und von Videomachern übernommene häufig verwendete Begriffe.

Bild

Die kleinste mit unserer Kamera aufnehmbare Einheit ist ein einzelnes Foto, in der Sprache der Film-/Videomacher *Bild* genannt.

Einstellung

Die Folge einzelner Bilder ohne Unterbrechung – also vom Kamera-Start bis zum Kamera-Stopp – bezeichnet eine Einstellung, englischsprachig *Shot* oder *Take*, auch wenn die Kamera während der Aufnahmen bewegt oder das Bild gezoomt wurde.

Sequenz, Szene

Aus aneinandergereihten Einstellungen entstehen Sequenzen und Szenen. Die Sequenz beschreibt den zeitlichen und räumlichen Handlungsverlauf des Videos. Die Szene bildet den inhaltlichen Verlauf der Handlung ab. Sequenz und Szene bestehen mindestens aus einer Einstellung.

Video/Film

Ein Video/Film besteht in der Regel aus einer geordneten, meist mit einem Schnittprogramm hergestellten Folge von Einstellungen, Sequenzen, Szenen.

Mehrteiler

Dieser grundlegende Aufbau wiederholt sich bei jedem Video und gilt daher auch für Mehrteiler. Wesentlicher Unterschied zum Einteiler sind Erzählweise und dramaturgische Gestaltung.

Gourmetkoch schält Kartoffeln

Bevor ein Gourmetkoch seine kulinarischen Kreationen einem Publikum servieren kann, erlernt er die Küchenbasics. Die Bedienung des Kochherds, Lebensmittelkunde und der richtige Umgang mit Topf und Bratpfanne stehen dabei ebenso auf dem Programm wie Kartoffelschälen.

Angehende Videofilmer sind in einer ähnlichen Situation. Grundkenntnisse über Funktionsweise und Einstellungsmöglichkeiten vereinfachen Gebrauch und Einsatz unseres wichtigsten Werkzeugs. Vor dem Dreh der ersten Einstellungen sollte das gründliche Studium der Bedienungsanleitung stehen. Dabei kannst du den Einfluss unterschiedlicher technischer Parameter auf die Bildqualität erproben. Die Handhabung der wertvollen Kamera sollte dir bereits während der Probeaufnahmen in Fleisch und Blut übergehen – nicht erst, wenn du »echt« drehst.

Allgemeine Hinweise zu den Parametern der in Smartphones verbauten Kameras sind kaum zu vermitteln. Hersteller stehen bei der Geräteentwicklung vor dieser schwer lösbaren Aufgabe: Keine oder möglichst wenige Einstellmöglichkeiten an ihrer Kamera wünschen sich technisch wenig versierte Anwender. Technikprofis dagegen wollen auch das Letzte aus ihrer Kamera herausholen und dafür an vielen Parametern herumdrehen können. Als Einsteigermodell angeboten wird das Samsung A14 SM-A135. Mit vier Kameras plus einer Frontkamera ist das Smartphone recht üppig ausgestattet. Sehr überschaubar dagegen die Möglichkeiten zum Einstellen von Parametern für Videoaufnahmen.

Mit einer Kamera plus Frontkamera ausgestattet ist von Apple das iPhone SE2020. Das Angebot von Parametern für Videoaufnahmen verursacht Technikunerfahrenen schon ein verzweifeltes Stirnrunzeln, zumal das Menü eine Auswahl verlangt.

Die nachfolgenden Abschnitte verdeutlichen technische Zusammenhänge und sollen das Einstellen passender Parameter vereinfachen.

In der Vergangenheit war die DVD bevorzugtes Transportmedium für Videos. Ihr folgte, mit deutlich besserer Auflösung, die Blu-Ray. Für die Wiedergabe beider Medien wird der heimische TV-Empfänger benutzt.

Mit der Verbreitung leistungsfähiger Internetverbindungen entstanden spezielle Video-Portale wie Dailymotion, Vimeo, PeerToub, TikTok und YouTube.

Die Wiedergabequalität kann sich mit einer BluRay messen – eine entsprechende Bandbreite des Internetzugangs vorausgesetzt.

Keine Internetseite, egal ob zur Präsentation der Firma, des Vereins oder der Familie, muss auf Bewegtbilddarstellungen verzichten. Ob das Video im Vollformat auf einem High-End-Monitor, einem Smartphone oder als kleine optische Ergänzung in einer Ecke der Internetseite läuft, beeinflusst die Entscheidung, welche Bildauflösung unser Videomaterial haben soll.

Mit der passenden Auswahl technischer Parameter sind dem Einsatz der Videos kaum Grenzen gesetzt.

Bildformate

In jeder Videokamera verwandelt ein Chip Licht in elektrische Signale. Zuständig für diese Umwandlung sind lichtempfindliche Sensoren.

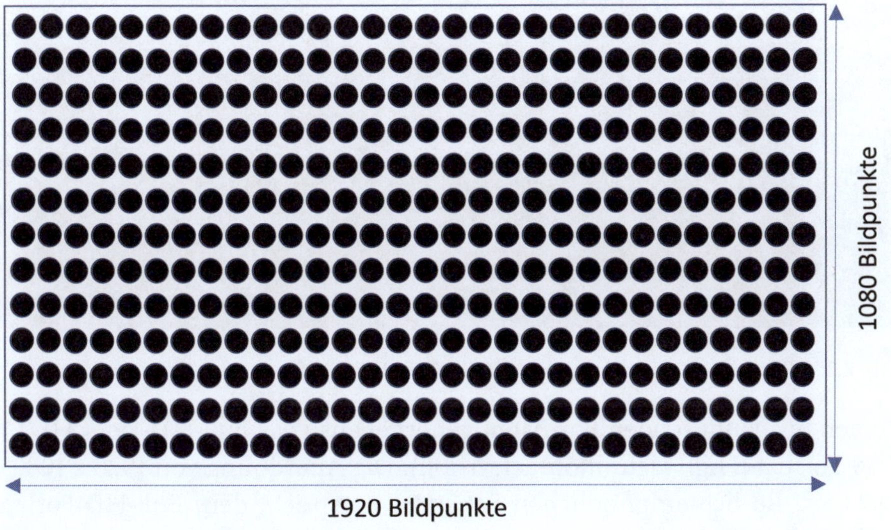

Abb. 2.1: Videochip mit Bildformat 16:9

Deren Anzahl auf dem Chip bestimmt Format und Qualität der Videoaufnahmen. Jeder Sensor steht für einen Bildpunkt, auch Pixel genannt. Die Anordnung der Sensoren im Seitenverhältnis von horizontalen zu vertikalen Bildpunkten beträgt 1,77777778, oder einfacher zu merken 16:9. Diese Norm hat sich in den vergangenen Jahren international durchgesetzt. Moderne Fernsehgeräte, Spielekonsolen, Monitore und auch mobile Geräte können Bilder und Videos in diesem Format wiedergeben. Bei Videomaterial älterer

Videocams treffen wir nicht selten auf das Bildformat 4:3. Auch auf Material in diesem Format musst du nicht verzichten und erfährst später, wie es in ein 16:9-Video eingebaut werden kann.

Bildauflösung

Die Anzahl der Pixel auf einem Videochip steigerte sich den vergangenen Jahren erheblich. Beim HDTV-720-Format, auch HDReady, sind die Sensoren in 720 Zeilen angeordnet, 1280 Sensoren in jeder Zeile, insgesamt 1280 x 720 = 921.600 Bildpunkte (Bp).

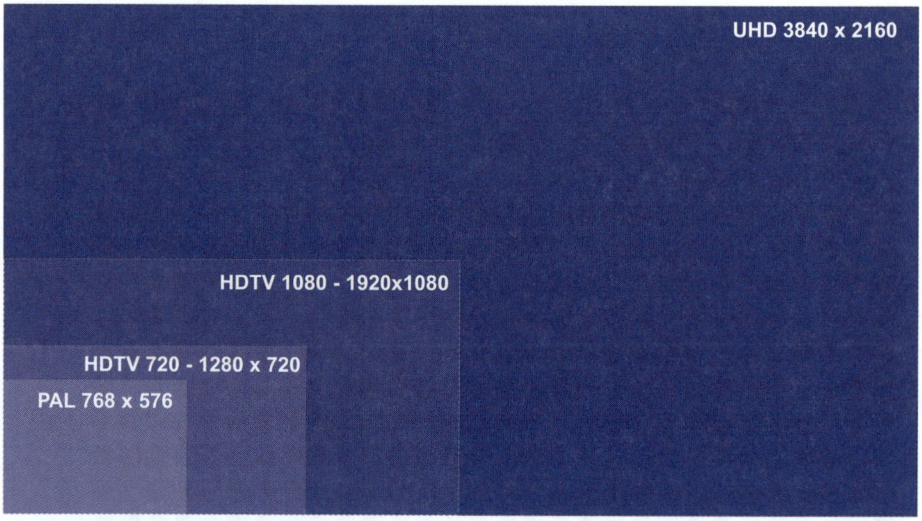

Abb. 2.2: Bildformat – Bildauflösung: von PAL-4.3 bis UHD-16:9

Zu den hochauflösenden Formaten gehört ebenso das Full-HD- oder HDTV-1080-Format (High Definition Television). Die Anordnung von 1920 x 1080 = 2.073.600 Bp lichtempfindlichen Sensoren entspricht dem Full-HD-Format (Full High Definition).

Die Spitzenreiter bei der Bildauflösung arbeiten nach dem Prinzip Ultra High Definition Television. Für dieses Format hat sich die Bezeichnung 4k durchgesetzt. Auf dem Videochip sind in 2160 Zeilen jeweils 3840 Sensoren für die Bilderfassung zuständig, insgesamt also 8.294.400 Bp.

Bildpunkte – je mehr, desto besser?

Kameraeinstellungen mit möglichst hoher Bildauflösung erscheinen auf den ersten Blick als Favorit. Viele Sensoren auf dem Videochip versprechen hohe Detailtreue der Aufnahmen und somit höchste Abbildungsqualität. Speicherplatz auf leistungsfähigen Festplatten oder in Clouds ist inzwischen zu erschwinglichen Preisen zu beschaffen. Auch das spricht für eine hohe Bildauflösung.

Ist die Wiedergabe auf einer Kinobildwand geplant, lohnt die Aufnahme des Videos in UHD-(4K-)Auflösung. Der für den Videoschnitt verwendete Computer sollte in der Lage sein, auch mit der Datenflut von UHD-Aufnahmen flott zu arbeiten. Gegenüber einer 2K- verlangt die 4K-Auflösung die 4-fache Speicherkapazität.

Sind Videos ausschließlich zur Wiedergabe auf Smartphones vorgesehen, ist es ausreichend, im HDReady-(HDTV-720-)Format zu drehen.

Zunächst solltest du den späteren Verwendungszweck des Videos festlegen. Damit ist gemeint, auf welchem technischen Weg das fertige Video den Zuschauer erreichen soll.

Vermutlich flimmern die ersten eigenen Videoproduktionen nicht über die riesige Leinwand eines Lichtspieltheaters, sondern auf einem Fernseh- oder Computermonitor.

Mit Full-HD-Format – also 1920 x 1080 – garantieren diese Geräte ein überzeugendes Seherlebnis. Selbst die Wiedergabe eines Videos im HDTV-Format (1280 x 720) sieht auf solchen Monitoren sehr passabel aus. Videos in sozialen Medien sind häufig für Zuschauer gemacht, die bevorzugt mit Smartphone oder Tablet »unterwegs« sind. Hohe Auflösung und viele Bildpunkte – eher Fehlanzeige. Deshalb ist in HDTV-Qualität Produziertes vollkommen ausreichend. Die Bildqualität schöpfen wir bei diesen Geräten auch dann aus, wenn wir unser Video nicht in 4K produzieren. Zuschauer und deren Sehgewohnheiten in den Blick zu nehmen, kann also weitreichende Folgen haben.

Framerate

Beim Betrachten einer schnellen Folge von Bildern verliert unser Auge den Überblick, kann einzelne Bilder nicht mehr voneinander unterscheiden – und fügt die Bildfolge zu einer fließenden Bewegung zusammen. Dieses optische Phänomen funktioniert ab 16 Bilderwechseln in der Sekunde (Bps).

Im englischen Sprachraum hat sich dafür die Bezeichnung frame per second (fps) etabliert.

Die Bildwechsel empfindet das menschliche Auge dann als ruckel- und flimmerfrei, wenn die Bildfolge mindestens 24 fps beträgt. Fernsehtechnische Normen und Elektrizitätsstandards haben in manchen Ländern zur Einführung von 30 fps geführt. Dieser Wert sollte aber auch dann eingestellt werden, wenn schnelle Bewegungen, wie sie bei Sportereignissen üblich sind, flüssig und mit hoher Detailtreue aufgenommen werden. Mit 60 fps oder noch höheren Werten wird nur dann gearbeitet, wenn die Aufnahme extrem schnelle Bewegungen enthalten oder das Videomaterial später als Zeitlupenaufnahmen Verwendung findet.

Mit jedem Frame entsteht, entsprechend der eingestellten Bildauflösung, die Datenmenge eines Bildes. Gegenüber 25 fps fällt also bei 50 fps die doppelte Menge Videodaten an.

Die spätere Wiedergabe des Videos kann ebenfalls bestimmte Einstellungen der fps erfordern. Ältere Monitore und Fernsehbildschirme können Probleme mit der Wiedergabe von hohen Frameraten haben. Mehr als 25 oder 30 fps sollten dann nicht Verwendung finden.

Bei einer geplanten Videovorführung in einem Kino ist eine fps von 25 auf jeden Fall die beste Wahl.

Speicherbedarf pro Bild / Minute / Stunde

Auch der Bedarf an Speicherkapazität sollte in unsere Überlegung eingehen. Je nach Bildauflösung entstehen in der Kamera für jedes Videobild Daten, die gespeichert und verarbeitet werden müssen.

- HDTV – 1280 x 720 = 921.000 Bp – 46,1 Mp/s, ca. 40 MB/min
- Full HD – 1920 x 1080 = 1.555.200 Bp – 51,8 Mp/s, ca. 130 MB/min
- UHD(4k) – 3840 x 2160 = 8.294.400 Bp – 199,1 Mp/s, ca. 350 MB/min

- 10 Minuten HDTV Video, Speicherbedarf ca. 0,4 GByte
- 10 Minuten Full HD Video, Speicherbedarf ca. 1,3 GByte
- 10 Minuten UHD-Video, Speicherbedarf ca. 3,5 GByte

Planen wir für unsere Internetseite ein YouTube-Video mit Blick über nebelverhangene Wiesen und schlafende Rinder, werden wir auf unserer Cam die

Einstellung 720p /30 fps wählen. Das Video braucht weniger Speicherplatz und lädt bei Aufruf schneller. Der Schnitt des Videos überfordert auch einen älteren Laptop nicht. Für die Sicherung der aufgenommenen Videodaten findet sich ein wenig Platz auf einer externen Festplatte.

Ein Video über das Firmensportfest verlangt der Videotechnik deutlich mehr ab. Schnelle Bewegungen beim Fußball, Aufnahme in Zeitlupe (Slow Motion) beim Dartspiel – die Bilder fließen, kein Ruckler stört das Sehvergnügen. Bei solchen Aufnahmen muss auch die Videotechnik zeigen, was sie kann. Gedreht wird deshalb im HUD-(4k-)Format und 60 fps. Vielleicht ist das auch eine gute Gelegenheit, auf einen modernen Computer umzusteigen. Dann wird auch die leistungsfähige Videoschnitt-Software ein flüssiges Arbeiten erlauben.

Videoparameter-Beispiele

Zwei Beispiele für die Einstellung wichtiger Videoparameter an Handy-Kameras zeigen die unterschiedliche Leistungsfähigkeit sowie den Ideenreichtum der Hersteller bei der Menügestaltung (siehe Abb. 2.3 und Abb. 2.5).

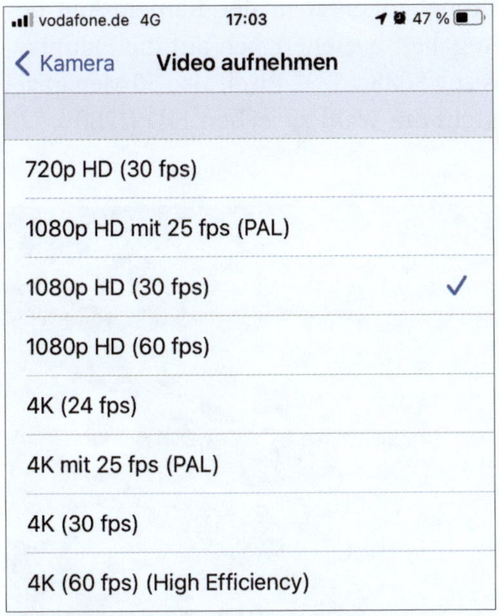

Abb. 2.3: IPHONE SE – Videoparameter

Das iPhone SE 2020 vereint sämtliche Modi im Kamera-Menü VIDEO AUFNEHMEN. Aber auch kurz vor der Aufnahme oder zwischen zwei Einstellungen sind Korrekturen der Framerate (25, 30, 60 fps) und der Auflösung (HD oder 4K) im Videokamera-Modus möglich.

Abb. 2.4: IPHONE-SE – Videoparameter »Ändern« im Kamera-Modus

Deutlich einfacher sind die Einstellmöglichkeiten in der Kamera-App des Samsung A13. Die nachfolgenden Angaben beziehen sich auf die Hauptkamera des Samsung A13, deren Auflösung 8688 x 5792 Pixel, also 50 Megapixel beträgt. Bei dem Bildformat 16:9 besteht die Wahl zwischen HD (1280 x 720 BP) und FHD (1920 x 1080 BP).

Abb. 2.5: Samsung A13 – 4-fach-Kamera plus Frontkamera

Zusätzlich stehen die Formate Full (1920 x 864 BP) und 1:1 (1440 x 1440 BP) zur Verfügung. Die Framerate beträgt bei allen Auflösungen 30 fps.

Das Umschalten der Bildformate und der Auflösung ist direkt in der Kamera-App möglich.

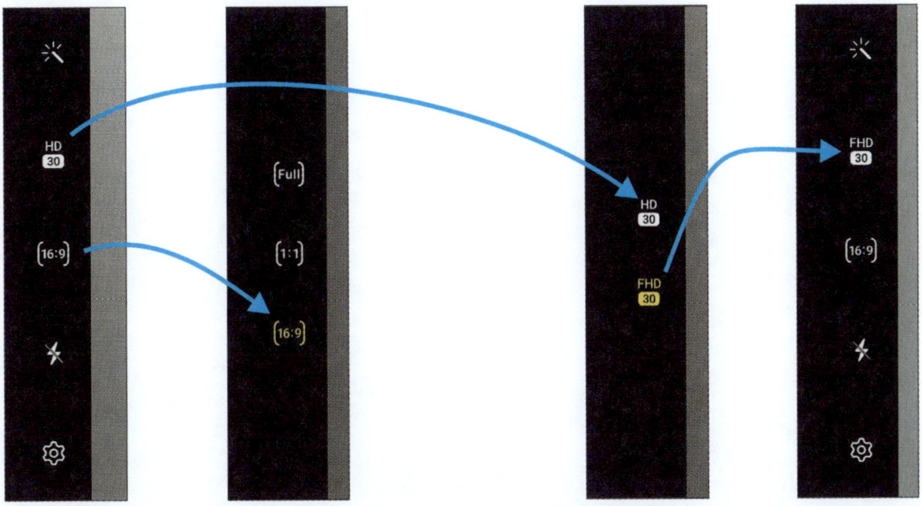

Abb. 2.6: Samsung A13 – Videoparameter »Bildformat und Auflösung«

Obwohl beide Smartphones preislich nicht der Oberklasse entstammen, sind darin Videokameras integriert, die Aufnahmen mit bis 4k ermöglichen. Bei Sportereignissen punktet das iPhone SE2020 mit Aufnahmen bis zu 60 fps, während mit dem Samsung A14 maximal 30 fps möglich sind. Daraus resultierend ist die Wahl des gewünschten Videomodus am Samsung A14 sehr einfach gestaltet.

Ausgestattet mit dem Wissen über die entscheidenden Videoparameter wirst du bei der nächsten oder übernächsten Smartphone-Generation vielleicht nach dem Menü für die Einstellungen suchen. Verzweifeln wirst du an ihnen nicht.

Kapitel 3

Erst die Idee – dann die Geschichte

Eine Idee – woher nehmen?

»Einer guten Idee ist es egal, wer sie hatte.« Mit diesem Zitat, es stammt von einem Marketing-Experten, soll niemand zum Diebstahl geistigen Eigentums ermuntert oder gar aufgefordert werden! Es geht vielmehr darum, alle Quellen der Inspiration zu neuen Ideen vorbehaltlos auszuschöpfen.

Wir lesen einen Zeitungsartikel, sitzen beim Feierabendbier, sind im Berufsverkehr auf dem Nachhauseweg, gehen spazieren, sitzen mit der Angel am Dorfteich, lesen ein Buch, bearbeiten ein Kreuzworträtsel, sitzen vor dem Fernsehgerät, werden in wenigen Minuten einschlafen – und plötzlich ist sie da.

DIE IDEE. Nimm sie ernst – schreibe sie auf.

Wenige Wörter, ein paar Sätze, das genügt. Auf einen Briefumschlag, die Einkaufsliste im Handy, den Rand eines Flyers. Oder du hast die Idee beim Betrachten eines Veranstaltungsprogramms, eines Bildes oder eines Zeitungsausschnitts. Bewahre sie auf, die Idee. Später, wenn du mehr Zeit hast und nicht müde bist, kannst du deine Idee in Ruhe prüfen.

Vielleicht findest du sie doch nicht so toll. Dann weg mit ihr. Doch wenn sie dir später noch immer gefällt, kann sie nicht mehr weg. Du hast sie ja aufgeschrieben. Dann kannst du beginnen, mit ihr zu arbeiten.

Eine Idee ist plötzlich da, zufällig und ohne Voranmeldung. Herbeizaubern kannst du sie nicht, verhindern aber auch nicht. Sei immer darauf gefasst, dass sie plötzlich in deinem Kopf erscheint.

Die Entstehungsgeschichten von Ideen auf den folgenden Seiten könnten so oder so ähnlich passiert sein. Aus einigen Ideen entwickelten sich Geschichten und später entstanden daraus Videos.

Kinder und Familie

Kinder zählen zu den beliebtesten Motiven, lassen Eltern gern zu Foto- oder Videokamera greifen. Geburt, erste Schritte, Kindergarten, Schule, Hochzeit – die Fülle erinnerungswerter Ereignisse ermuntert viele Handybesitzer, die Kamera auf die Kleinen zu halten.

Manche Eltern behaupten, sie könnten über die Entwicklung ihres Nachwuchses ganze Bände mit Geschichten füllen – oder Videos machen. Mit der richtigen Idee ist das tatsächlich kein Problem.

Fasching im Kindergarten

Familienfrühstück bei Familie Kindermann. Wie immer drängt die Zeit. Da taucht mit einer fast vergessenen Einladung aus dem Kindergarten die Frage auf, ob Papa oder Mama dabei sein wird. Dabei sein?

In der übernächsten Woche veranstaltet der Kindergarten ein Faschingsfest. Dazu findet ein Vorbereitungsnachmittag statt. Gemeinsam sollen die Kinder und Erwachsenen Kostüme entwerfen und gestalten. Kinder mit Eltern sind herzlich eingeladen.

Während der Familienrat tagt – die Zeit drängt –, erfährt Vater Kindermann, dass sich die Tochter als Jäger und der Sohn als Rotkäppchen verkleiden möchte. Upps – etwas verwunderlich findet er diese Wahl.

Gedanken schießen ihm durch den Kopf: Die Großeltern wohnen ein paar Hundert Kilometer entfernt – fragen häufig nach den Enkeln – statt immer nur Fotos mal ein Video, mit dem neuen Handy kein Problem – Kinder im Kostüm auf der Rutsche – eine Erinnerung für später, wenn sie größer sind, vielleicht heiraten, die Tochter als Jäger, der Sohn als Rotkäppchen – ja, ein Video ist genau das Richtige.

Aufschreiben! Nein, dafür ist im Moment keine Zeit. Außerdem ist da noch die Kita-Einladung. Die wird sichergestellt. Später wirst du die Idee weiterverfolgen. Los zur Arbeit ...

Ein Video, dessen Ursprung die eigenen vier Wände sind, ist als Einsteigerprojekt ein Idealfall. Der Protagonist, in diesem Fall das eigene Kind, ist dir mit allen charakterlichen Facetten vertraut. Einen Teil der Dreharbeiten wirst du im eigenen Heim, also in gewohnter Umgebung erledigen können. Wer die Fachberatung in Sachen Kinderbetreuung und Faschingskostümgestaltung übernimmt, sollte die Kamerafrau oder den Kameramann tatkräftig als Produktionshelfer unterstützen. Schließlich ist auch das Drehen von Familienvideos Teamarbeit.

Freizeit, Reisen, Hobby, Sport

Nicht nur der Deutschen liebstes Hobby ist das Reisen. Den Fotoapparat, vor wenigen Jahren noch unverzichtbarer Urlaubsbegleiter, hat das Handy in der Hosentasche verdrängt. Videoaufnahmen von Urlaubsreisen sind daher nicht selten. Die Ideen für ein Video können schon mal vor Urlaubsbeginn entstehen.

Bergwart auf einer Ostseeinsel

Ein runder Geburtstag wird gefeiert. Mehr als 50 Gäste – Kollegen, Nachbarn – haben sich eingefunden. Einem Bekannten des Jubilars, nennen wir ihn Tobias Sommer, sitzt ein älterer Herr gegenüber. Ruhig und besonnen unterhält er sich mit seinen Tischnachbarn. Erst Small Talk, dann Persönliches. Der ältere Herr ist Schlosser von Beruf – wohnt in einem kleinen Dorf auf einer Ostseeinsel – Sonne, Strand, Urlaub. Tobias Sommer fragt nach Interessen, sein Gegenüber schmunzelt – Hobby: Bergwart – veralbert er seinen Gesprächspartner? Auf erneute Nachfrage die gleiche Antwort: Bergwart auf dem Jungfernberg – Höhe des Berges 18 m – jeden Bezwinger des Gipfels erwartet eine Bank zum Ausruhen und das Gipfelbuch. Der Bergwart kramt ein Foto aus der Jackentasche. Es zeigt, befestigt an einer Bank, einen Briefkasten mit der Aufschrift »Gipfelbuch«.

Vor Tobias Sommers geistigem Auge erscheint die Sonneninsel – der Strand – die Wellen der Ostsee – ein Berg, nein, ein 18 m hoher Hügel. Der füllige Bergwart erklimmt den Gipfel – dann der Briefkasten – das Gipfelbuch. Schon sehr witzig, findet Sommer. Die Urlaubsplanung läuft in seinem Kopf ab. Er kennt die Insel – war lange nicht mehr dort – vielleicht Urlaub im nächsten Sommer – und bei schlechtem Strandwetter ... ein kleines Video über den Berg, für Kollegen und Freunde zu Haus – die Besteigung des 18-m-Berges. Er muss schmunzeln.

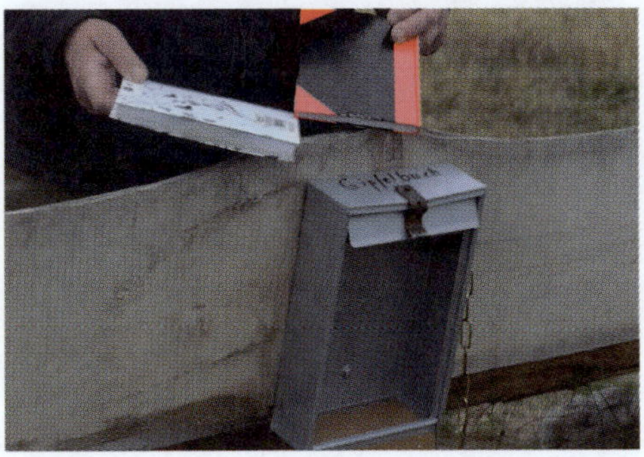

Abb. 3.1: Gipfelbuch – ein Foto, eine Idee

Aufschreiben? Das Briefkastenfoto des Gesprächspartners darf er behalten als Erinnerungshilfe. Spätestens, wenn die Urlaubsplanung ansteht, wird Tobias Sommer über die Idee eines Bergwart-Videos erneut nachdenken. Schmunzelnd lässt er das Foto in seiner Jackentasche verschwinden.

Schulen und Berufsausbildung

Wie wichtig mediale Präsenz auch für Ausbildungseinrichtungen ist, belegen bei Schulen jeder Art die meist vorhandenen Internetseiten. Es ist gängige Praxis, dass private, aber auch staatliche Bildungseinrichtungen bei der Bewältigung ihren Aufgaben Unterstützung durch Fördervereine bekommen.

Mit gebrochenen Flügeln kann man nicht fliegen.

Etwas sperrig scheint die Überschrift. Sie bezeichnete das Projekt einer Musikschule und ihres rührigen Fördervereins, ein neues Musikinstrument zu beschaffen – einen Flügel. Einen Teil der Finanzierung des hochwertigen Instruments ist durch Crowdfunding – Schwarmfinanzierung – geplant. Im Internet vorgestellt, informiert das Projekt potenzielle Spender und wirbt für finanzielle Unterstützung. Projektziel und Angaben zur Finanzierung sind auf einer Crowdfunding-Internetseite nachzulesen. Zusätzlich soll ein Video mit zwei klavierspielenden Musikschülern medial für das Projekt werben. Mit dieser Idee begibt sich ein Vertreter des Fördervereins auf die Suche nach einem Videomacher – und wird alsbald fündig.

Im persönlichen Gespräch zwischen Videomacher und Vereinsvertreter entwickelt sich aus der ursprünglichen Idee sehr schnell ein ausgewachsenes Konzept für das zu produzierende Video: Zwei Musikschüler mit fortgeschrittener Ausbildung spielen gemeinsam ein flottes Klavierstück auf mehreren Instrumenten der Musikschule. Sie beginnen auf älteren Instrumenten des Hauses, wechseln mehrfach und spielen am Ende des kurzen Videos gemeinsam an einem Konzertflügel. Unmittelbar nach dem Spiel drehen sie sich und blicken, einen kurzen Werbetext aufsagend, zur Kamera. Ende.

Idee und Konzept notieren – Termin für das nächste Vorbereitungsgespräch vereinbaren.

Regeln für die Findungsprozesse einer Idee haben Seltenheitswert. Es kann auch in der Lebensgeschichte eines befreundeten Menschen die Idee für ein Video verborgen sein.

Die Freisprechung

Frank Schüler ist mit einem Freund aus Schulzeiten verabredet. Der leitet seit fast 10 Jahren eine »besondere« Bildungseinrichtung – junge Leute mit einem Handicap absolvieren dort eine berufliche Ausbildung. Nachdem über sämtliche Stufen der zurückliegenden Karriereleiter gesprochen wurde, wechselt das Gespräch auf die Hobbys der Schulfreunde. Frank Schüler schwärmt vom neuen Smartphone mit integrierter Super-Kamera und berichtet voller Begeisterung vom Video-Hobby. Der Schulfreund hört sehr aufmerksam zu. Du spürst förmlich, wie es plötzlich »KLICK« bei ihm macht. Im Kopf des Gesprächspartners ist etwas passiert: eine Idee?

Er denkt laut: Videos machst du? Vielleicht auch für die Internetseite unserer Bildungseinrichtung ein kleines ...? Absolventen könnten zu Wort kommen – junge Leute, die vor ein paar Jahren in der Bildungseinrichtung ihren Abschluss gemacht haben und jetzt berufstätig sind. Nicht platt erzählen, wie toll die Bildungseinrichtung ist, sondern zeigen und von Absolventen erzählen lassen, dass die Ausbildung bei uns klasse war, sie junge Leute in einen Job gebracht hat, von dem sie heute leben können. Das ist schon Lob für die Bildungseinrichtung, aber eben kein Eigenlob.

Wäre so etwas machbar? Mit einfachen Mitteln?

Schüler ist sehr stolz, gefragt zu werden. Sein Schulfreund traut ihm so ein kleines Videoprojekt zu. Doch Schüler ist erst einmal ratlos.

Wenige Tage später – Lokaltermin – Recherche in der Bildungseinrichtung, Besuch in den Lehrwerkstätten, im Ausbildungscafé, in den Ausbildungsräumen.

Bei einem abschließenden Kaffee verrät der Schulfreund, dass er während eines feierlichen Aktes zum Ende der Ausbildung die Gesellenbriefe überreicht. Freisprechung nennt man diese aus dem Handwerk stammende Tradition, für die jungen Leute ein bewegender Moment. Manche der hier Ausgebildeten besuchen noch Jahre später »ihre« Ausbildungseinrichtung – aus Dankbarkeit und in Erinnerung an tolle Erlebnisse.

Rechercheerfahren nimmt Schüler viele Notizen mit und ist voller Hoffnung, aus dieser Idee eine Geschichte und dann ein Video entwickeln zu können.

Arbeit, Wirtschaft

Werbung- und Marketingstrategien waren in der Vergangenheit das Spielfeld für mittlere bis große und finanziell gut ausgestattete Unternehmen. Einen Werbespot zu produzieren, der einen Becher mit Joghurt ins rechte Licht rückt, dazu brauchte es einen Lkw voller Technik samt ordentlichem Budget. Kostspielig auch der Weg, das filmische Ergebnis auf Kinoleinwand oder Fernseher und damit zur Zielgruppe Konsumenten zu transportieren.

Der Klempner um die Ecke, das städtische Krankenhaus, regionale Hilfs- und Ausbildungsangebote, die ehrenamtliche Arbeit in Vereinen waren dagegen chancenlos, mit ihren Angeboten in Nachbarorten Aufmerksamkeit zu erzeugen. Selbst Flyer oder Zeitungsanzeigen sind nur ein stumpfes Schwert gegen die Werbemacht großer Unternehmen.

Das war früher – vor 25 Jahren –, denn die Möglichkeiten des Internets verschoben die Proportionen – ein wenig zumindest. Mit einer Homepage erreichen auch kleine Unternehmen ihre relevanten Zielgruppen besser, als 1000 Prospekte oder Zeitungsanzeigen es vermögen. Eine Homepage mit Fotos, aussagekräftigen Texten – und einem interessanten Video? Das könnte der Internetseite des Unternehmens noch mehr Pep verleihen, sie professionell erscheinen lassen, Neugier bei potenziellen Kunden wecken, Bestandskunden über Neues informieren.

Image- oder Firmenvideos werden zur Verbesserung der Außenwirkung von Unternehmen sowie ihren Produkten und Dienstleistungen produziert. Die Pflege bestehender Kundenbindungen und die Gewinnung neuer Kunden stehen dabei im Mittelpunkt. Diese Aufgaben medial zu unterstützen, stellt Videoeinsteiger vor große Herausforderungen. Schließlich verbindet ein Unternehmen mit einem Imagevideo hohe Erwartungen an dessen Wirksamkeit.

Einen guten Einstieg in diese Thematik können Videos für den unternehmensinternen Einsatz sein. Immer häufiger gehört es zur Unternehmensphilosophie, dass neue Mitarbeiter neben ihren unmittelbaren Arbeitsaufgaben das gesamte Unternehmen kennen- und verstehen lernen. Neue Produkte, erweiterte Dienstleistungen, Umstrukturierungen erfordern betriebsinterne Kommunikation mit den Mitarbeitern. Informativ gestaltete Videos sind sehr einprägsam. Können bei Bedarf mehrfach angesehen werden und aufwendige Schulungen ergänzen oder sogar ersetzen.

Unternehmensvideo(s) für neue Mitarbeiter

An mehr als 10 Standorten bietet ein Träger soziale wirtschaftliche Dienstleistungen an. Viele der Angebote richten sich an Menschen mit körperlichen, geistigen und seelischen Beeinträchtigungen. Diese Menschen werden bei der Gestaltung ihres Lebensweges unterstützt.

Was bestimmt das Leitbild der Einrichtungen? Was beschreibt die besondere Lebenssituation der Menschen, die hier Betreuung und Unterstützung finden? Welche Anforderungen stellen sich an neue Mitarbeiter? Mit welcher Motivation arbeiten Menschen in den Einrichtungen?

Pilotprojekt und Verwaltung

Die Chance, über Neues zu berichten, lässt das Herz eines jeden Videomachers höherschlagen.

Rohstoffe werden knapper und teurer. Da liegt die Idee, Transporte vom Auto auf Fahrräder zu verlagern, auf der Hand. In größeren Städten gehören Lastenfahrräder zum vertrauten Stadtbild. Die Eignung dieser umweltschonenden Transportmittel für den innerstädtischen Transport in Kleinstädten soll eine Studie belegen. Gefördert mit EU-Mitteln und wissenschaftlich begleitet durch eine Hochschuleinrichtung steht der Stadtverwaltung ein Lastenrad-Fuhrpark für den Zeitraum von drei Jahren zur Verfügung.

Die Idee: ein Werbe-Video über den Einsatz von Lastenfahrrädern

Das Lastenradprojekt

Lastenräder in einer Kleinstadt: Was lässt sich transportieren? Welche Wege sind typisch in einer Kleinstadt? Welcher Vorteil entsteht durch die Nutzung eines Lastenrades? Wer sind potenzielle Anwender?

Werbung per Video ist gut, aber (wie) sind zukünftige Anwendergruppen per Video erreichbar?

Informationen der Stadtverwaltung, der Hochschule, Erfahrungen anderer Städte einfließen lassen. Wo gibt's die Lastenräder? Das Video sollte Kosten und andere praktische Hinweise zur Nutzung vermitteln.

Videos über Projekte mit Pilotcharakter sind eine besondere Herausforderung auch für die Video-Macher. Einerseits versprechen innovative Projekte auch interessante Videos. Läuft ein solches Projekt aber schlecht oder in eine unerwartete Richtung, kann das auch zum vorzeitigen Lebensende unseres mühsam produzierten Videos führen. Projektverständnis durch besonders gründliche Recherche ist in solchen Fällen unerlässlich und erspart spätere Enttäuschungen.

Ehrenamt

Katastrophenschutz, Flüchtlingshilfe, Sozialarbeit – wie wäre unsere Gesellschaft ohne das engagierte und unentgeltliche Ehrenamt?

Helfer auf vier Pfoten

Vor einer Woche hat die Familie Zuwachs bekommen, tierischen Zuwachs. Ein Labradorrüde bringt seither das Leben durcheinander. Seit deiner Schulzeit bist du als Mitglied im Roten Kreuz aktiv und hast bereits vor dem Hundekauf den festen Plan, in der Rettungshundestaffel mitzuarbeiten, also dem Vierbeiner – und dir – die Suche nach in Not geratenen Menschen beizubringen.

Die Ausbildung zum Suchhund kann ein Hund frühestens im Alter von 6 Monaten beginnen – eine gute Möglichkeit, mit der Videokamera dabei zu sein.

Viel mehr als diese Idee gibt es bisher nicht. Vielleicht noch die Vorstellung, wie du und der superkluge Hund einen Menschen aus den Trümmern eines eingestürzten Gebäudes rettet ... nach einem Erdbeben – vielleicht. Aber so viele Erdbeben gibt's hier nicht – mal nachfragen, wie Ausbildung und der spätere Einsatz von Rettungshunden ablaufen.

In der DRK-Zeitung hast du einen kurzen Bericht über die Rettungshundearbeit gelesen. Weiter bist du mit der Idee nicht gekommen.

Kirche & Co.

Du findest dich nicht besonders religiös. Kirchensteuer zahlst du aufgrund einer familiären Tradition, vielleicht auch, weil der Kindergarten kirchlich ist. Allmonatlich findest du ein zeitungsähnliches Druckwerk im Briefkasten und liest es – besonders in der Weihnachtszeit. Die Gemeinde sucht dringend Mann/Frau mit Videoerfahrung. Eine Telefonnummer für Rückmeldungen vervollständigt den Hilferuf.

Frohe Weihnachten – mit YouTube

Anruf im Gemeindebüro – wegen Pandemie ist die Kirche für Menschenansammlungen geschlossen. Weihnachten und volle Kirche – das fällt in diesem Jahr aus. Große Enttäuschung bei Familien mit Kindern, älteren Menschen. Weihnachtsstimmung per YouTube – ob das geht?

Erleuchtend das Gespräch mit der freundlichen Pastorin. Ihre Idee, den festlichen Gottesdienst am Heiligen Abend durch ein Video zu ergänzen. Mit Weihnachten steht das Thema fest. Die Idee der Pastorin, die Geschichte im Heute spielen zu lassen. Joseph und die schwangere Maria als Flüchtlinge auf der Suche nach einer Behausung.

Ein Weihnachtsmarkt mit Spektakel, aber ohne Wohnmöglichkeit. Nach einer Wanderung durch die regennasse Nacht dann eine bescheidene Unterkunft in einem Stall, gemeinsam mit einem Esel. Seit 2000 Jahren ist bekannt, wie die Geschichte ausgeht. Ihre Umsetzung mit den Mitteln eines Videofilmers erscheint auf den ersten Blick nicht unproblematisch. Die Idee für das Video ist offenbar komplett. Dir bleibt es, Ideen für die Umsetzung der Geschichte zu entwickeln.

Ob die Idee für ein Video das Ergebnis eigener Kreativität ist oder ein Nachbar, Kollege, Bekannter dich mit ihr »infiziert« hat, du hast jetzt die Chance, sie zu prüfen, weiterzuentwickeln und dann – vielleicht – umzusetzen.

Noch besteht die Idee aus Notizen und Gedanken, die sich nur allzu leicht in Luft auflösen. Verhindere dies, indem du die Idee mit Fleiß, etwas Arbeit und Fakten fütterst.

Bearbeite die Idee gründlich und überlege dir auch, was im Falle einer Realisierung – als Video – zu bedenken ist.

Forschungsprojekte

Dem Thema Fusionsforschung als Beitrag zu klima- und umweltfreundlicher Energieversorgung widmete sich im November 2021 ein Forum der 26. Weltklimakonferenz in Glasgow. Mit der Einladung zur Weltklimakonferenz offerierten die Veranstalter teilnehmenden Wissenschaftlern die Möglichkeit, ihre Forschungseinrichtung und deren Ergebnisse in einem Video vorzustellen.

Fusionsforschung gegen Klimawandel

Die Gewinnung von Energie durch die Verschmelzung von Atomkernen zählt zu einem der spannendsten Forschungsgebiete unserer Zeit. Energiegewinnung, ähnlich der Sonne. Ist die Forschung erfolgreich, könnte ab der zweiten Hälfte des Jahrhunderts aus einem Gramm Fusionsbrennstoff so viel Energie erzeugt werden wie aus elf Tonnen Kohle. Natürlich ohne klimaschädliche Emissionen und unabhängig von Wind und Sonne – also grundlastfähig.

Die Herausforderung: dem Zielpublikum, eher Klima- als Fusionsspezialisten, verdeutlichen, welche riesigen technischen Hürden bei der Realisierung eines Fusionskraftwerkes zu bewältigen sind. Grundlegendes über die Beherrschung von Plasmen mit höchsten Temperaturen in wenigen Minuten nahezubringen. Einen »Blick« in die hoch komplizierte Anlage des Fusionsexperiments zu ermöglichen – Trick und Realdarstellung.

Ergebnisse der weltweiten Fusionsforschung finden ein großes öffentliches Interesse – nicht nur unter Fachleuten. Videos können und sollen diesem Interesse gerecht werden.

Konzeption und Herstellung von Videos verlangen, zusätzlich zu langjährigen Presseerfahrungen neue Aspekte der Medienarbeit zu bedenken. Eine interessante Herausforderung für die Abteilung Öffentlichkeitsarbeit.

Schreib(werk)zeug von Profis

Schon Geheimrat Goethe wusste: »Ein Mann, der recht zu wirken denkt, muss auf das beste Werkzeug halten.«

Dem Koch das richtige Messer, dem Maurer die passende Kelle, dem Schneider die richtige Nadel. Jeder Heimwerker hat für die elementare Selbsthilfe im Haushalt eine Werkzeuggrundausstattung – und sollte damit umgehen können.

Auf dem Weg zum selbst gemachten Video ist es nicht anders. Mit der Idee gehen wir den ersten Schritt auf dem Weg zum vorführreifen Video. Bei einem Blick nach rechts und links werden wir entdecken, dass fast alle Videomacher bei der Suche nach Hilfe und Unterstützung auf die gleichen Werkzeuge gestoßen sind.

Tolle Idee – und was nun?

Die Idee für ein Video ist da. Wenn du über sie nachdenkst, entstehen in deinem Kopf Bilder, Situationen, Geräusche, vielleicht Musik. Vor deinem geistigen Auge (und Ohr) erscheinen optische und akustische Fragmente, aber nichts Zusammenhängendes.

> Faschingsfest im Kindergarten – verkleidete, Brause trinkende und herumtollende Kinder.
>
> Bergwart eines 18-Meter-Berges auf einer Ostseeinsel – älterer Herr zu Fuß bei einem sanften Anstieg, ein Briefkasten, Gipfelbesucher beim Eintragen in das Gipfelbuch, du »hörst« ein Alphorn.
>
> Dein Hund bei der Suche in einem Trümmerfeld, ein weinendes Kind unter eingestürzten Gebäuden, der Hund scharrt, eine verschüttete Frau wird aus Trümmern gerettet.

Beeindruckende, interessante, lustige oder dramatische Situationen, die deine Freunde, Großeltern, Kollegen und die Familie als Video sehen und begeistern sollen.

Schmunzeln über den kleinen Jungen, der mit seiner Mutter am Rotkäppchenkostüm bastelt. Staunen über den gemeinsamen Bergaufstieg auf einer Ostseeinsel und deinen Eintrag in das Gipfelbuch. Den Atem anhalten bei der Suche nach vermissten Kindern und Erleichterung verspüren, wenn Bello die kleinen Ausreißer im Wald aufspürt.

Spannend, interessant, lehrreich und mitreißend – die Videos sollen bei deinen Zuschauern gut ankommen. Nur, wie gelingt das? Erzähle einfach eine gute Geschichte mit deinem Video. Deine Zuschauer werden es dir danken.

Lege jetzt dein Smartphone zur Seite, nimm ein Blatt Papier (oder ein Schreibprogramm auf dem Computer) und beginne, Fakten zu sammeln. Hast du noch den Zettel mit der notierten Video-Idee? Jetzt wird er dir gute Dienste leisten. Denn mit dieser Idee geht's an die Informationsbeschaffung – die Recherche.

Recherche

Durch Recherchen wirst du zum Spezialisten für das Thema deines geplanten Videos. Für deine zukünftigen Zuschauer gehst du auf die gezielte Suche nach Informationen. Nur Informationen, die du aufspürst und in das Video einfließen lässt, erreichen die Zuschauer. Gute Informationen machen das Video interessant. Unerwartete Informationen überraschen, amüsieren oder erschrecken die Zuschauer. Informationen in unserem Video können unterschiedlichste Emotionen auslösen. Mit dem gezielten Sammeln von Informationen, dem Recherchieren, legst du dafür das Fundament. Darauf eine gute Geschichte zu bauen, wird dir viel leichter fallen.

Begeben wir uns auf Recherche zu unseren Video-Ideen.

Recherche zum »Fasching im Kindergarten«

- Mit den Kindern Kostüme basteln – können das nur Muttis oder werden auch Vatis das Faschingsfest vorbereiten?
- Wenn ja, wer sind diese Vatis und was ist ihr Motiv?
- Was machen die Vatis beruflich?
- Welcher Vati ist bereit, vor der Kamera »auszusagen«?
- Ist es »normal«, dass Jungen auch in Mädchenrollen schlüpfen (Rotkäppchen)? Ein/e Erzieher/in kann das sicher beantworten / erläutern.
- Gibt es Kinder, die auch den »bösen« Wolf spielen möchten, wenn ja, weshalb?
- Verkleiden sich Kinder gern und schlüpfen in die Rolle von Erwachsenen / Märchenfiguren?
- Wo findet das Faschingsfest statt, Innenraum, Spielplatz der Kita?
- Wie viele Kinder + Erwachsene werden bei der Vorbereitung helfen?
- Wie viele Personen erwartet die Kita zum Fest?
- Gibt es Eltern, die nicht zum Fest kommen werden und es ihren Kindern untersagen?
- Spielen dabei finanzielle oder soziale Gründe eine Rolle?

- Gibt es die Bereitschaft – bei Kindern/Eltern – finanziell / sozial Schwächere zu unterstützen?

Bereits die Beantwortung dieser Fragen erfordert eine gewisse Zeit. Du wirst den Kindergarten besuchen, mit einer Betreuerin sprechen, vielleicht einen kostümbastelbereiten Vater zu Hause besuchen, mit anderen Eltern und Kindern über ihre Hilfsbereitschaft sprechen – und dabei viel Neues erfahren.

Recherche-Ergebnisse »Fasching im Kindergarten«

- Zwei Väter werden am Vorbereitungsnachmittag mit ihren Kindern basteln.
- Die Ehefrau des einen Vaters ist Ärztin in einem Krankenhaus und am Nachmittag nicht abkömmlich. Die Tochter möchte als »Hexe« zum Fasching erscheinen. Der Vater, ein junger Anwalt, konnte sich zwei Nachmittage freinehmen. Er bestreitet jedes Geschick fürs Kostümebasteln, sieht sich aber in pädagogischer Verantwortung und möchte der Tochter den Kostümbastel- und Faschingsnachmittag ermöglichen.
- Ein zweiter Vater, er ist mitten in einer Umschulung zum IT-Servicetechniker, hat ebenfalls eine Tochter und vertritt »zwangsweise« seine Frau, wie er ausdrücklich betont.
- Er stammt aus dem Rheinland, Fasching bzw. Karneval ist für ihn ein Stück unverzichtbare Heimatkultur, Kostümbasteln inklusive.
- Er ist ein lustiger Typ, gesprächig und gern bereit, die Vorbereitung des Festes mit (Faschings-)Rat und Tat zu unterstützen.
- Vor der Kamera ist er bereit, über seine Karnevals-Kindheit zu sprechen.
- Er ist auch bereit, über die Geschichte des Karnevals zu sprechen.
- Die Erzieherin Frau M. erklärt, dass Kinder Profis im Verkleiden sind. Sie probieren sich dabei in Rollen aus, die ihnen im normalen Leben verwehrt sind.
- Auch auf die Gefahr hin, gefressen zu werden, schlüpft ein Junge in die Rolle des Rotkäppchens. Er kann auf diese Weise der Aufsicht übervorsichtiger Eltern entfliehen und wird zum Schluss doch noch aus dem Bauch des gefräßigen Wolfes gerettet.
- Am Vorbereitungsnachmittag werden Eltern von 10 Kindern in der Kita basteln und Raumschmuck herstellen.
- Bei schönem Wetter gibt es einen kleinen Festumzug im Wohngebiet. Anschließend findet die Faschingsfeier mit Kakao, Kuchen und vielen Spielen im Gruppenraum und auf dem Flur statt.

Die Gespräche mit einer Kita-Erzieherin und zwei Vätern haben eine Menge Informationen zutage gefördert. Wenn in dir plötzlich das Gefühl keimt, in den Beruf eines Faschingsfestplaners wechseln zu müssen, dann hast du vieles richtig gemacht. Zettel sind beschrieben, der Kopf quillt über vom Wissen über die Geschichte des Faschings, dem Planen von Kita-Feiern und dem Einblick in die Psychologie der frühkindlichen Entwicklung.

Wie das Sammeln von Informationen zu einer Idee oder zu einem Thema funktioniert, hat das Beispiel »Fasching im Kindergarten« deutlich gemacht. Nachdenken, Kopf anstrengen, Fragen stellen, nachlesen. Für die Zuschauer unseres geplanten Videos haben wir uns so richtig ins Zeug gelegt, keinen Rechercheaufwand gescheut – und fast nichts vergessen. Fast?

Eine Information sollte in unserem Video auf keinen Fall fehlen: das Alter der Kinder. Es ist ein erheblicher Unterschied, ob die 3- bis 4-Jährigen feiern oder die »großen«, 6- bis 7-Jährigen aus der Vorschulgruppe den Nachmittag mitgestalten.

Die Gefahr des Vergessens elementarer Informationen für unser Video können wir erheblich reduzieren, indem wir uns eines Hilfsmittels für das systematische Zusammentragen von Informationen bedienen. Auch Journalisten, Texter, Autoren und Marketingleute verwenden sie häufig – die W-Fragen.

Die Sache mit den W-Fragen

»Worum geht's in dem Film / Buch / Theaterstück?« Diese Frage hat wohl jeder einmal gehört oder gestellt. Diesem wenig differenzierten Wunsch folgen dann weiterer Fragen, die eines gemeinsam haben. Sie beginnen mit einem »W«.

- Wer – macht etwas? Wer spielt eine wichtige Rolle? Frage nach den Beteiligten.
- Wo – passiert etwas? Frage nach dem Ort, der Location.
- Wann – passiert etwas? Frage nach Datum und Zeit.
- Was – passiert überhaupt? Frage nach dem Geschehen.
- Warum – passiert etwas / das? Frage nach dem Grund.
- Wie – und auf welche Weise passiert etwas? Frage nach dem Ablauf.
- Wozu – passiert etwas? Frage nach der Verwendung.

Die W-Fragen sind geeignet, Inhalte zu erfassen. W-Fragen können nicht mit JA oder NEIN beantwortet werden. Mit Antworten auf die W-Fragen wird ein Ereignis beschrieben.

Anwendbar sind W-Fragen als Grundgerüst von Recherchen, bei denen es um konkrete Inhalte geht.

W-Fragen zum »Bergwart auf einer Ostseeinsel«

- Wer spielt in dem Video eine wichtige Rolle?
- Wo befindet sich der Berg, wo lebt der Bergwart?
- Wann hat der Bergwart den Gedanken gehabt?
- Was passiert(e) auf dem 18 m hohen Hügel?
- Warum kommt jemand auf den Gedanken, einem 18 m hohen Hügel zum Berg zu erklären?
- Wie ist das mit der Bank und dem Gipfelbuch abgelaufen?
- Wozu sind Bank und Buch auf dem Gipfel gut?

Ausgerüstet mit diesem Fragenkatalog machen wir uns ans Recherchieren für das »Bergwart ...«-Video. Steht uns der geplante Urlaub an der Ostsee noch bevor, werden wir den »Bergwart« telefonisch ausfragen. Auch das Internet ist bei der Faktenbeschaffung eine gute Unterstützung.

Die gesammelten Ergebnisse erfassen wir unbedingt schriftlich. Für die spätere Verarbeitung eignet sich ein Textverarbeitungsprogramm. Es erleichtert, die Ergebnisse auf einfache Weise in eine beliebige Reihenfolge zu bringen.

Es geht aber auch ohne Computerunterstützung. Wer die analoge Speicherung der Recherche bevorzugt, schreibt jedes Ergebnis – Vorderseite Frage und Rückseite Antwort – auf eine kleine Karteikarte. Der Zugriff auf die gesammelten Informationen ist bei dieser Methode nicht von der Anwesenheit eines Computers abhängig. Ein weiterer Vorteil des analogen Verfahrens besteht in der Flexibilität, die Reihenfolge der gesammelten Informationen durch Umsortieren der Karteikarten zu variieren.

Recherche-Ergebnisse »Bergwart auf einer Ostseeinsel«

- Wer spielt in dem Video eine wichtige Rolle?

  Jungfernberg; das ist eine 18-m-Anhöhe auf einer abgelegenen Landzunge der Ostseeinsel.

  Winfried L. ist von Beruf Schlosser, Bergwart ist er aus Berufung. In ein paar Jahren wird er in den Ruhestand gehen – beruflich. Die selbst gewählte Aufgabe als Bergwart wird er fortsetzen.

- Wo befindet sich der Berg, wo lebt der Bergwart?

  Den Meeresspiegel ist von hier gut zu sehen. Nicht einmal zwei Kilometer sind es bis zum Strand der Ostsee. Wilfried, der Bergwart, wohnt am Rande des Hügels in einem Fischerdorf.

- Wann hat der Bergwart den Gedanken gehabt?

  Vor fast 15 Jahren kam der Bergwart auf die Idee mit dem Gipfelbuch.

- Was passiert(e) auf dem 18 m hohen Hügel?

  Von der Aussicht begeisterte Touristen genießen den Panoramablick. Seit es das Gipfelbuch gibt, es liegt regengeschützt in einem Briefkasten, verfassen viele Besucher einen Eintrag.

  Auf einer Bank können sich Touristen nach dem strapaziösen Aufstieg ausruhen.

- Warum kommt jemand auf den Gedanken, freiwillig einen Berg zu betreuen?

  Winfried L. ist ein äußerst witziger Mensch und dazu Lokalpatriot. Er freut sich über das Interesse der Touristen, die nicht nur in der Sonne am Strand liegen, sondern auch das Hinterland erkunden – und seinen Berg.

- Wie ist das mit der Bank und dem Gipfelbuch abgelaufen?

  Das Gipfelbuch hat L. spontan und ohne fremde Hilfe auf den Berg gebracht. Für den Antransport der robusten Bank halfen Freunde und Bewohner der Gemeinde.

- Wozu sind Bank und Buch auf dem Gipfel gut?

  Die Bank auf dem Gipfel eines 18-m-Berges und ein Gipfelbuch im Briefkasten, das empfinden die gipfelstürmenden Touristen als eine witzige Idee, den Fremdenverkehr in diesem abgelegenen Teil der Ostseeinsel interessant und berichtenswert zu machen.

Ganz sicher fallen dir zu der Idee mit dem »Bergwart« noch viele Fragen ein. Mit der Anwendung der W-Methode hast du aber die Sicherheit, viele interessante Details recherchiert und nicht übersehen zu haben. Das werden auch deine Zuschauer so empfinden – natürlich nur, wenn aus Idee und recherchierten Fakten eine Geschichte entsteht und danach ein Video.

W-Fragen: Online-Tool

Weniger geübte Rechercheure finden im Internet als elektronische Unterstützung das W-Fragen Online-Tool [7]. Ursprünglich für Marketingaufgaben entwickelt, gibt dieses Tool Denkanstöße für die Formulierung eigener Fragestellungen bei Videorecherchen. Mit dem Begriff »Fasching« gefüttert, liefert es eine bemerkenswerte Wer-, Wie-, Was-, Wo-, Wieso-, Weshalb-, Warum-, Wofür-Fragenvielfalt:

- Wer, Fasching
  - Fasching-Rätsel: Wer bin ich?
  - Fasching: Wer bin ich?
  - Faschingslied: »Wer soll das bezahlen?«
  - Faschingslied: Wer will singen?
  - Faschingslied: »Wer will fleißige Handwerker sehen?«
  - Wer hat Fasching erfunden?
  - Wer hat Faschingsferien?
  - Wer feiert Fasching?
  - Wer hat Faschingsferien 2024?
  - Wer sagt Fasching?
- Was, Fasching
  - Fasching: Was ist das?
  - Fasching: Was wird gefeiert?
  - Faschingsdienstag: Was ist das?
  - Faschingskostüm: Was man zu Hause hat
  - Faschingsferien: Was tun?
  - Fasching: Was gehört dazu?
  - Fasching: Was ist erlaubt?
  - Fasching: Was ruft man?
  - Fasching: Was essen?
  - Fasching: Was tun?
- Wo, Fasching
  - Wo Faschingskostüme kaufen?
  - Wo Fasching feiern?
  - Wo gibt es einen Faschingsumzug 2024?
  - Wo sagt man Fasching, wo Karneval?
  - Wo Faschingskostüm kaufen?
  - Wo findet der Faschingsumzug statt?
  - Wo gibt es Faschingsferien?
  - Wo wird Fasching gefeiert?

  - Wo kommt Fasching her?
  - Wo kann man Faschingsschminke kaufen?
- Wieso Fasching
  - Wieso wird Fasching gefeiert?
  - Wieso beginnt Fasching am 11. November?
  - Wieso feiert man Fasching?
  - Wieso gibt es Fasching?
  - Wieso heißt es Fasching?
  - Wieso gibt es Krapfen zu Fasching?
- Weshalb Fasching
  - Weshalb feiern wir Fasching?
- Warum Fasching
  - Warum Fasching, für Kinder erklärt
  - Warum Fasching im Kindergarten?
  - Warum ist Fasching am 11.11.?
  - Warum ist der Faschingsbeginn am 11.11.?
  - Warum sind die Faschingsferien gestrichen?
  - Warum macht man an Fasching Bilder für WhatsApp?
  - Warum isst man Faschingskrapfen?
  - Warum gibt es Faschingsumzüge?
  - Warum feiern wir Fasching?
- Wofür Fasching
  - Wofür steht Fasching?

Wer ein solches Tool einsetzt, was es ihm bringt, wo die Vorteile der Unterstützung liegen, wieso / weshalb / warum solche Tools hilfreich sein können, ist vor allem die Frage, wofür die Antworten verwendet werden.

Jeder Videomacher mag für sich beurteilen, wie hilfreich solche Unterstützung für die eigenen Recherchen ist. Mit einer gewissen Erfahrung in der Themenrecherche gehen die W-Fragen in Fleisch und Blut über.

Mit dieser Methode wird es uns zuverlässig gelingen, all jene Informationen zusammenzutragen, die ein Zuschauer beim Ansehen eines Videos erwartet.

Später werden wir zur Vorbereitung von Interviews mithilfe der W-Fragen unseren Gesprächspartnern interessante Antworten zu Ereignissen entlocken.

Das achte W

Sieben W-Fragen haben den Wissensdurst der späteren Zuschauer vorweggenommen. Wir haben uns siebenmal bemüht, viele Informationen für unsere Geschichte zu bekommen – sie ist jetzt schon bis ins Detail recherchiert. Mit dem achten W weiten wir unsere Neugier noch ein wenig aus und fragen, **Wer** ist unser Zuschauer – für wen machen wir das Video?

Eine Idee für das nächste Videoprojekt haben wir. Jetzt schnapp dir die Handykamera und zieh voller Tatendrang los.

Bitte noch einen Moment Luft holen, bevor es losgeht.

Von der Idee zur Geschichte

Nach der Recherche bist du sicher, alle wichtigen Informationen und Fakten zum Thema deines geplanten Videos gesammelt zu haben. Vermutlich stimmt das sogar. Alles in den gesammelten Recherche-Werken kommt dir wichtig, interessant und bedeutend vor, nichts überflüssig. Grob geschätzt wird das recherchierte Kinderfaschingsvideo mit ca. 45 Minuten Länge ein abendfüllendes Werk.

Fakten ordnen und aussortieren

Hast du eigentlich darüber nachgedacht, in welcher Reihenfolge das noch zu drehende Material im Video erscheinen soll? Am Anfang des Videos ein Titel und am Ende der Abspann mit einer Danksagung an die Beteiligten – so viel steht fest. Für die gesammelten Fakten und Ereignisse und deren Position im Video solltest du eine Art Fahrplan entwickeln.

Wie ein Streckenplan geht es dabei vom Startpunkt über viele Stationen zum Ziel. Dabei legst du konkret fest, welche Stationen an der Strecke liegen sollen. Gibt es Hauptstationen, an denen Wichtiges passiert, willst du an jeder »Milchkanne« haltmachen oder legst du Wert auf Tempo und lässt Nebensächliches »links« liegen? Der Fahrplan verlangt also, Wichtiges von weniger Wichtigem zu unterscheiden, gegebenenfalls auszusortieren, aber auch übersehene Stationen hinzuzufügen und die Reihenfolge der Stationen genau festzulegen.

Mit dem Zettelkasten zur Story

Videoeinsteiger verlagern die Arbeit an dem Storyfahrplan gern auf einen Zeitpunkt nach den Dreharbeiten. Sie leben mit der Hoffnung, das gedrehte Material zu schneiden und so zu sortieren, dass dabei ihre Videostory entsteht. Häufig erleben sie dabei eine herbe Enttäuschung. Einstellungen fehlen. Wichtige Fragen im Interview mit einem Protagonisten – vergessen. Einstellungen passen nicht aneinander. Nachdrehen ist häufig keine praktikable Option. Der Drehort zu weit entfernt, das Ereignis nicht wiederholbar – alles sehr schade.

Zu wenig Gedrehtes ist tragisch, also lieber die Kamera auf alles und jeden draufhalten und los? Auch diese Strategie birgt Risiken und garantiert kein Erfolgsvideo. Zu viel gedrehte Einstellungen oder ganze Sequenzen wegzuwerfen, schmerzt unendlich. (Zu viel) gedrehtes Material verleitet dazu, es auch zu verwenden. Videos inhaltlich zu überfrachten, sie langatmig oder gar langweilig zu machen – das möchtest du weder dir noch den künftigen Zuschauern antun.

Wie also entsteht ein guter Fahrplan für ein Video? Mit der Verwendung hilfreicher Werkzeuge konntest du bereits Erfahrungen sammeln. Das wird beim Fahrplanentwurf nicht anders sein.

Als erprobte Hilfsmittel kommt dabei (spezielle) Schreibsoftware zum Einsatz oder ein Päckchen Karteikarten. Um zusätzlichen Einarbeitungsaufwand zu vermeiden, sollten Videoeinsteiger auf die Verwendung spezieller Software verzichten. Deine Rechercheergebnisse hast du auf einem Blatt, nein, auf vielen Blättern erfasst.

Jedes einzelne Rechercheergebnis überträgst du auf eine Karteikarte.

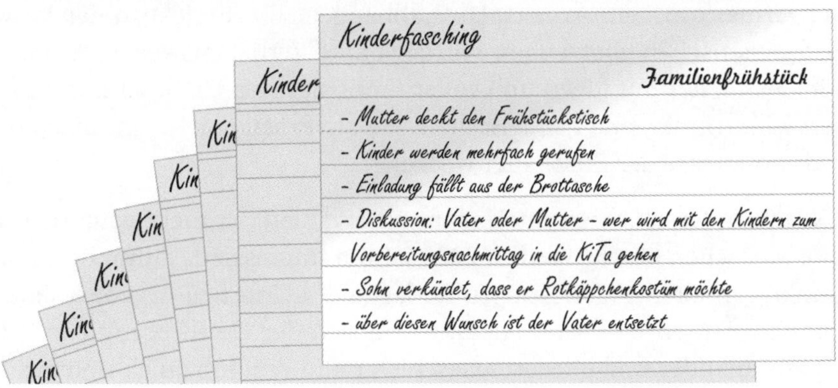

Abb. 3.2: Story auf Karteikarten – Einsortieren – Aussortieren – Umsortieren

Fasse dich dabei möglichst kurz. Beschränke dich auf wesentliche Inhalte. Übertrage nicht ganze Gesprächspassagen, sondern nur deren Kerngedanken. Sei unbedingt sparsam mit Hinweisen zum eigentlichen Dreh, zur Einstellungsgröße und zum Kamerastandort.

Das geplante Video als Folge von Stationen zwischen Start und Ziel lässt sich extrem flexibel (vor-)bearbeiten, ohne dass du eine einzige Einstellung drehen musst. Für jede Karteikarte kannst du entscheiden, welche Karteikarte ihr folgen und welche ihr vorausgehen soll. Immer wieder kannst du überlegen und probieren, ob die Reihenfolge der Karteikarten verändert werden muss, welche Karteikarte weiter im Spiel ist und welche entfallen kann. Diese Karteikartenmethode verwenden manche Autoren als Hilfe beim Schreiben von Romanen – und sind damit sehr erfolgreich.

Wenn du anhand der Informationen auf den Karteikarten einem anderen dein geplantes Video erzählen kannst, ist das Ziel erreicht und du hast eine Geschichte erzählt. Du kannst dich als Naturtalent im Geschichtenerzählen bezeichnen. Aber was tun, wenn das Erzählen nicht gelingt?

Storytelling auf Griechisch

Das nüchterne Aufzählen von Fakten reißt kaum einen Menschen »vom Hocker«. Gefragt ist Interessantes, Spannendes, Fesselndes. Seit Urzeiten erzählen sich Menschen ihre Lebensweisheiten und Träume, ihre guten und schlechten Erlebnisse in Form von Geschichten. Sie sind das älteste Mittel zum Austausch von Informationen. Ob am Lagerfeuer erzählt, in einem Buch aufgeschrieben oder als Video gestaltet – Geschichten sind dann wirkungsvoll, wenn sie Gefühle der Menschen ansprechen.

Ein Kind, das sich etwas ganz Besonderes wünscht. Ein schwieriger Auftrag in der Firma, von dem Arbeitsplätze abhängen. Ein Projekt in der Verwaltung, das Menschen überzeugen soll, gewohnte Verhaltensweisen zu ändern. Ein Schlosser, der mit Ideen und voller Enthusiasmus Urlauber in sein Dorf locken will. Immer sind es Menschen, die als Protagonisten in unseren Videos das Interesse der Zuschauer wecken.

Der Wunsch, Geschichten interessant zu erzählen, ist nicht ganz neu und hat die Menschen bereits vor fast 2300 Jahren interessiert. Zumindest lassen Fragmente erhaltener Vorlesungsunterlagen des Griechen Aristoteles diesen Schluss zu. Unter dem Titel Poetik setzte sich der Gelehrte mit der Dichtkunst auseinander und gliederte Geschichten in drei inhaltlich unterscheidbare Teile (Akte), in denen sich alle Teile aufeinander beziehen.

Im 1. Teil werden der Protagonist und die Begleitumstände vorgestellt. Danach kommt es zu einem Konflikt, einer Herausforderung für den Protagonisten, die er im 2. Teil bestehen muss. Der 3. Teil führt zur Lösung des Konfliktes.

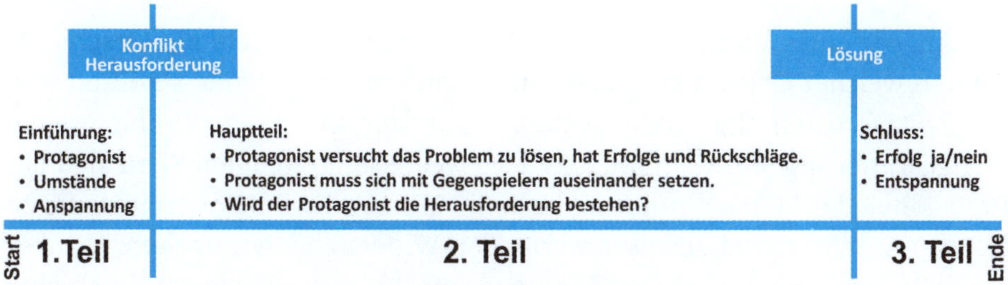

Abb. 3.3: Der Drei-Akte-Storyaufbau – Anfang, Mitte, Ende

Die von Aristoteles geschaffenen Analysen und Empfehlungen sind bis heute gültig und als Strukturgerüst für das Erzählen unsere Videogeschichten geeignet.

Fasching im Kindergarten

- Der Sohn will zum Kindergartenfasching im Rotkäppchenkostüm auftreten. Sein Papa ist entsetzt und möchte das verhindern. Papa gegen den Rest der Familie – wie wird das ausgehen?
- Einen Tag vor dem Faschingsfest im Kindergarten »spielt« der junge Hund der Familie das Rotkäppchenkostüm in Fetzen. Wie wird die Teilnahme am Kinderfasching doch noch gerettet?

Bergwart auf einer Ostseeinsel

- Ein Gipfelbuch auf dem 18 m hohen Hügel zu platzieren, macht nur Sinn, wenn dort auch eine Bank steht. Wer soll die Bank auf den Berg bringen und dort sicher montieren?

Die Freisprechung

- Lernschwierigkeiten in der Schule, häusliche Umstände oder traumatische Erlebnisse können dazu führen, dass jungen Menschen der Weg einer regulären Berufsausbildung verwehrt ist. Wie ist ihnen die Integration in das Berufsleben trotzdem gelungen?

Das Lastenradprojekt

- Immer engere Innenstädte verlangen nach innovativen Verkehrs- und Transportlösungen. Lastenfahrräder (LF) könnten Abhilfe schaffen. Aber für wen sind sie eine Alternative zum Auto? Wie gelingt es einer Stadtverwaltung, Menschen zum »Umsatteln« zu bewegen?

Am Anfang eines Videos erfährt der Zuschauer, worum es in der Geschichte geht, in welcher Gegend sie spielt, wie die äußeren Umstände sind und welche Protagonisten eine Rolle spielen. Dann folgt immer ein Problem, eine Herausforderung, ein Konflikt. Das alles weckt seine Neugier. Wird sich der Protagonist der Herausforderung stellen? Kann er die ihm gestellte Aufgabe lösen? Wie wird er mit den zu erwartenden Widerständen umgehen? Wird er am Ende erfolgreich sein? Der Zuschauer möchte wissen, wie die Geschichte weitergeht, ob und wie sie zu einer Lösung gebracht wird.

Die Fakten hast du mit dem W-Fragen bereits gesammelt. Jetzt baust du sie in deine Videogeschichte ein.

In jeder Geschichte gibt es mindestens ein Problem bzw. eine Herausforderung.

Im weiteren Verlauf zeigt das Video Ereignisse und Entscheidungen von Menschen in Bezug auf das Problem / die Herausforderung. Dabei sind richtige und falsche Entscheidungen menschlich und normal. Im Video beeinflussen sie den Weg zur Lösung des Problems, entscheiden letztlich, ob das Problem, die Herausforderung bewältigt wird.

Über die Ereignisse, die Protagonisten, ihre Irrtümer und ihr richtiges Handeln erzählt dein Video. Dieser Teil ist immer der umfangreichste des gesamten Videos.

Fasching im Kindergarten

- Diskussion in der Familie am Frühstückstisch – ergebnislos.

  Gespräch mit Kindergärtnerin über das Problem – dito

  Vater informiert sich in Fachliteratur. Er wird einsichtig.

  Vater bleibt grimmig, stimmt aber zu, Sohn darf als Rotkäppchen zum Fasching.

  Die Kostümzutaten wie Stoff, ein Korb werden beschafft.

  Mutter und Sohn gemeinsam beim Vorbereitungsnachmittag

Bergwart auf einer Ostseeinsel

- Bergwart erzählt im Rückblick:

  Zuerst war der Briefkasten an einem Eisenstab befestigt, das war nicht sehr stabil.

  Eine stabile ziemlich vermoderte Bank fand sich im nahe gelegenen Dorf.

  Der Bergwart reparierte die Bank in seiner Werkstatt, sein Chef ließ ihn dort nach Feierabend arbeiten.

  Ein Bauer mit schwerer Technik aus dem Landwirtschaftsbetrieb transportierte die Bank.

  Den Briefkasten schraubte der Bergwart an die Rückseite der Bank.

  Dem Bergwart fällt der Aufstieg zunehmend schwer.

  Trotz seines Alters kümmert er sich um »seinen« Berg.

Die Freisprechung

- Drei Absolventen erzählen ihren Weg ins Berufsleben:

  Madeleine hat nach der Ausbildung als Bürokraft in den USA gearbeitet,

  besucht Ausbildungsräume, trifft frühere Ausbilder.

  Remo arbeitete nach erfolgreicher Tischlerlehre bei einer Firma, die in Norwegen Holzhäuser baut,

  er begegnet dem Lehrmeister, dem er seine gute Ausbildung verdankt.

  Niko steht kurz vor dem Abschluss als Koch,

  in Spanien wartet bereits eine Stelle als Beikoch auf ihn.

Das Lastenradprojekt

- Projektpartner bereiten den Start des Projekts vor.

  Projektpartner der Stadt und der Hochschule erarbeiten Konzeption.

  Stärken und Schwachstellen des Einsatzes von LF werden analysiert.

  Ein Marketingkonzept wird entwickelt.

  Erfolgsschlüssel – die Zusammenarbeit zwischen Verwaltung und begleitender Hochschuleinrichtung wird vorgestellt.

Die Geschichte zeigt den Weg zur Lösung des Problems.

Nicht für jedes Problem findet sich eine Lösung und nicht jede Herausforderung endet glücklich. Ein Happy End ist deshalb in deinem Video nicht inklusive. Auch kann sich die Geschichte so verzweigen, dass mehrere Erzählstränge entstehen und zu keiner klaren Lösung führen. Dennoch verlangt jedes Video und jeder Zuschauer nach einem möglichst verständlichen Finale. Hat der Protagonist es geschafft, hat die Herausforderung ihn gestärkt, konnte er das Problem lösen?

Fasching im Kindergarten

- Familie beim Fasching im Kindergarten

  Die Familie feiert mit Tochter und Sohn – im Rotkäppchenkostüm – den Kinderfasching; Superstimmung.

  Während einer Pfannkuchenpause erklärt die Tochter ihrem entsetzten Vater, dass sie zum nächsten Fasching als Jäger verkleidet gehen wird.

Bergwart auf einer Ostseeinsel

- Bergwart beim Aufstieg

  Ein letztes Mal (im Video) erklimmt der Bergwart seinen Berg, um das Gipfelbuch zu kontrollieren, es ist bis zur letzten Seite gefüllt.

  »Das 11. Gipfelbuch«, sagt er stolz und legt ein neues in den Briefkasten.

Die Freisprechung

- Freisprechung, sehr feierlich

  Die »Formel« zur Freisprechung wird verlesen, dazu zwei Kerzen angezündet und die Holzlade mit den Urkunden geöffnet.

Das Lastenradprojekt

- Bezug einer Studenten-WG

  eine Gruppe Studierender beim Beladen eines Lastenfahrrades; Abladen vor der neuen Wohnung

  Fahrt mit dem unbeladenen LFR durch die mit Autos verstopfte Stadt

  erneutes Beladen, diesmal mit Gitarren, Schlagzeug – Bandmusik erklingt

Ebenso legitim die Feststellung, dass der Protagonist scheitern musste. Überfordert von persönlichen Herausforderungen, widrigen Begleitumständen, einer Erkrankung, der nicht vereinbarungsgemäßen Lieferung des Materials – oder was sonst alles im Leben schiefgehen und ein gutes Ende verhindern kann.

Selbst wenn das zu Beginn eingeführte Problem am Ende des Videos nicht gelöst ist, solltest du deinen Zuschauer mit einer klaren Botschaft entlassen. Vielleicht mit dem Hinweis, dass der Protagonist noch keine Lösung herbeiführen konnte, aber daran arbeitet.

Videos mit offenem oder unklarem Ende regen selten die Fantasie der Zuschauer an. Sie hinterlassen eher ein Gefühl der Leere und Unfertigkeit. Der Zuschauer fühlt sich alleingelassen und unbefriedigt.

Jede Geschichte wird mit einem Finale aufgelöst.

Die Aufteilung einer Geschichte in drei Abschnitte hat sich seit Aristoteles bis heute als äußerst praktisch erwiesen. Bekannt unter dem Namen 3-Akt-Modell ist sie ein sehr robustes Werkzeug zum Geschichtenerzählen. Sie funktioniert bei der Gestaltung des Aufbaus von Romanen, Spielfilmen oder Dokumentationen und versagt selbst bei kurzen Berichten nicht. Bediene dich dieses Werkzeugs zum Strukturieren deines Materials, deiner Geschichten und Videos, solange du nichts Besseres findest.

Seit Aristoteles in seinen Schriften die dramaturgischen Grundlagen für das Storytelling – der moderne Ausdruck für das Geschichtenerzählen – aufschrieb, sind viele Bücher zu diesem Thema entstanden. Zu den kurzweiligsten zählt sicher »Aristoteles in Hollywood« [11] des finnischen Autors Ari Hiltunen.

Zeile für Zeile

Deine Videostory ist gründlich recherchiert, die Karteikarten storygerecht sortiert, die Fakten geordnet, die Story steht. Mit dem Zettelkasten zum Drehen zu marschieren, ist dir zu unpraktisch? Was, wenn er dir versehentlich herunterfällt? Dieses Risiko scheuend, sitzt du eines Abends erneut am Computer und überträgst den Inhalt der zusehend abgegriffenen Karteikarten in ein Textprogramm. Ob dabei eine Textverarbeitung zum Einsatz kommt oder ein tabellenfähiges Programm, ist gleichgültig. Hauptsache, du kannst flüssig damit schreiben, löschen und am Ende ausdrucken.

Noch einmal läuft die Geschichte vor deinem geistigen Auge, bevor der echte Dreh beginnt. Zeile für Zeile schreibst du die Geschichte in eine Tabelle. Immer der gleiche Aufbau: Einer fortlaufenden Nummer folgt das *Bild*. Hier trägst du ein, wo gedreht wird, wer und was zu sehen sein wird. Unter *Ton* steht, was der Zuschauer später zu hören bekommt. Ein Interview, einen Kommentar, den O-Ton eines Protagonisten.

Brauchst du besondere Requisiten, Leuchten oder andere Hilfsmittel, hältst du das unter *Bemerkungen* fest.

Die Teilnehmer eines Kurses über Videoherstellung bekamen die Aufgabe gestellt, eine Geschichte zu entwickeln und diese als Video herzustellen. Das Thema (die Idee):

> Entwickeln Sie eine Geschichte über den Besuch eines Kurses zum Thema Videoherstellung.

Bei der Aufgabenstellung für das zu erarbeitende Video war zu berücksichtigen, dass die Kursteilnehmer sehr unterschiedliche fachliche und berufliche Voraussetzungen mitbringen. Das beschränkte die Themenwahl erheblich. Die einzige sichere Gemeinsamkeit aller Kursteilnehmer war ihr Interesse und ihre gleichzeitige Teilnahme an diesem Video-Kurs.

Den Drehfahrplan – nachfolgend ein Ausschnitt – entwickelten Teilnehmer des Videokurses gemeinsam.

Nr.	Bild	Ton	Bemerkungen
1	Kursraum, Teilnehmer am PC, Interview	Teilnehmer erzählt: - stellt sich vor, berichtet über seine Arbeit - weshalb ihn der Video-Kurs interessiert, mit welchem Smartphone er arbeitet	
2	Teilnehmer im Kursraum - mit Handy beim Dreh - beim Schneiden	Kommentar: Mit seinem Handy ein paar Sekunden die neue Hauskatze filmen, das gelingt mehr oder weniger gut fast jedem. Den Teilnehmern des Kurses »Gestaltung und Herstellung von Videos« reicht das aber nicht. Sie wollen erfahren, wie mit einfacher Technik anspruchsvolle Videos hergestellt werden.	
3	Außen; Türschild; Teilnehmer betritt das Gebäude	Off-Ton: Teilnehmer erzählt über seinen / ihren Job und dass er / sie jetzt einen Lehrgang über Herstellung von Videos besuchen wird.	
4	Teilnehmer betritt Kursraum	Kommentar: Montag 17:30 Uhr; in den nächsten 90 Minuten dreht sich hier alles um die Videoherstellung.	

Nr.	Bild	Ton	Bemerkungen
5	Teilnehmer im Kursraum - mit CAM bei Dreharbeiten - beim Schneiden	Kommentar: Grau ist alle Theorie – nicht so beim Lernen in diesem Lehrgang. Einen Teil des Kurses stehen die Teilnehmer hinter der Kamera, nehmen Interviews und Gespräche auf. Später, am Computer, werden die Aufnahmen geschnitten, bearbeitet und zu einem Videobeitrag zusammengefügt. Der kann über das Internet einem größeren Zuschauerkreis gezeigt werden.	

Zerlege deine Geschichte in möglichst viele Zeilen. Je detaillierter du alles aufschreibst, desto weniger vergisst du beim Dreh. Deinen Helfern kannst du diesen Drehfahrplan vorab zusenden. Sie bekommen so einen guten Einblick in die anstehenden Aufgaben und können dich besser unterstützen.

Da Änderungen deines Drehfahrplans kaum ausbleiben werden, solltest du auf *jeder* Seite und gut lesbar die Information »geändert am xx.xx.20xx« erfassen.

Es mag sein, dass erfahrene Videomacher an diese Stelle einwenden, den Verwirrung stiftenden Begriff *Drehfahrplan* besser gegen die Bezeichnung *Drehbuch* auszutauschen. In der Geschichte der Drehbuchentwicklung hat es viele Jahre gebraucht, ehe sich aus sporadischen Aufzeichnungen für einen Film hochnormierte und viele Details einer Filmproduktion enthaltende Werke entwickelten. Daher sollte man *Drehfahrplan* und *Drehbuch* nicht synonym verwenden.

Gestaltungsmittel festlegen

Vor deinem geistigen Auge läuft alles ab, als wäre das Video bereits gedreht und fertig geschnitten. Du kannst an dieser Stelle stolz sein auf das bisher Geleistete. Würdest du jetzt die Geschichte mit ihren Konflikten, Handlungen und Orten in der Reihenfolge der sortierten Karteikarten aufschreiben, es wäre perfekt. Jedes Gespräch, jeder Streit, jeder Gefühlsausbruch der Protagonisten, Wort für Wort auf Papier bringen, die Orte der Handlung bis ins Detail beschreiben ... du hättest vermutlich ein veröffentlichungsfähiges Buch in der Hand.

Aber wolltest du nicht ein Video machen?

Bei einer aufgeschriebenen Geschichte findet der Austausch von Informationen ausschließlich durch Mittel der Sprache statt. Jede Aktion und jede Handlung in der Geschichte muss sehr genau beschrieben werden, damit im Kopf des Lesers Bilder daraus entstehen. Dieser Vorgang findet beim Lesen eines Textes – egal ob Roman oder Zeitungsnotiz – ständig statt. Ein (guter) Autor von Texten beherrscht diesen Vorgang dann optimal, wenn es ihm gelingt, Bilder in den Köpfen der Leser zu erzeugen. Werden diese Kopfbilder zu Emotionen, dann hat das Geschriebene seine Aufgabe erfüllt.

Ebenso wie Autoren von Texten die »richtigen« Worte finden müssen, geht es uns Videomachern. Dabei gibt es eine »schlechte« und eine »gute« Nachricht.

- Die Macher von Videos müssen sich nicht auf das Gestaltungsmittel Text beschränken. Sie haben als Mittel zur Gestaltung eines Videos Bilder, Töne, Interviews, Kommentare, Musik, Geräusche zur Verfügung.
- Die Macher von Videos müssen den Einsatz dieser Gestaltungsmittel lernen: Bilder, Töne, Interviews, Kommentare, Musik, Geräusche.

(Du kannst entscheiden, welche Nachricht gut / schlecht ist.)

Für die Umsetzung deiner Geschichte in ein Video wirst du weitere Werkzeuge und Gestaltungsmittel kennenlernen und bei Bedarf auf sie zurückgreifen.

- Orte für Außen- und Innenaufnahmen
- der jeweilige Standort der Kamera, also Einstellungsgrößen und Perspektiven
- wann und wo wir uns zum Drehen mit den Protagonisten und Interviewpartnern treffen
- wie wir diese bei Interviews ins Bild setzen
- welche Fragen im Interview gestellt werden
- die Lichtverhältnisse an den Drehorten
- welche Schnittbilder wir unbedingt brauchen

Gleich geht's los.

Bitte noch einen kleinen Moment Geduld. Einige Informationen sind noch notwendig.

Kapitel 4

Was die Kamera zeigt

Die Zuschauer werden im Video genau das sehen, was deine Kamera für sie einfängt. Ob schöne oder schlechte, bedrückende oder malerische Bilder – das entscheidest du als Kameramann oder Kamerafrau. Im Moment des Aufnahmestarts hast du – bewusst oder unbewusst – gewählt, mit welcher Einstellungsgröße deine Kamera die Szene zeigen soll. Mit der Auswahl von Einstellungsgröße und Kamerastandort sowie der Anordnung von Personen und Gegenständen innerhalb des Bildes stehen dir viele Möglichkeiten der Bildgestaltung zur Verfügung.

Es ist eine Frage der Bildgestaltung, ob der Zuschauer beim Betrachten des Videos das Empfinden hat, einem Gesprächspartner auf Augenhöhe gegenüberzusitzen. Oder die Kamera wechselt die Position und zeigt dieselbe Szene nun von oben. Jetzt muss der Gesprächspartner seinen Kopf heben, um in das Objektiv (Auge) der Kamera zu blicken. Kleiner wirkt er dadurch, unbedeutender und nicht auf Augenhöhe. Bewegt sich die Kamera noch weiter gen Himmel, entsteht bei dem Betrachter das Gefühl, unser Gegenüber verkümmert und verschmilzt mit dem Boden – wie ein Frosch.

Einstellungsgrößen

Die Bezeichnungen für Einstellungsgrößen haben eine sehr lange Tradition und sind Grundbestandteil in der Film- und Videosprache.

- Totale
- Halbtotale
- Amerikanische
- Halbnah
- Nah
- Groß
- Detail

Die Einstellungsgröße wird für jede Einstellung neu festgelegt. Sie gilt also von Kamera-Start bis Kamera-Stopp.

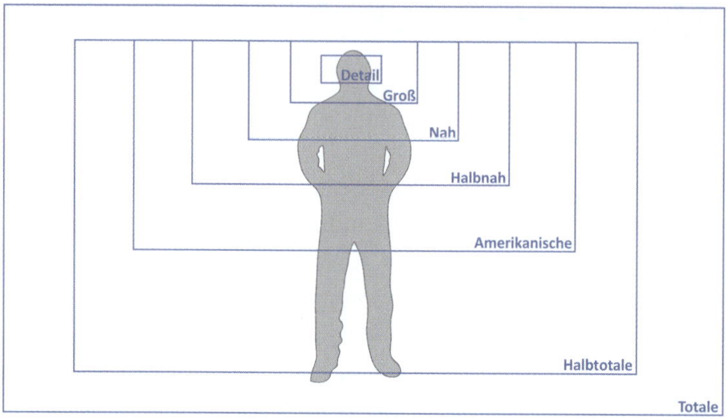

Abb. 4.1: Einstellungsgrößen – die Klassiker der bewegten Bilder

Totale

Mit der Totale bekommt der Zuschauer einen Weit- und meist auch einen Überblick. Ist unser Aufnahmeobjekt eine Person, verschwindet sie als Detail in der Umgebung. Sie wird klein, unbedeutend und nebensächlich. Für die Totale braucht der Zuschauer Zeit, um sich orientieren zu können.

Totale – häufig verwendeter Videoeinstieg

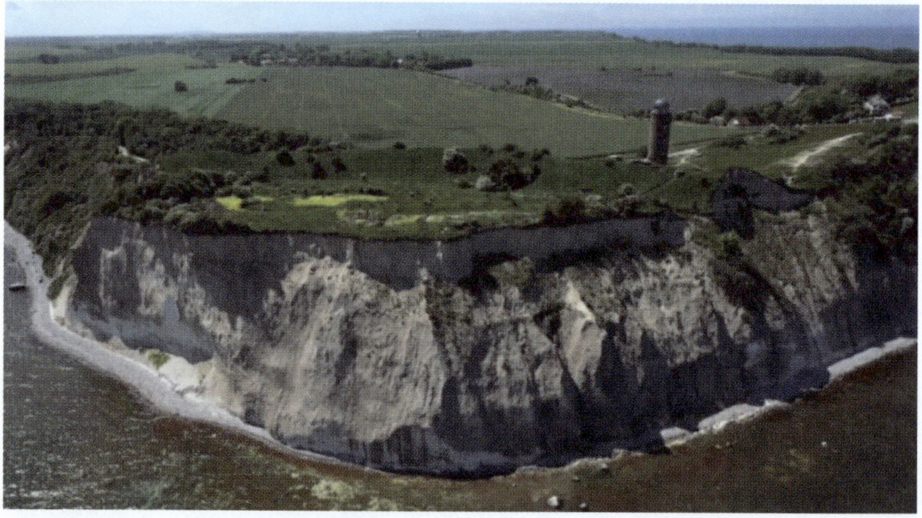

Abb. 4.2: Totale – Landschaften brauchen Weite.

Ein neuer, noch unbekannter Ort ist zu sehen. Der Zuschauer möchte sich in Ruhe umsehen. Geben wir ihm die Zeit und lassen wir ihn in unser Video einsteigen. Schon mit der ersten Totale können wir die Aufmerksamkeit des Betrachters in Beschlag nehmen. Eine statische Totale, in der nichts weiter passiert, kann 10 bis 15 Sekunden stehen. Findet eine Aktion innerhalb der Totale statt – ein Unfall passiert, eine Menschengruppe beobachtet zwei sich schlagende Streithähne –, wird der Zuschauer von der »totalen« Umgebung durch die Aktion im Bild abgelenkt. Die Einstellung sollte dann deutlich länger laufen.

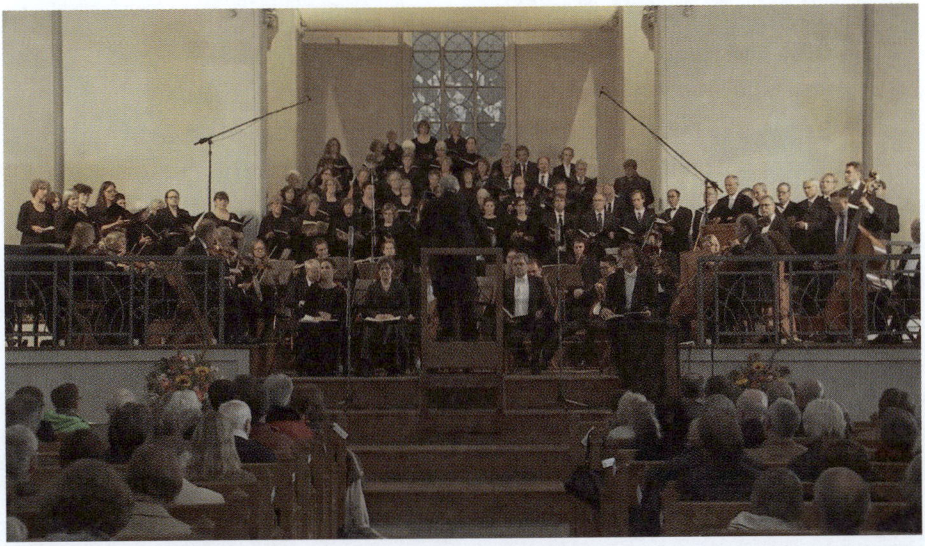

Abb. 4.3: Totale – Überblick in großen Sälen und Gebäuden

Sehr wirkungsvoll ist die Totale zur Darstellung von Größenverhältnissen von Personen und Gegenständen zu ihrer Umgebung. Kaum erkennbar der Bergsteiger in der Wand eines 4000ers. In der prallen Sonne ein Offroader auf der Wüstenpiste, eine Sandfahne nach sich ziehend. Größe und Weite der Natur und der Kontrast zum Menschen wecken beim Zuschauer die Lust, durch das Video an einem atemberaubenden Abenteuer teilzunehmen. Gelingen solche Bilder, ist ihre Wirkung nicht durch Worte zu ersetzen.

Auf einem Schulhof: spielende und herumtollende Kinder. Etwas abseits auf einer Bank sitzt ein Kind. Die Beine angezogen, den Kopf auf die Knie gelegt. Totale – Einsamkeit.

Die neue Jacht liegt einsam auf dem Meer. Ihre Größe lässt sich in der Totalen nur schwer abschätzen. Wir könnten sie im Video einblenden oder per gesprochenem Text einen Hinweis geben. Viel wirkungsvoller ist das Erscheinen des stolzen Kapitäns auf dem Deck seines Bootes. Sofort lässt sich die Größe des Bootes abschätzen und löst bei den Zuschauern ein erstauntes »Ohhh« oder »Na ja« aus. Selbst wenn unsere Zuschauer ihre Gedanken nicht lautstark äußern, in ihren Köpfen wird das Gezeigte zu einer kleinen Geschichte vervollständigt:

- »Man, der jammert immer herum und kann sich so ein riesiges Schiff leisten.«
- »Na ja, kein Wunder, bei den Preisen in seiner Firma kann er sich so einen riesigen Kahn auch leisten.«
- »Okay, er ist mit dem neuen Boot auf dem Boden geblieben, war er ja immer. Keine Protzkiste, eigentlich ziemlich normal.«
- »Das wird ziemlich eng auf dem Boot, die Familie mit drei Kindern. Aber er ist halt ein begeisterter Segler.«

Die Gedanken im Kopf unserer Zuschauer lassen sich nicht bis ins letzte Detail voraussagen. Dem Kopfkino eine bestimmte Richtung zu geben, das können wir aber schon mit dem, was die Kamera zeigt.

Halbtotale

Mit der Einstellung Halbtotale kommen wir der »Sache« etwas näher. Die Kamera rückt an das Geschehen heran. Anders als bei einer Totale sind Person oder Gegenstand in ihrer bzw. seiner Umgebung deutlicher erkennbar.

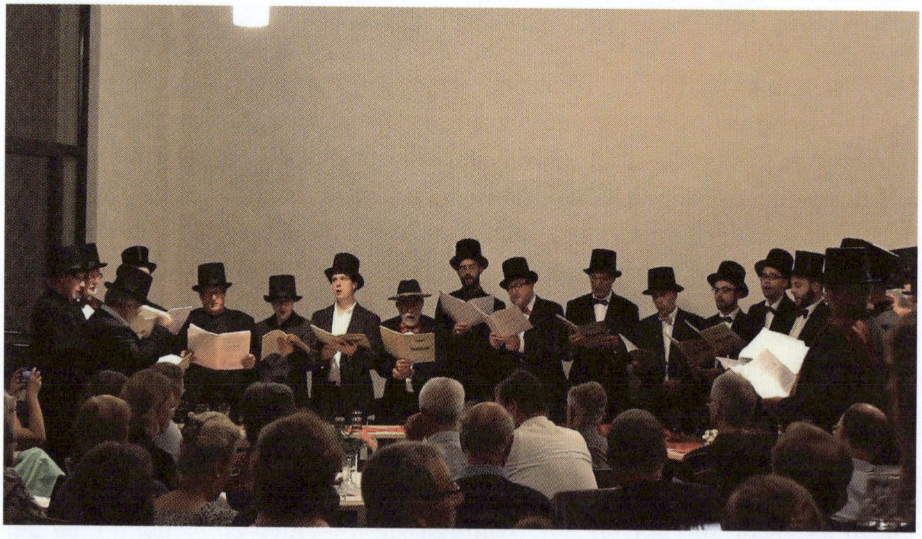

Abb. 4.4: Halbtotale – Männerchor, Konzert, Publikum – der Video-Zuschauer ein Teil davon

Der Zuschauer ist jetzt Beobachter, konzentriert sich und die Halbtotale weckt seine Neugier. Der Bildausschnitt signalisiert, wohin er seine Aufmerksamkeit lenken soll.

Eine Menschengruppe ist in der Halbtotale komplett zu sehen. Bekleidung, Mimik und Körpersprache Einzelner sind erkennbar. Es wird deutlich, welche Beziehungen Personen untereinander haben und weshalb die Menschen eine Gruppe bilden. Eine Menschengruppe wartet auf die Öffnung des Kaufhauses; Passanten scharen sich um einen Straßenkünstler; Teammitglieder bei der Arbeitsbesprechung.

Die Kamera (*Abb. 4.4*) zeigt eine Schar zylinderbekleideter Männer. Mit Noten in der Hand und geöffneten Mündern singen sie offenbar vor einer an Tischen sitzenden Zuhörerschaft. Ohne das sichtbare Publikum – also wenn nur der Männerchor zu sehen ist – wäre die Konzertsituation kaum erkennbar. Der Videozuschauer blickt gemeinsam mit den angeschnittenen Köpfen des Publikums im Konzertsaal in Richtung des Männerchors. Auf ihn wird die Aufmerksamkeit des Videobetrachters gelenkt. Das Kopfkino beginnt: Weshalb haben die Männer ihre Köpfe mit Zylindern verschönert, welche Musik wird dort gesungen und zu welchem Anlass findet das Konzert statt?

Fragen, die unsere Zuschauer beschäftigen (sollen). Ihr Interesse für das Video ist geweckt – mit einer Halbtotale.

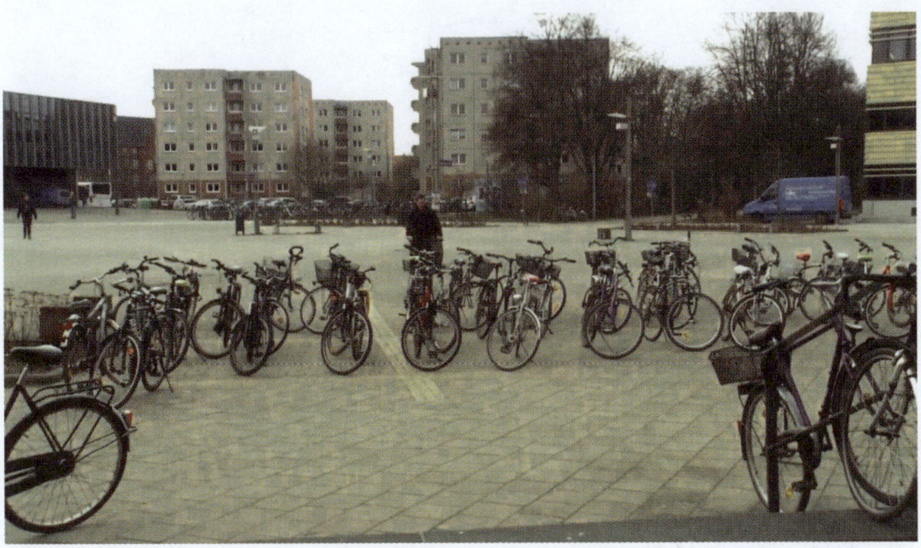

Abb. 4.5: Halbtotale – Parkplatz, Person mit Fahrrad nähert sich.

Die Halbtotale eignet sich für die Einführung einer bisher unbekannten Person oder eines Gegenstandes. Verfolgt die Kamera Person oder Gegenstand, kann der Zuschauer auch längere Aktionen beobachten und dabei einen Eindruck der Umgebung gewinnen.

In der Halbtotale (*Abb. 4.5*) radelt ein Student ins Bild, um gleich darauf sein Fahrrad zu den zahlreichen anderen zu stellen. Diese Einstellung stimmt darauf ein, wie Mobilität in einer kleinen Universitätsstadt funktioniert – mit dem Fahrrad. In der Halbtotale mit dem heranradelnden Studenten wird das Fahrrad(-fahren) im Video etabliert. In nachfolgenden Einstellungen sichert der Student sein Fahrrad, betritt die Bibliothek und verschwindet hinter Büchern. Spätere Einstellungen zeigen das Fahrrad(-fahren) in anderen Varianten.

Halbtotale – etabliert Personen, Gegenstände, Themen im Video

Amerikanische

Ihr Ruf ist Legende. Sie begründet sich aus ihrer historischen Bedeutung, das »Wichtige« eines Helden zu zeigen: seinen Kopf, den Oberkörper bis zu den Knien sowie seine Bewaffnung. Stets griffbereit befand sich der Revolver im klassischen Western an (s)einem festen Platz in Hüfthöhe.

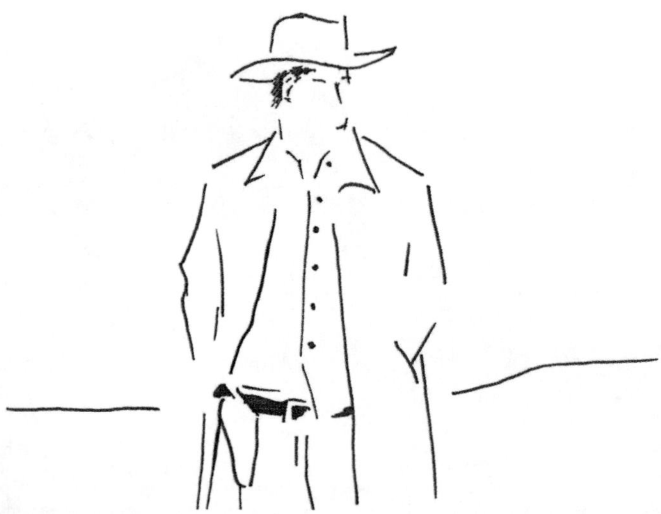

Abb. 4.6: Amerikanische – der Held

Amerikanische – zeigt das Wichtigste des Helden (Protagonisten)

Halbnah

Eng mit der Amerikanischen verwandt ist eine Einstellungsgröße mit einer weniger martialisch klingenden Geschichte – die Halbnah-Einstellung.

Von Personen zeigt sie den Oberkörper bis zur Hüfte, eine uns sehr vertraute Perspektive. Wir sind auf Augenhöhe mit der aufgenommenen Person und scheinen uns am gleichen Ort zu befinden.

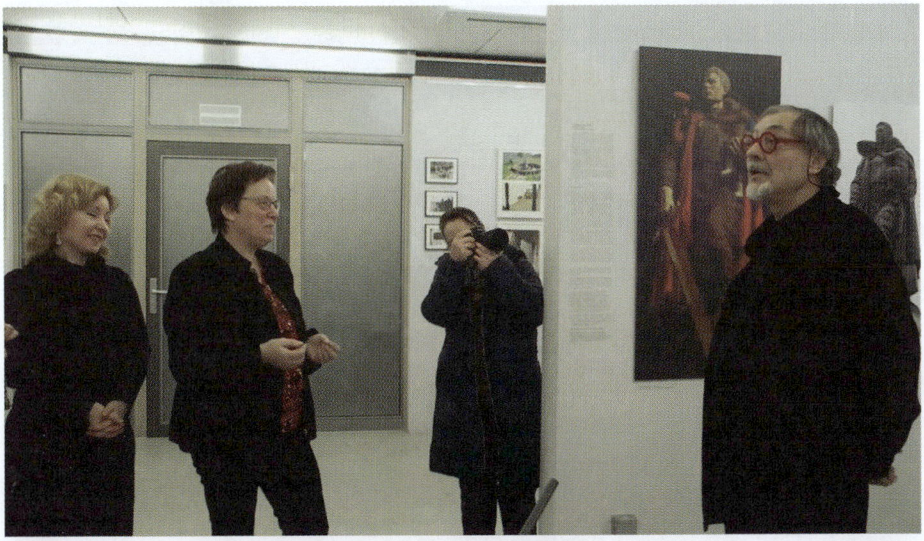

Abb. 4.7: Amerikanische / Halbnah – Ausstellungseröffnung

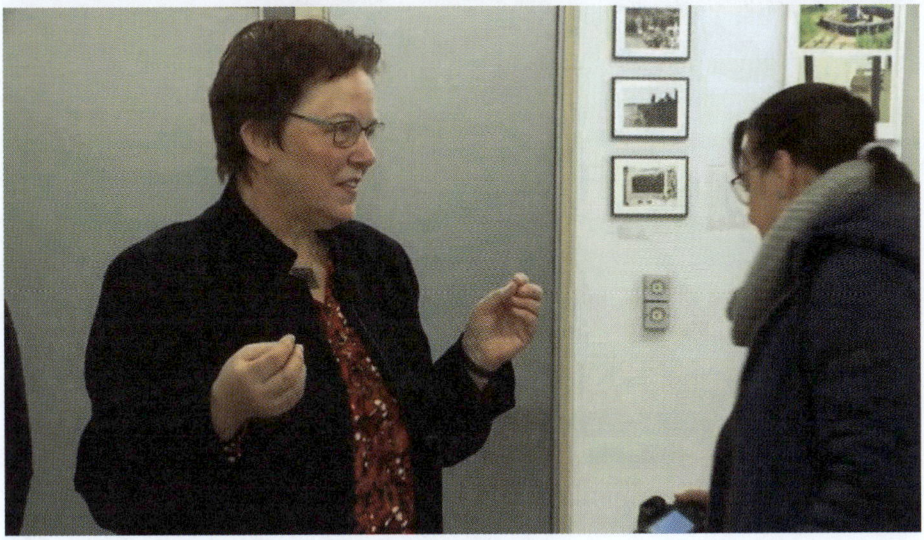

Abb. 4.8: Halbnah – Protagonistin auf Augenhöhe

Unser Gegenüber ist nah wie bei einem persönlichen Treffen. Jede Bewegung des Körpers nehmen wir wahr, ohne das räumliche Umfeld aus den Augen zu verlieren. Personen mit dieser Einstellung aufgenommen sind präsent und beherrschen klar die Szene.

Die Halbnah-Einstellung wirst du in Filmen und Videos sehr häufig entdecken und ihre Vorzüge in eigenen Videos schätzen lernen.

Halbnah – auf Augenhöhe mit dem Protagonisten.

Nah

Die Nähe zu einer Person steigert die Einstellungsgröße Nah. Der Bildausschnitt zeigt den Bereich Kopf bis Brust. Im Fokus des Bildes ist eine Person, dargestellt wie ein klassisches Porträt. Von der (Aufnahme-)Umgebung sind nur Reste zu sehen, häufig unscharf dargestellt.

Die Person wirkt wie aus ihrer Umgebung herausgelöst und lässt beim Zuschauer das Empfinden großer Nähe entstehen.

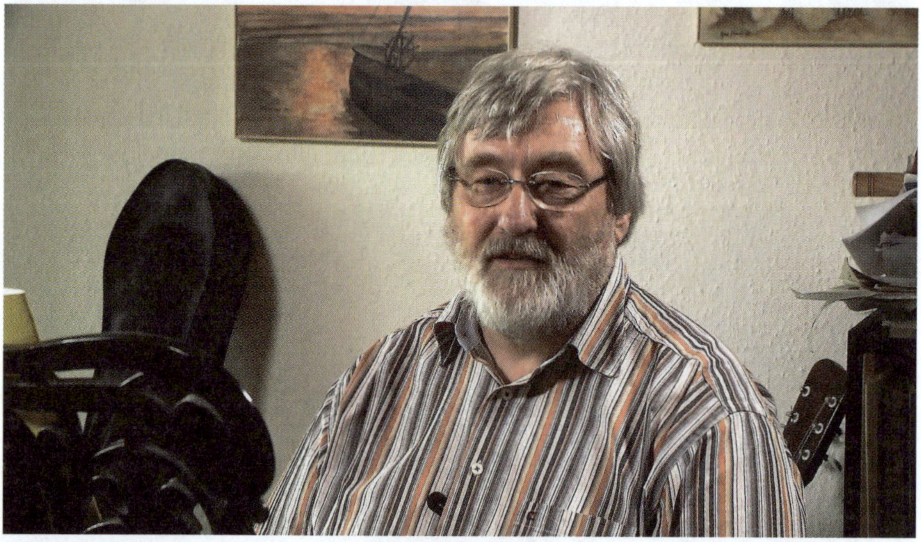

Abb. 4.9: Nah – Interview, strahlt Ruhe, Überzeugung, Freude aus.

In Dialogszenen oder Interviews verleiht die Nah-Einstellung den Aussagen der Person ein besonderes Gewicht. Das gesprochene Wort, aber auch die nicht sprachliche Kommunikation durch Mimik und Gestik wirkt unmittelbar auf den Zuschauer. So lassen die Bewegung des Körpers, des Kopfes oder nur der Augen Rückschlüsse auf den weiteren Verlauf des Videos zu. Angst, Panik oder Ruhe und Zufriedenheit kann der Zuschauer im Gesicht der abgebildeten Person genau beobachten.

Eine enge und überaus wirkungsvolle Variante der Nah-Einstellung ist der Talking Head (Shot). Die aufgenommene Person, häufig ein (Nachrichten-) Sprecher, blickt aus kurzer Distanz direkt in die Kamera. Mit der Überzeugungskraft der per Talking Head Shot kommunizierten Nachrichten, die scheinbar emotionslos vermittelt werden, erwecken beim Zuschauer den Eindruck höchster Objektivität. Die Übermittlung der Botschaft durch eine bekannte und vertrauenswürdige Person verstärkt diesen Effekt. Talking Head Shot in Videos für Schulung und Weiterbildung beschreibt auch [8].

Talking Head Shot – dem Eindruck nach glaubwürdig

Nur am Rande sei daran erinnert, dass dieser Eindruck wenig über den Wahrheitsgehalt der vermittelten Nachrichten aussagt.

Neben dieser Variante der Nah-Einstellung mit einer Person, auch als naher Einer bezeichnet, hat sich die nahe Zweier mit zwei Personen etabliert.

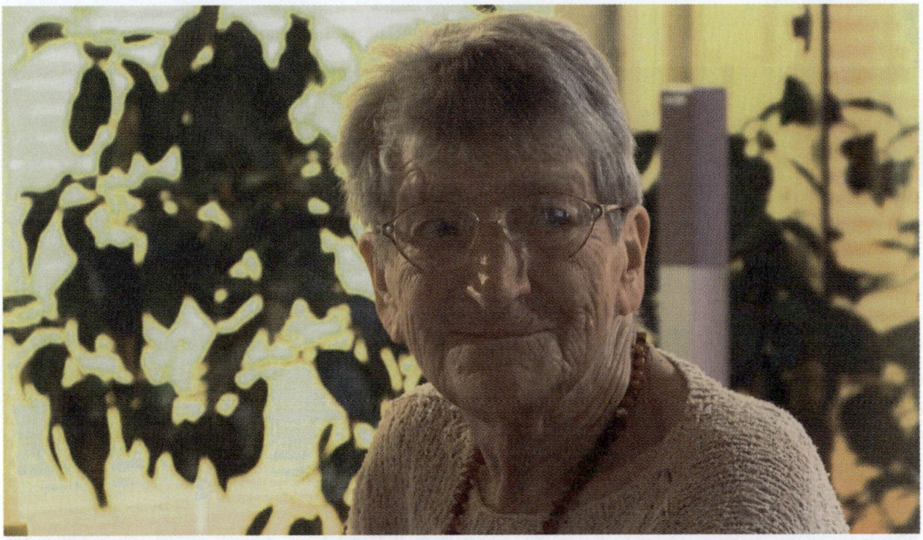

Abb. 4.10: Nah – Bild wie ein Porträt, Hintergrund unscharf

Groß

Mit der Einstellung Groß zeigst du häufig nur das Gesicht einer Person. Stirn und Kinn sind abgeschnitten und nur noch die Mimik überträgt Gefühle. Keine Reaktion im Gesicht bleibt dem Zuschauer verborgen, so, als könne er tief in die Seele blicken.

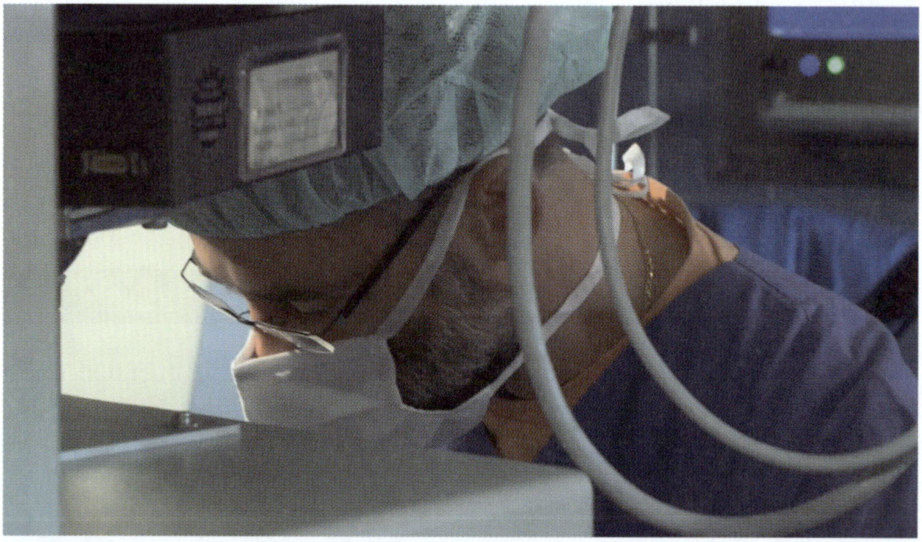

Abb. 4.11: Groß – Konzentration im Operationssaal

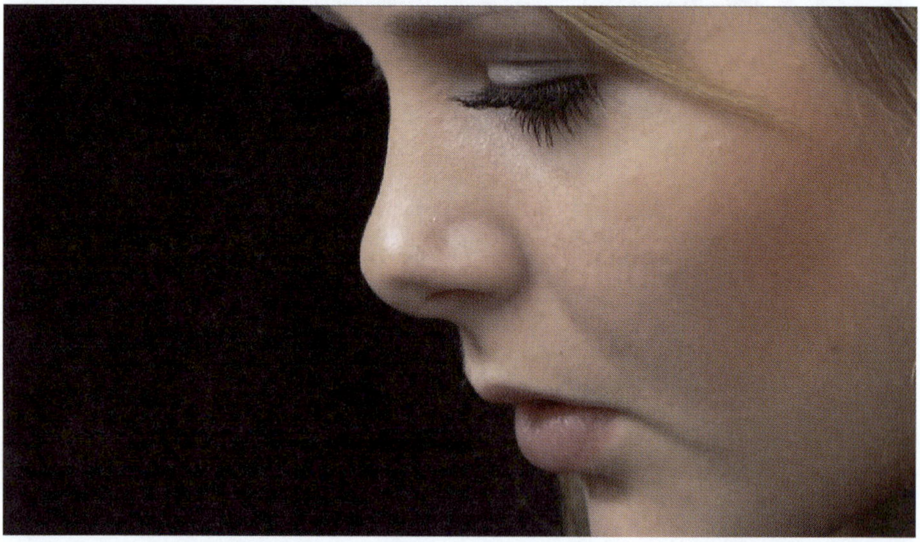

Abb. 4.12: Groß – Anspannung bei ...

Die gleiche Wirkung geht auch von der Darstellung anderer Körperpartien aus, wenn die Kamera ungewöhnliche Situationen oder Tätigkeiten zeigt.

Den Zuschauern entgeht nicht, wie sich bei einer Person ein Wutausbruch entwickelt, ein Moment höchsten Glücks die Augen strahlen lässt oder ein Lachanfall das Zwerchfell erschüttert. Mit der Kamera sind wir dabei, kurz bevor die Gefühle der Person offenkundig werden.

Groß – lässt Menschen etwas sagen, ohne dass sie sprechen

Detail

Mit dieser Einstellungsgröße entfernen wir uns aus dem Bereich des natürlichen Sehens. Überdeutlich zeigt die Kamera einen kleinen Ausschnitt des Bildes.

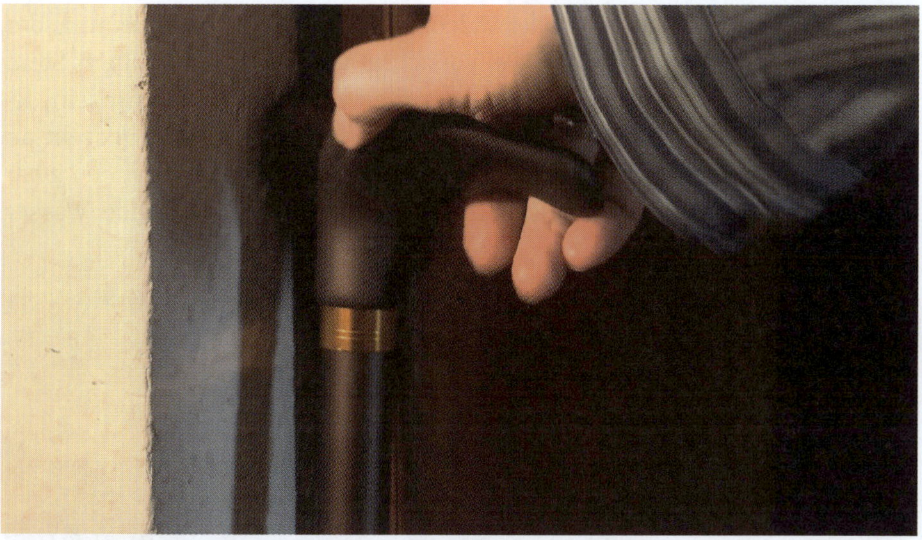

Abb. 4.13: Detail – Auf Hilfe angewiesen

Unmissverständlich und ohne Zuschauern eine Chance zum Nachdenken zu lassen, lenken wir die Aufmerksamkeit unserer Geschichte auf ein wichtiges Detail:

- Tränen in einem Kinderauge (weil kein Lieblingspudding mehr da ist)
- ein Fuß, Halt suchend auf rutschigen Steinen (beim Durchqueren eines Gewässers)

- ein schmollender Mund (während der Auseinandersetzung mit Erwachsenen)
- strahlende Kinderaugen (die Späße eines Clowns bewundernd)
- zwei sich haltende Hände (ein Paar auf dem Weg zum Traualtar)
- ein Augenpaar, fast einschlafend (in einer langweiligen Vorstellung)

Dem hervorgehobenen und im Detail abgebildeten Bildausschnitt kommt eine positive oder negative symbolische Bedeutung zu.

- Tränen – Trauer, Angst, Hilflosigkeit, Freude
- Falten – Alter, Lebenserfahrung, Alkoholmissbrauch
- Verletzungen – Streit, Kampf, Krankheit, Behandlung
- Tür mit Klingel – Eingang zu Villa oder Sozialunterkunft
- Wasserglas – durstlöschend oder mit K.-o.-Tropfen versetzt

Häufig ist nur aus dem Kontext der Videohandlung die Symbolbedeutung der Detail-Einstellung erkennbar. Füße, vorsichtig von wasserumspültem Stein zu Stein tastend, können Teil einer gewagten Flussdurchquerung sein, lebensbedrohend für den Betroffenen. Dieselbe Detailaufnahme, gedreht an einem steinigen Strandabschnitt der Insel Hiddensee, kann auch den zwar unbequemen, aber nicht lebensgefährlichen Weg ins erfrischende Wasser der Ostsee begleiten.

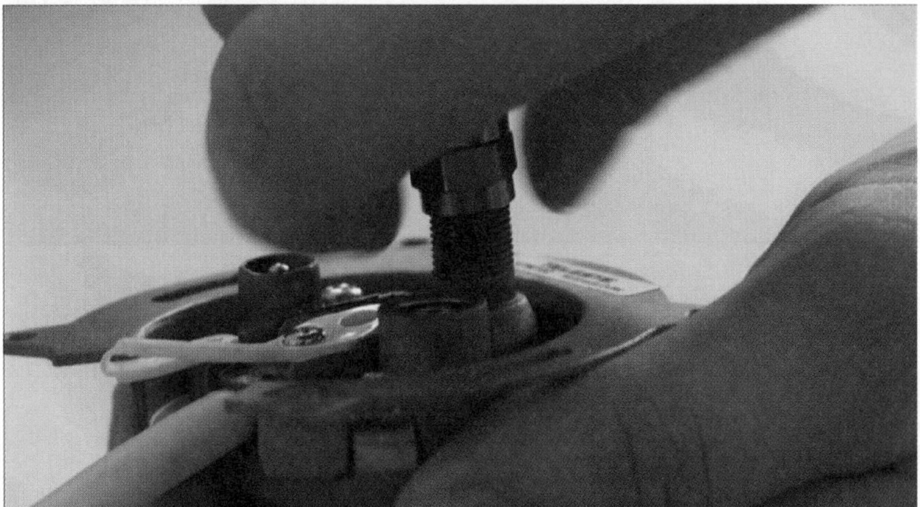

Abb. 4.14: Detail – Kabel sorgfältig verschrauben

Die intensive, oft symbolhafte Detail-Einstellung entfaltet ihre Wirkung erst im Kontext mit anderen Einstellungsgrößen.

- Ein Clown im Kindergarten
  - Kindergruppe von hinten mit Blick auf Bühne (Halbtotale)
  - Clown (Halbnah / Nah) macht Späße
  - Strahlende Kinderaugen (Detail)
  - Kindermund lachend (Detail)

Der Zuschauer erfährt vom Höhepunkt des Kinderfaschings, dem Auftritt des Clowns.

- In der Kirche
  - Standesbeamter (Halbnah / Nah)
  - Ring wird von zweiter Hand angesteckt (Detail)
  - Augen der Frau mit Tränen (Groß)
  - Augen des Partners (Groß)
  - (Musik – Hochzeitsmarsch / Mendelssohn)
  - Paar geht in Richtung Ausgang, Gäste werden sichtbar (Halbtotale)

Dass in dieser Szene eine Eheschließung stattgefunden hat, bedarf keiner Worte und keines Kommentars. Die Bilder der Einstellungen erzählen die Geschichte der Trauung.

Vermutlich wird während unserer Dreharbeiten der Hochzeitsmarsch von Mendelssohn nicht erklingen. Wie nachträglich Musik in das Video gelangt, beschreibt Abschnitt *Musik im Video* auf Seite 154.

Detail – Element der Handlung hervorheben

Die Reihenfolge macht's

Dem Videoeinsteiger scheint die Vielzahl unterschiedlicher Einstellungsgrößen verwirrend, die Suche nach DER richtigen Einstellung ein viel beschworener Ausweg. Dabei ist die Lösung für die Auswahl der richtigen Einstellungsgröße nicht viel komplizierter als die Wahl des geeigneten Messers in der Küche. Für den Käse gibt's das Käsemesser, Brot schneidet man gut mit einem Brotmesser und der Versuch, Kartoffeln mit einem Tranchiermesser zu schälen, wird sich auf Dauer als äußerst unpraktisch erweisen. Für jede Aufgabe einfach das passende Werkzeug zu wählen, das ist die Lösung.

Der aufmerksame Menschenbeobachter und ziemlich erfolgreiche Filmregisseur Hitchcock ist bei Auswahl und Reihenfolge der Einstellungen häufig der Regel gefolgt: vom Allgemeinen zum Speziellen. Ihm war klar, dass Menschen, bekommen sie etwas Neues zu Gesicht, erst einmal versuchen, einen Überblick (Totale, Halbtotale) zu bekommen. Erst dann richten sie ihre Aufmerksamkeit auf Ausschnitte (Halbnah, Nah) und Einzelheiten (Groß, Detail) der gesamten Szene.

Die Five-Shot-Regel

Ein äußerst praktisches Werkzeug konntest du mit den hilfreichen W-Fragen kennenlernen. Bei der Recherche, dem Zusammentragen von Informationen, haben sie gute Dienste geleistet. Jetzt geht es um die Visualisierung unserer Geschichte und da treffen wir erneut auf einige der W-Fragen. Zusammengefasst sind sie in der Five-Shot-Regel, die besagt, immer 5 Einstellungen einer Szene zu drehen.

- Wo – etwas passiert, zeigt eine Totale oder Halbtotale.
- Wer – eine wichtige Rolle im Video spielt, wird Nah oder Groß gezeigt.
- Was – die Person im Bild macht, zeigt die Kamera mit der Einstellung Halbnah.
- Wie – unsere Person etwas macht, ist Groß oder im Detail sehr gut zu erkennen.
- Die 5. Einstellung lässt dem Kameramann Platz für seine Kreativität. So könnte eine Einstellung folgen, die unsere Person aus einer ungewöhnlichen Perspektive zeigt und dem Zuschauer ein »Wow« entlockt.

Sicherheitshalber sollte jede einzelne Einstellung eine gewisse Mindestdauer haben. Das erleichtert die Montage der Einstellungen zum fertigen Video erheblich. Zu viel gedrehte Sekunden entfernst du später. Fast nichts ist nervenaufreibender, als beim Videoschnitt festzustellen, dass eine – eigentlich – tolle Einstellung wenige Bilder zu kurz und deshalb unbrauchbar ist.

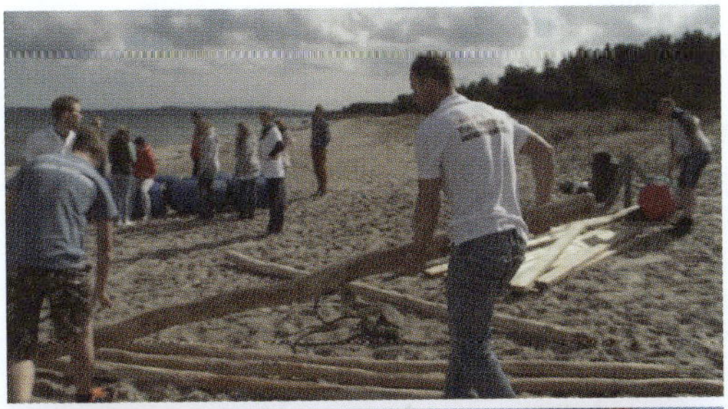

Abb. 4.15: Wo – Totale – am Strand

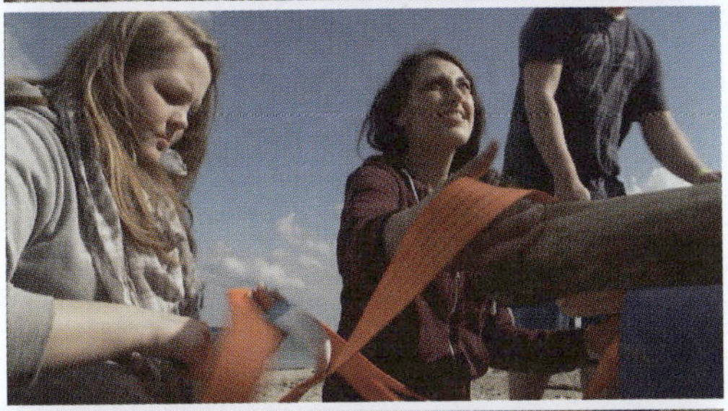

Abb. 4.16: Wer – Nah – junge Leute

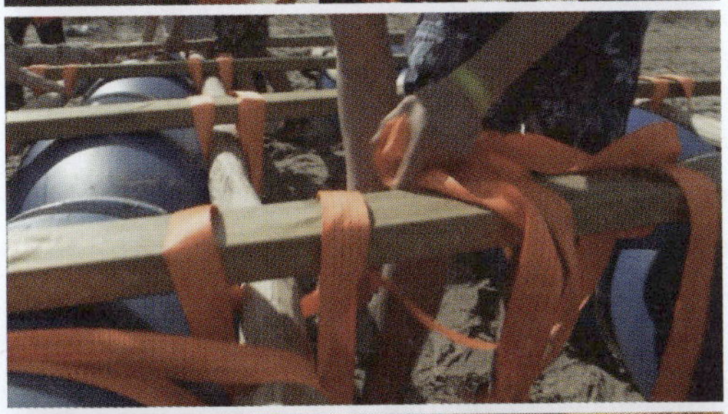

Abb. 4.17: Was – Halbnah – Floß mit einfachen Mitteln bauen

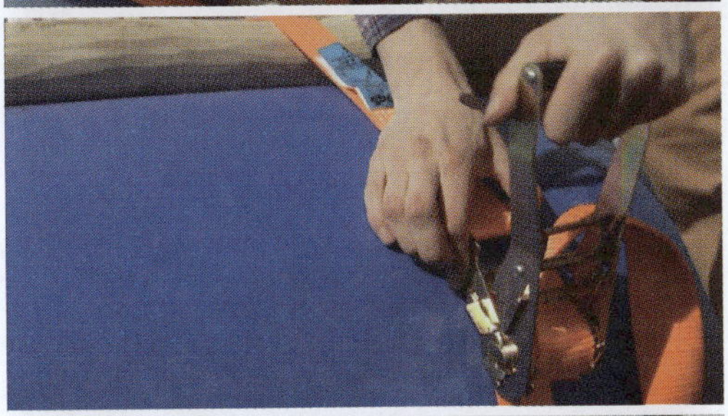

Abb. 4.18: Wie – Groß – Bauen ohne Handwerkszeug

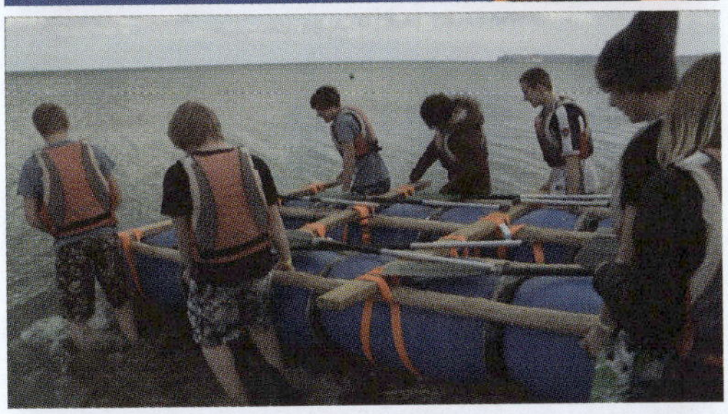

Abb. 4.19: Freie – Halbotale – geschafft Stapellauf

Mit Bildern kannst du (d)eine Geschichte erzählen.

Als Faustregel gilt, Totale und Halbtotale mindestens 15 bis 20 Sekunden, Einstellung mit kleinem Bildausschnitt, also Halbnah Nah, Groß, Detail, mindestens 10 Sekunden lang aufnehmen.

Das Drehen nach der 5-Shot-Regel vermeidet Gestaltungsfehler, die häufig erst beim Schnitt des Videos zum Problem werden. Spätestens während des Filmschnitts wirst du sehen, dass die Montage der 5 Einstellungen sehr einfach zu visuell interessanten und aussagekräftigen Ergebnissen führt. Innerhalb eines Videos kann die 5-Shot-Regel mehrfach in Sequenzen und Szenen zur Anwendung kommen.

Am Strand der Ostsee hat eine Gruppe junger Leute die Aufgabe bekommen, aus Plastiktonnen, Holzleisten und Seilen ein funktionsfähiges und ostseetüchtiges Floß zu bauen. Eine Videokamera begleitet die Aktion. Die Bilder in *Abb. 4.15* bis *Abb. 4.19* lassen Einstellungsgröße und Perspektive erkennen.

Perspektiven

Während die Einstellungsgröße der Maßstab für die Größe eines abgebildeten Objekts in einem Bild ist und dem Zuschauer Nähe und Ferne zu diesem Objekt vermittelt, bezeichnet die Perspektive den Winkel aus der Ebene, mit dem die Kamera auf das aufzunehmende Objekt gerichtet ist.

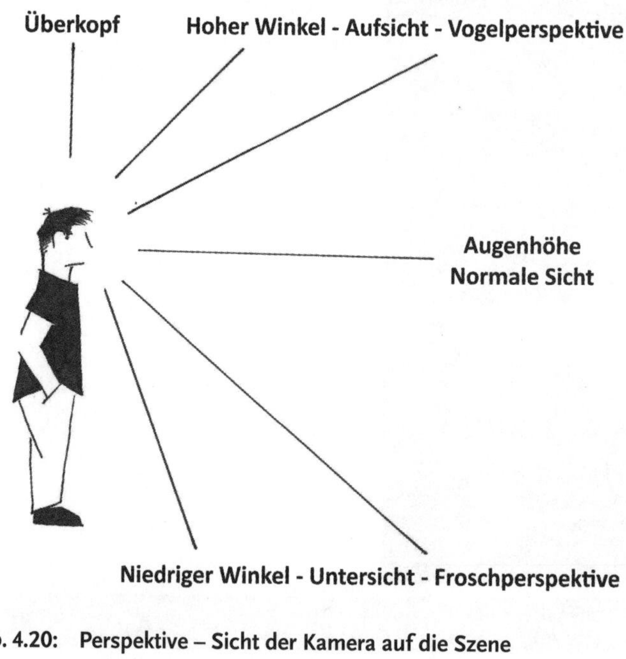

Abb. 4.20: Perspektive – Sicht der Kamera auf die Szene

Die Höhe der Kamera beeinflusst in die Perspektive, ebenso die Größe und die Beschaffenheit des Raums.

Eine sehr anschauliche Einteilung der Kameraperspektiven unterscheidet drei grundsätzliche Sichtweisen: den Blick auf Augenhöhe (die Normalsicht), der Blick von oben (die Aufsicht) und der Blick von unten (die Untersicht).

Die Perspektive kann dem Zuschauer Position, Bewegungsrichtung und Geschwindigkeit eines Objekts vermitteln. Ob eine Person regungslos und zerstört auf dem Boden liegt, unfähig zu einer weiteren Handlung oder mit gewaltigen Schritten eine Halle durcheilt – das kann die Perspektive verdeutlichen.

Mit unserer nur wenige Gramm schweren Kamera und unter Zuhilfenahme einer Drohne können wir unseren Zuschauern zu einem himmlischen Ausblick verhelfen.

Top Shot

Bei dem Top Shot, als extremste Form der Aufsicht, blickt die Kamera senkrecht nach unten.

Zeigt die Kamera aus der Top-Shot-Perspektive eine Produktionsfabrik, erkennt der Zuschauer ihre Lage in der Landschaft und die geografische Ausdehnung.

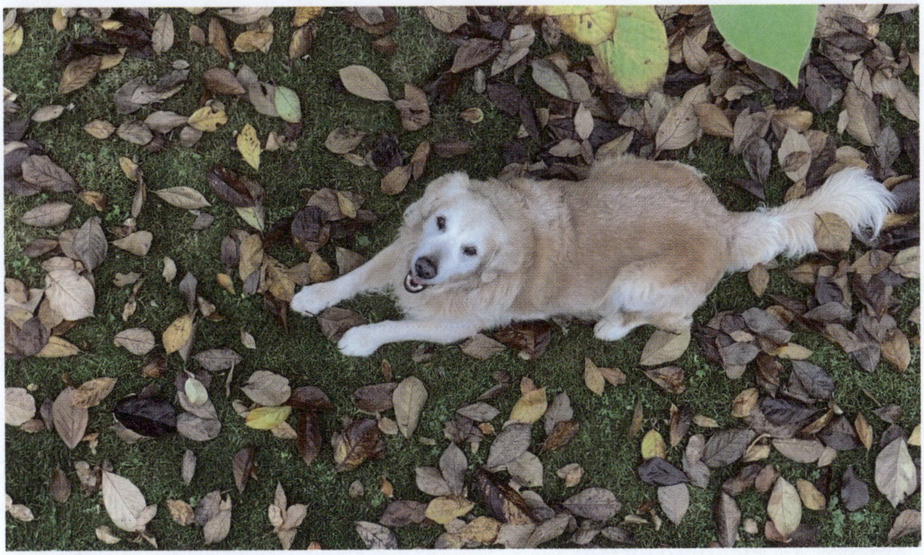

Abb. 4.21: Top Shot – Entdeckt, trotz Tarnung

Die Biegung eines Flusses umschließt in einem weiten Bogen das Zentrum der Kleinstadt. Erst die Aufnahme von der Aussichtsplattform eines Kirch- oder Fernsehturms lässt den Zuschauer erkennen, welcher Gefahr die historische Altstadt bei Hochwasser ausgesetzt ist.

Spektakuläre Luftaufnahmen waren in der Vergangenheit Produktionen mit kostspieligem Equipment vorbehalten. Heute lohnt es, nach einem Drohnenflieger Ausschau zu halten und logistische Unterstützung zu erbitten. Top-Shot-Aufnahmen wirken spektakulär und können beim Zuschauer durchaus einen emotionalen Höhenflug auslösen.

Für die Top-Shot-Aufnahme eines sich auf der Wiese rekelnden Hundes reicht es dagegen, wenn der Kameramann samt Handycam auf eine mittelgroße Gartenleiter steigt. Top Shots entsprechen keiner natürlichen Blickposition. Sie wirken technisch unterstützt und sehr objektiv.

Untersicht

Soll dagegen das mit munteren Fischen gefüllte Aquarium die Sicht eines Kindes verdeutlichen, ist eine (leichte) Untersicht unabdingbar.

Wesentliche Größenunterschiede, wie ein Mensch vor großen Gebäuden oder technischen Objekten, macht die Verwendung der Untersicht erkennbar. Je nach inhaltlichem Kontext unterscheidet sich die emotionale Wirkung solcher Größenunterschiede.

Ein Mensch steht vor einer geschlossenen Tür. Sein nach oben schweifender Blick über viele Etagen eines Hochhauses hinterlässt beim Zuschauer ein beklemmendes Gefühl.

Ganz anders die Untersicht in den Bergen. Für den Wanderer ist der ansteigende Weg eine sportliche Herausforderung. Mit Rucksack, Schlafmatte und Zelt auf dem Rücken fühlt er sich in den Bergen wohl. Der Blick nach rechts und links zu den umgebenden Berggipfeln vermittelt den Zuschauern das Gefühl, Zeuge eines traumhaften Naturerlebnisses zu sein.

Den Bau eines Floßes aus einfachen Materialien und ohne Werkzeug hat die Gruppe junger Leute erfolgreich abgeschlossen. Nun soll sich zeigen, ob das Ergebnis ihrer gemeinsamen Anstrengungen auch die Bewährungsprobe auf dem Wasser besteht. Wenn alles klappt, wird das Floß die sieben Erbauer sicher auf dem Wasser tragen. Die Zuschauer sehen – aus der Untersicht – den Transport in Richtung Ostsee.

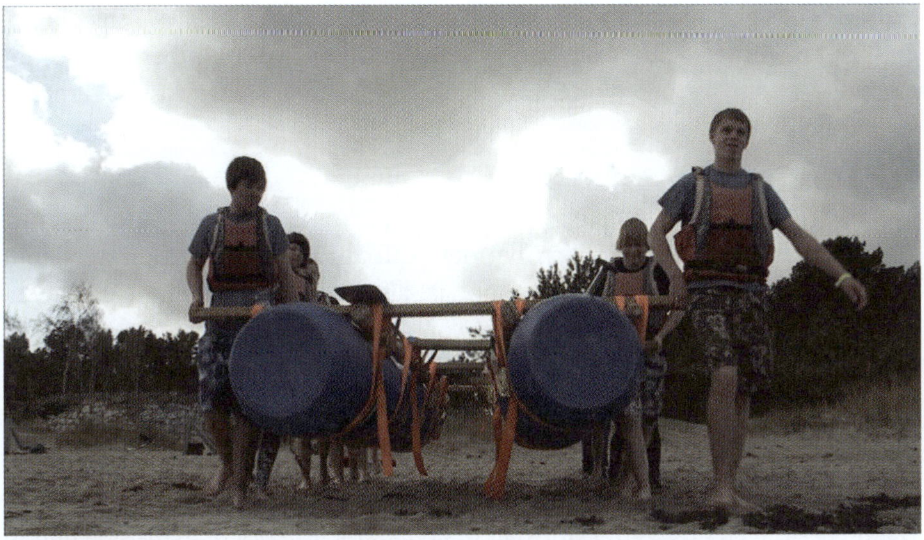

Abb. 4.22: Untersicht – Gemeinsam mit fertigem Floß in Richtung Wasser

Froschperspektive

Als eine Spezialform der Untersicht zwingt die Froschperspektive den Zuschauer zu einem Blickwinkel in der Nähe des Bodens.

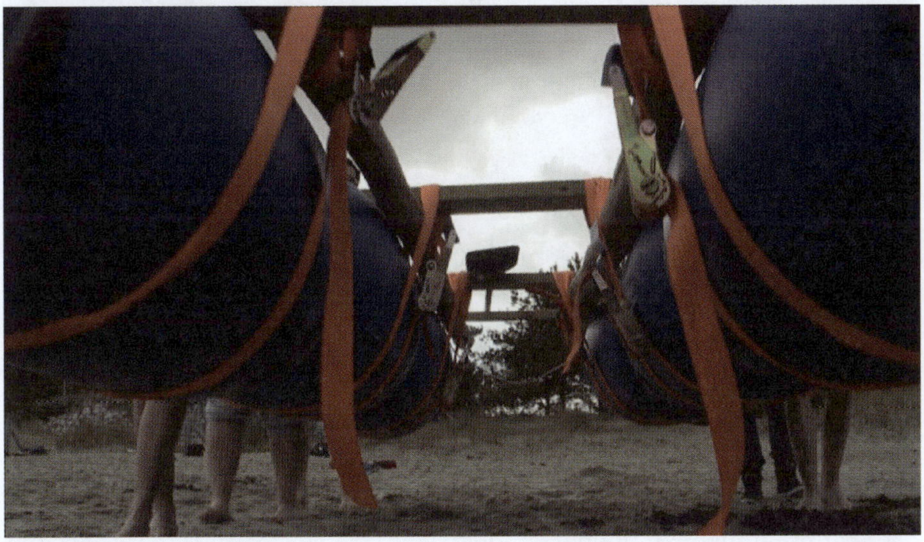

Abb. 4.23: Froschperspektive

Die Sicht aus diesem Winkel überhöht die Bedeutung des aufgenommenen Objekts maximal, kann aber auch bedrückend wirken. Das Floß der Jugendgruppe wirkt gewaltig und über den Dingen – den Zuschauern – schwebend. Dass der unmittelbar bevorstehende Stapellauf ein großes und erhabenes Ereignis ist, bedarf keiner Worte. Das macht die Sicht aus der Froschperspektive deutlich.

Normalsicht

Die Normalsicht orientiert sich bei der Aufnahme von Personen an deren Augenhöhe. Die absolute Kamerahöhe ist also davon abhängig, ob ein hochgewachsener Mensch oder ein Kind vor der Kamera sitzt, steht oder liegt. Bei augenlosen Aufnahmeobjekten, einem Baum in der Landschaft, einem leeren Raum oder bei einem Blick in das heimische Aquarium richten wir unsere Kamerahöhe so ein, wie es der Sichtweise einer »normal« großen Person entspricht.

Da die Normalsicht unserer normalen Sichtweise entspricht, wird sie auch in unseren Videos sehr häufig zur Anwendung kommen.

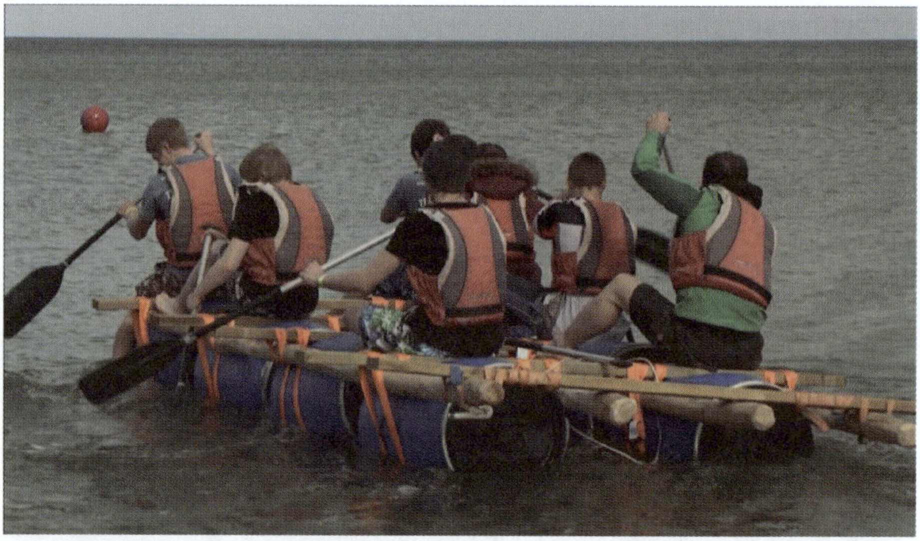

Abb. 4.24: Normalsicht – Entspannung – mit dem fertigem Floß über die Ostsee

Das Floß funktioniert perfekt. Die Floßbauer haben ihre Plätze eingenommen und paddeln voller Energie über die Ostsee. Vor dem Stapellauf war die Spannung nicht zu übersehen. Jetzt zeigt die Normalsicht, dass alles wie geplant geklappt hat.

Vogelperspektive

Ebenfalls von oben, aber leicht schräg nach unten geneigt, blickt die Kamera aus der Vogelperspektive auf das Geschehen.

Auch hier bekommt der Zuschauer einen sehr guten Überblick über den Ort des Geschehens. Bergige Anhöhen, der Blick aus dem Fenster oder vom Dach eines Hauses auf das umliegende Gelände »fesseln« den Betrachter und lassen ihn mit Interesse, Neugier und Erstaunen auf das Geschehen nach unten blicken. Standort und Aufnahmewinkel der Kamera sind ihm vertraut. Der Blick über die blumenbewachsene Bergwiese hinab in das Tal, gezeigt aus der Vogelperspektive, ist ein heißer Tipp für den nächsten Wanderurlaub.

Die gut präparierte Skipiste zur Talstation der Seilbahn wirkt aus der Vogelperspektive für den Zuschauer respekteinflößend.

Im Video eine Vogelperspektive mit Blick aus dem Fenster auf die spielenden Kleinen im Sandkasten des Gartens – und sogleich erinnert sich Oma an ihre eigene Kindheit.

Aufsicht

Mit der Aufsicht wählt die Kamera eine Perspektive, die sich oberhalb der Augenhöhe befindet.

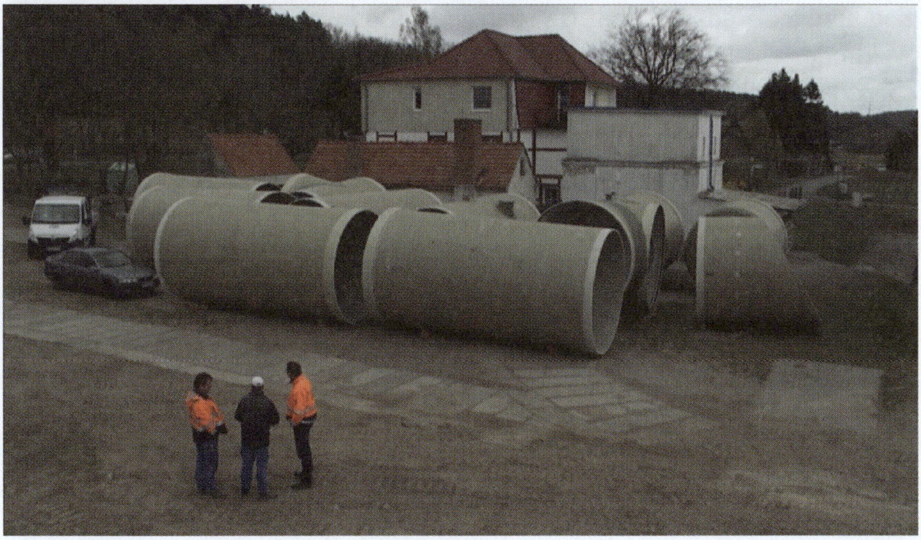

Abb. 4.25: Aufsicht – Überblick – Rohrleitungsbaustelle

Die Aufstellung der Mannschaften beim Firmenfußball ist gut erkennbar.

Die lange Reihe der Gratulanten bei der goldenen Hochzeit gibt Aufschluss über die verspätete Eröffnung des Buffets.

Der Zuschauer bekommt einen guten Szenenüberblick, kann Details erkennen, Größenverhältnisse beurteilen und sich sehr gut orientieren.

Die Kamera in Aktion

Über den Transport deiner Super-Kamera musst du nicht nachdenken. Anders als vor 100 Jahren bedarf es keines Transportfahrzeugs und keines schweren Stativs. Es steckt in der Hosentasche, jederzeit und an fast jedem Ort kannst du nach ihm greifen und ... genau darin besteht auch die große Gefahr.

Keinen Gedanken an Einstellungsgröße und Perspektive zu verschwenden, nur einfach irgendetwas irgendwie aufzunehmen, das führt selten zu befriedigenden Ergebnissen.

Das moderne Superhandy mit integrierter Kamera ist ein Leichtgewicht und mit einem Handgriff drehbereit – technisch gesehen. Passiert Interessantes vor unserer »Nase«: Handy raus, Video an und schon entstehen Aufnahmen fast im (Vorbei-)Gehen. Die entfesselte Kamera, ihre nahezu uneingeschränkt mobile Verwendung, erweitert die Vielfalt der Videogestaltung erheblich.

Zoomen, auf und ab, von links nach rechts schwenken, mit der Kamera den Wald oder ein Maisfeld durchqueren, das kann sehr aufregend sein – aber ebenso unendlich nervend!

Verlieren wir daher unsere Zuschauer nicht aus dem Auge, wenn wir zum Smartphone greifen und ...

Aus der Hand drehen

Beim Video-Drehen auf alles gleichzeitig achten: Einstellungsgröße, Perspektive, das Geschehen vor der Kamera – und dann auch noch die Kamera richtig halten. Eine echte Herausforderung für Videoneulinge.

Spätestens, wenn kritische Anmerkungen über die »etwas unruhige Kameraführung« die Freude über das selbst Gedrehte trüben und die Erklärung, »die Kamera war noch neu«, nicht ausreicht, beginnt die Fehlersuche nach der Ursache für wackelige Aufnahmen. Dabei sind wir uns eigentlich ganz sicher, die Totale der Landschaftsaufnahmen ganz in Ruhe gedreht zu haben, ebenso wie die Nah-Einstellung des Kindergesichts.

Das Objektiv und den Lichtsensor einer Kamera bezeichnen wir zwar als »Auge«, bedenken aber nicht, dass sich dessen Funktionsweise von der eines menschlichen Auges deutlich unterscheidet.

Nach der »Bildaufnahme« durch das menschliche Auge folgt eine äußerst komplexe Bearbeitung des optisch Aufgenommenen durch das Gehirn. Erst das in Gemeinschaftsleistung von Auge und Gehirn entstandene Produkt wird uns als Bild bewusst.

Gänzlich ohne intelligente Verarbeitung im Gehirn erscheint dagegen das Kamerabild. Das der Kamera fehlende Gehirn für Bildkorrekturen ist auch technisch kaum zu ersetzen. Stattdessen gilt es, bereits während des Drehens Aufnahmefehler zu vermeiden.

Kamerahaltung

Beim Betrachten einer Person oder eines Gegenstands bewegt ein Mensch den Kopf nicht, sondern konzentriert Sehschärfe und Aufmerksamkeit auf einen kleinen Bereich. So bildet das menschliche Auge beim Lesen nur einen Ausschnitt des Textes ab, der zwei bis drei Buchstaben entspricht.

Verfolgen unsere Augen ein sich bewegendes Objekt, können wir durch das Zusammenspiel mit dem Gehirn trotzdem scharf sehen.

Wackelt dagegen die Kamera, kann der Zuschauer die aufgenommenen Bilder nicht scharf sehen. Solche Wackel-Bilder sind für den Betrachter – zu Recht – schwer verdaulich, doch leider in vielen Videos keine Seltenheit.

Aufnahmen mit gut erkennbaren Bildern verlangen nach einer ruhigen Kamerahaltung. An Videoeinsteiger daher die Empfehlung, als »Stillhaltetraining« Einstellungen statischer Objekte zu drehen: Gebäude, Bauwerke mit klaren Strukturen, stillstehende Menschen vor unbewegtem Hintergrund.

Solche Aufnahmen aus der Hand, also ohne technische Hilfsmittel, sind nicht nur für Einsteiger eine Herausforderung. Sollte dir in einem Sonntagabendkrimi auffallen, dass ohne erkennbare dramaturgische Notwendigkeit eine leicht wackelnde / unruhige Kamera den Protagonisten abbildet, nimm es dir nicht zum Vorbild.

Verwende die »bewegte« Kamera als wirkungsvolles Stilmittel, um Unruhe, Action, Hektik darzustellen, und nur als klaren Gegenpol zu ruhigen Einstellungen.

Schwenken

Wir klettern mit der Handycam auf eine Leiter und zeigen unseren Zuschauern im Überblick ein Fußballfeld. Mit atemberaubender Geschwindigkeit schwenkt die Kamera zum Elfmeterpunkt und verfolgt den Abschuss. Der nächste Schwenk begleitet die Flugbahn des unhaltbaren Balls ins gegnerische Tor – und zum Sieg. Kein Moment dieser spannenden Situation entgeht den Zuschauern.

So entstehen Aufnahmen vom Altherrenfußballmatch, die auch nach Jahren jeden Betrachter in ihren Bann ziehen. Die Kamera ist ein Teil des Geschehens. Sie spielt mit – wenn wir uns trauen – und vorher ein wenig üben.

Die Kamera in Aktion zu versetzen, ist reizvoll und zugleich voller Risiken. Die »bewegte« Kamera entspricht nicht unseren üblichen Sehgewohnheiten. Zum Erkennen eines Bildes braucht das Auge in Zusammenarbeit mit dem Gehirn eine gewisse Zeit. Schnelle und weiträumige Veränderungen des Blickfelds bringen diesen Prozess sehr schnell an seine Grenzen. Das häufige und viel zu schnelle Schwenken mit der Kamera gilt deshalb zu Recht als »Schönheitsfehler« der Kameraführung, ist aber gerade bei Videoanfängern häufig zu beobachten. Der verbreitete Hang zum Kameraschwenk entspringt der Vorstellung der Analogie zum menschlichen Sehen, weiträumige Objekte mit nur einer Einstellung erfassen und abbilden zu können. Leider unterscheiden sich auch in diesem Fall Kamera und Auge. Menschliches Sehen nutzt für das Betrachten einer weiträumigen Umgebung unterschiedliche Strategien.

Beim Blick auf eine Landschaft – Totale – bewegen wir weder den Kopf noch die Augen. Wir genießen den weiten Blick als Ganzes. Einzelheiten »übersehen« wir, nehmen sie nicht bewusst wahr.

Wollen wir bei gleicher Blickposition Einzelheiten erkennen – eine entfernte Anhöhe, einen Kirchturm oder ein Fahrzeug, das die Landschaft durchfährt –, konzentrieren wir unsere Wahrnehmung gezielt und nacheinander auf die jeweils ausgewählten Einzelheiten.

Leider verfügt die SuperCam in unserem Smartphone nicht über die Fähigkeit der selektiven Wahrnehmung. Ein Mangel, den Videomacher beim Drehen durch den Griff in den Werkzeugkasten der Bildgestaltung umgehen:

Variante 1

Mit der ersten Geschichte, sie besteht aus 4 Einstellungen, erzählen wir den Zuschauern von einer beschaulichen Landschaft, mit einer Anhöhe, einem entfernten Kirchturm und einer Straße, auf der ein Fahrzeug fährt:

- Totale – Landschaft
- Halbtotale – entfernte Anhöhe
- Halbtotale – Kirchturm
- Halbtotale – durch die Landschaft fahrendes Fahrzeug.

Ein Schwenk mit der Kamera ist aus inhaltlicher und dramaturgischer Sicht nicht erforderlich. Später montieren wir mit einem Schnittprogramm die Einstellungen in eine passende Reihenfolge.

Variante 2

Eine andere Geschichte erzählt von einem Protagonisten, der täglich eine große Strecke mit dem Auto zur Arbeit fahren muss, weil Nahverkehrsmittel auf dem Land Mangelware sind:

- Totale – Landschaft
- Halbtotale – entfernte Anhöhe
- Halbtotale – Kirchturm
- Halbtotale – Schwenk mit fahrendem Fahrzeug.

In dieser Variante verfolgt die Kamera das auf der Straße fahrende Fahrzeug. Der Schwenk, dramaturgisch begründet, lenkt die Aufmerksamkeit des Zuschauers auf das Fahrzeug.

Auch Kameraschwenks aus der Hand gedreht verlangen eine wackelfreie Haltung und Führung vom Kameramann. Diese muss gut trainiert werden, sollen die Ergebnisse optisch befriedigen.

Saubere, also gut ausgeführte Schwenks, erweitern das Spektrum für die Gestaltung deiner Videos ganz enorm.

- Der Schwenk vermittelt anschaulich Größe und geometrischen Aufbau eines Raums. Der Zuschauer wird angeregt, sich zu orientieren sowie Personen, Objekte und ihre räumliche Beziehung zueinander zu erfassen.
- Mit der Festlegung von Beginn, Ende und Geschwindigkeit eines Kameraschwenks wird die Aufmerksamkeit gezielt auf bestimmte Bildinhalte gelenkt.

- Verfolgt die Kamera sich bewegende Personen oder Objekte, wird deren Bedeutung im Video hervorgehoben. Gemeinsam mit der Kamera kann der Zuschauer durch den Schwenk am Geschehen »dran« bleiben. Seine Aufmerksamkeit für die Handlung unserer Geschichte bleibt erhalten oder wird sogar intensiviert.

Kameraschwenks und Erzählweise eines Videos können unterschiedliche dramaturgische Beziehungen eingehen:

- **Urlaub auf der Alm** – Ein Video erzählt mit langen, statischen Einstellungen von Wiesen und Wäldern, wolkenlosem Himmel und Menschen, die gemütlich einen Berg ersteigen und den weiten Blick in das Tal genießen. Ein Wegweiser informiert: 800 m bis zur Hütte. Gemütlich auf einem Stein sitzend verspeisen die Menschen ihre Wegzehrung. Plötzlich fallen Regentropfen. Aufbruch. Ein schnell ausgeführter Kameraschwenk unterbricht jäh den ruhigen Erzählfluss. Die Menschen lassen die Wegzehrung liegen, werfen einen Blick auf den Wegweiser und beginnen zu laufen. Mit einem flotten Schwenk folgt die Kamera den Menschen. Aufgerüttelt richtet der Zuschauer seine Aufmerksamkeit auf die im Schwenk gezeigte Situation. Werden die Menschen einigermaßen trocken die 800 m entfernte Hütte erreichen? Entwickelt sich der Regen zum Unwetter? In der Hütte angekommen wechselt das Video wieder zum ruhigen Erzählfluss und zeigt Menschen, die Haare trocknen, einen Grog genießen und zufrieden über ihre »Rettung« aus dem Fenster schauen. Der Kameraschwenk während der Flucht vor dem Regen hat dieser kleinen Geschichte die notwendige Spannung verliehen.
- **Urlaub auf der Alm 2** – Dieses Video erzählt vom beschwerlichen Erklimmen eines Berges. In schneller Schnittfolge wechseln Einstellungen von steilen und steinigen Wegen zum Gipfel. Füße in Bergstiefeln, die immer wieder auf dem Geröll abrutschen. Immer kürzer werden die Einstellungen von verschwitzten Gesichtern, drückenden Rucksäcken und der spärlichen Vegetation am Wegesrand. Die letzten Meter des Aufstiegs verfolgt die Kamera mit einem langsamen Schwenk. Sie zeigt das Absetzen der Rucksäcke, schwenkt weiter bis zum Gipfelkreuz und von dort zu einem überwältigenden Blick in die Ferne. Bei dieser kleinen Geschichte löst der Kameraschwenk die Spannung auf.

Bei beiden Varianten des Videos über den »Urlaub auf der Alm ...« besteht die große Gefahr ständigen Herumschwenkens. Weniger geübte Videofilmer müssen sich anfangs zwingen, die eine Einstellung zu wählen, zu drehen und danach die nächste Einstellung zu wählen, zu drehen ...

Immer mitschwenken führt sehr schnell zu langweiligen Aufnahmen und beraubt uns einer sehr wirkungsvollen Möglichkeit der Bildgestaltung.

Kameraschwenk – ein wirkungsvolles Gestaltungsmittel

Vorsicht: So selten wie möglich mit der Kamera schwenken!

Zoomen – optisch und digital

Echtes optisches Zoomen basiert auf der Veränderung der Brennweite und ist nur mit speziellen Objektiven möglich. Diese bestehen aus mehreren Linsen, sind mechanisch sehr kompliziert aufgebaut, daher recht voluminös, schwer und ziemlich teuer. Ein solches Objektiv in einem nur wenige Millimeter dicken Handy unterzubringen, ist bisher nicht gelungen. Die Bildqualität verändert / verschlechtert sich durch das Zoomen nicht. Das ist bei sämtlichen sogenannten *digitalen* Zoomfunktionen anders.

Die Zoomfunktionen in Handykameras entsprechen eher einer digitalen Bildverarbeitung. Einige Pixel des Bildes, meist in der Bildmitte, werden »vergrößert« dargestellt, dadurch erscheinen diese aus geringerer Entfernung aufgenommen zu sein. Der Vergrößerungsfaktor und die Qualität der Bildverarbeitungssoftware in der Kamera entscheiden darüber, wann die Grenzen dieses Verfahrens sichtbar werden. Die aufgenommenen Bilder wirken dann unschärfer und/oder pixeliger.

Unzweifelhaft ist der optische dem digitalen Zoom qualitativ überlegen. Um diese Mängel zu reduzieren, besitzen neuere Smartphone-Modelle mehrere Objektive mit fester Brennweite. Zusätzlich kombinieren sie diese mit ausgefeilten Bildverarbeitungsalgorithmen, um das Bild zu vergrößern. Die geschickte Kombination mehrerer fester Brennweiten plus Bildvergrößerungssoftware liefert eindeutig bessere Bilder als reine Softwarelösungen. Einen optischen Zoom können sie nicht ersetzen.

Neben den technischen Fragen spielen beim Zoomen auch Aspekte der Bildgestaltung eine Rolle. Dabei sollte klar sein, dass das Zoomen keiner natürlich Betrachtungs- und Bewegungsweise entspricht. Mit dem Zoomen verändert sich die Größe des Bildinhalts. Unverändert bleiben dagegen der Standort der Kamera und damit auch die Blickperspektive.

Mit einem einfachen Experiment kannst du den perspektivischen Abbildungsfehler bei der Nutzung eines Zoomobjektivs ausprobieren. Eine Kamera ist dazu nicht erforderlich, nur deine Augen und etwas Aufmerksamkeit:

- Stelle Dich in einem Abstand von ca. 5 Metern vor eine geöffnete Tür, die den Blick auf die Straße oder den Garten ermöglicht. Wenn du in Richtung Tür siehst, wirst du die Tür und einen Teil des Raums sehen und nur einen sehr kleinen Ausschnitt der Straße oder des Gartens.
- Stelle Dich im Abstand von ca. 2 Metern vor die geöffnete Tür. Wenn du in Richtung Tür blickst, wirst du die Tür, nur noch einen kleineren Teil des Raums, dafür aber einen größeren Ausschnitt der Straße oder des Gartens sehen.
- Stelle Dich im Abstand von ca. 0,1 Metern vor die geöffnete Tür. Wenn du in Richtung Tür blickst, wirst du keine Tür, keinen Teil des Raums, dafür aber einen größeren Teil der Straße oder des Gartens sehen.

Bei diesem Experiment, Kamera mit Zoomobjektiv im festen Abstand von 5 Metern von der Tür, würde der Blick auf Straße oder Garten immer statisch sein. Geübte Zuschauer erkennen und kritisieren solche Zoom-»Fahrten« gnadenlos. Der Appetit auf das »Herumzoomen« bei Videoaufnahmen sollte nach diesen Überlegungen deutlich gedämpft sein. Bedeutet das, überhaupt nicht mehr zoomen zu dürfen?

Trotz jeder Planung werden wir nicht selten in Situationen geraten, die eine sehr schnelle Anpassung an die Einstellungsgröße – per Zoom – erfordern. Während eines Drehs auf eine wichtige Person zu reagieren, die spontan erscheint, ist ebenso legitim.

Als geplantes Mittel der Bildgestaltung sollten wir auf das Zoomen verzichten und Veränderungen der Abbildungsgröße mit einem Schnitt lösen.

Bei kleinen Kameras und besonders mit einem Smartphone verlangt das Zoomen trainierte Fingerfertigkeiten. Auch hier macht nur die Übung den Meister, der ohne Wackeln und sehr gleichmäßig den Zoom zustande bringt.

Wer sicher, verlässlich und häufiger zoomen muss, sollte besser ein ...

Stativ verwenden

Die Tücken des Drehens aus der Hand sollten dir nach den letzten Zeilen vertraut sein. Zunehmende Übung mit der Kamera wird das Problem des Verwackelns von Aufnahmen spürbar reduzieren. Wer ganz sichergehen will, greift sehr bald zu einer technischen Hilfe gegen wackelige Aufnahmen – zu einem Stativ.

Der Markt ist mit Modellen für fast jede Aufnahmesituation gefüllt. Ein Rat ist daher nicht unproblematisch. Für den Tisch, auf dem Boden stehend, flexible oder Teleskop-Beine, das sind einige Unterscheidungsmerkmale.

Aber auch Gewicht, Packmaße und Größe sowie die Tragfähigkeit spielen bei der Beschaffung eine Rolle.

Ob die Videoaufnahmen bevorzugt in häuslicher Umgebung stattfinden, die Kamera bei strapaziösen Bergtouren zum Einsatz kommt oder Videos im Unternehmen entstehen und viele Interviews enthalten, kann klare Präferenzen für den Stativkauf setzen.

Bevor die Entscheidung fällt, sollte in jedem Fall ein Funktionstest beim Fachhändler vorausgehen. Die Standfestigkeit ist ein ebenso hartes Kriterium wie die Befestigungsmöglichkeit der (Handy-)Kamera am Stativ. Grobe Fehlkäufe sind so vermeidbar.

Chance der Wahl

Mit der Auswahl von Einstellungsgröße und Perspektive stehen dir leistungsstarke Werkzeuge für die Bildgestaltung deiner Videos zur Verfügung. Überlege besonders bei den ersten Videos und bevor du auf den Knopf drückst, um mit der Aufzeichnung zu beginnen, was die nächste Einstellung dem Zuschauer vermitteln soll:

- einen Überblick – also Totale oder Halbtotale
- die Hauptperson wird eingeführt – also Halbnah oder Nah
- ein Kind versucht, den Reiter auf ein Holzpferd zu setzen – Groß
- das Kind schafft es endlich – Detailaufnahme.

- Drehe Einstellungen, die einen Vorgang möglichst komplett und so darstellen, dass du *ohne* Erklärungen auskommst.
- Je besser du Einstellungsgröße und Perspektive auswählst, umso einfacher werden deine Zuschauer verstehen, was gerade passiert. Erklärungen per Text und Sprecher kannst du weglassen.

- Wähle den Abstand zur Person oder zum Aufnahmegegenstand: Detail, Nah, Halbnah, Totale.
- Wähle die Perspektive der Kamera: von der Leiter, in Augenhöhe mit der Person, aus der Hocke.

Videos bestehen aus Einstellungen. Jede Einstellung erzählt ein kleines Stück deiner Geschichte.

Mit wenigen Handgriffen befestigen wir das Smartphone an einer Drohne und lassen unsere Zuschauer den Flug über einen Bergsee erleben. Befestigt an einem Gimbal laufen wir durch das Unterholz und geben unserem Zuschauer das Gefühl, durch den Wald zu schweben.

Mit einfachen Hilfsmitteln – eine Küchen- oder Gartenleiter reicht – kannst du Empfindungen der Zuschauer wirkungsvoll beeinflussen.

Kapitel 5

Auf Dreh

Endlich das Handy schnappen und los. Schließlich soll ein Video gedreht werden. Alles eingepackt? Bei den ersten Produktionen beschränkt sich die Ausrüstung auf das Smartphone. Legst du Wert auf wackelfreie Bilder, ergänzt ein kleines Stativ oder ein Gimbal die Ausrüstung, später erweitert um mobile Ton- und Lichttechnik.

Drehorte

Entstehen Videoaufnahmen in bekannter Umgebung, geht selten etwas schief. Dagegen solltest du unbekannte Orte vor dem Dreh in Augenschein nehmen. Bei einer Ortsbesichtigung vorab klärst du, ob Videoaufnahmen ohne größere Störungen möglich sind. Ein Kinderspielplatz in der Nähe, ein Hundetrainings- oder gar Truppenübungsplatz kann mit erheblichem Lärmpegel das motivierteste Drehteam zur Verzweiflung bringen und jede Tonaufnahme bis zur Unbrauchbarkeit verderben. Verkehrs- oder produktionsbedingter Lärm ist von dir kaum zu beeinflussen. Da bleibt oft nichts anderes übrig, als den Dreh auf das nächste Wochenende zu verlegen.

Vorsichtshalber solltest du prüfen, ob der geplante Dreh die Rechte Dritter verletzen könnte. Viele Objekte in der Öffentlichkeit, die ohne Hilfsmittel zugänglich sind, darfst du aufnehmen. Eine Prüfung vor (Dreh-)Ort ist in jedem Fall empfohlen. Das persönliche Gespräch mit Betroffenen vermeidet unnötige, nicht selten langwierige Auseinandersetzungen während oder nach dem Dreh.

Erfahrene Videomacher fertigen bei ihren Recherchen Fotos an oder lassen die Handycam ein paar Sekunden laufen. Die Planung des Drehtags wird vereinfacht und du kannst Details des Drehorts noch einmal in Erinnerung rufen (wo stand doch der hässliche Müllcontainer?). Selbst Probeaufnahmen ohne Protagonisten können – nicht nur für Anfänger – eine große Hilfe sein. Du probierst, ungestört von ungeduldigen Protagonisten, unterschiedliche Kamerapositionen und Einstellungsgrößen. Am eigentlichen Drehtag bist du unglaublich souverän und kannst in aller Ruhe sowie mit gut vorbereiteten

Anweisungen dein Team steuern. Der Dreh läuft wie geschmiert, alle haben Freude und sind gern bereit, beim nächsten Videoprojekt wieder dabei zu sein.

Requisiten und Bekleidung

Nicht immer entstehen Aufnahmen für ein Video an einem Tag und nur an einem Drehort. Im fertigen Video wird die Geschichte durchgehend erzählt. Ungeplante Regentage, gesundheitliche Unpässlichkeiten der Protagonisten und anderes Ungemach sind geeignet, die geplante Drehzeit um Tage durcheinanderzubringen. Dein Zuschauer darf von all dem nichts mitbekommen. Werden Einstellungen einer Sequenz zu einem späteren Zeitpunkt fortgesetzt, sollte das dem Drehort ebenso wenig anzusehen sein wie den Protagonisten. Bekleidung und wichtige Requisiten müssen auch Tage nach dem begonnenen Dreh unverändert stimmen. Der Lieblingsteddy auf dem Spielplatz muss in derselben Ausführung vorhanden sein wie beim vorangegangenen Dreh. Das gilt ebenso für die Bekleidung. Trug der Bergwart die Mütze während des Aufstiegs, darf sie nicht fehlen, wenn du ihn bei der Ankunft auf dem Gipfel seines Berges zeigst. Die Mütze gehört ebenso auf seinen Kopf, wenn er wenige Einstellungen später aus dem Gipfelbuch vorliest. Auch dann, wenn diese Einstellungen an einem späteren Tag entstanden.

Anschlussfehler unterlaufen auch richtigen Profis. Aufmerksame Zuschauer finden und sammeln sie auf einschlägigen Internetseiten [12].

Natürlich willst du als Videomacher solche Fehler vermeiden. Hinweise auf wichtige Requisiten und Bekleidungsstücke finden sich deshalb im Videofahrplan. Um ganz sicherzugehen, wirst du zusätzlich Fotos des Drehorts und der Protagonisten anfertigen. Ein Blick auf diese Bilder vor dem nächsten Drehtermin ist einfacher, als das gesamte Material früherer Drehtermine zu sichten.

Das Teuerste beim Dreh – keine Datensicherung

Unwiederholbare Ereignisse in einem Video festhalten, sie weitergeben und zeitlos machen, das ist unser Anliegen bei der Videoproduktion. Ein Fehlgriff und schon rutscht das teure Smartphone aus der Hosentasche. Glück gehabt, wenn nur das Display zersplittert. Treten wir mit Wanderstiefeln auf das wertvolle Gerät oder fällt es einem Autoreifen zum Opfer, gibt es für die soeben gedrehten Videosequenzen kaum eine Überlebenschance. Es sei denn, ein solches Ungemach trifft uns nicht unvorbereitet.

Datensicherung ist deshalb kein Luxus, sondern ein unverzichtbarer Rettungsanker für mühevoll gedrehte Videoaufnahmen. Die Betriebssysteme unserer Handys verfügen meist über wirkungsvolle Sicherungsstrategien. Für das iPhone bietet Apple zur Datensicherung die bequem zu nutzende iCloud. Wer sich anmeldet, bekommt 5 GByte gratis. Das ist für erste Videoproduktionen ausreichend und kann gegen ein geringes, monatlich zu zahlendes Entgelt erweitert werden.

Wer ein Handy mit einem anderen Betriebssystem sein Eigen nennt, ist gut beraten, rechtzeitig ausreichende Speicherkapazitäten bei OneDrive, Dropbox oder einem anderen Anbieter zu ordern.

Datensicherung in einer Cloud

Vorteile:

- Die aufgezeichneten Videos können sofort in der Cloud gesichert werden.
- Hohe Datensicherheit in der Cloud

Voraussetzungen:

- Das Handy braucht für das Sichern der Videodaten eine möglichst stabile Internetverbindung.
- Für die Übertragung der Videodaten muss ein entsprechendes – zusätzliche Kosten verursachendes – Datenvolumen gebucht werden.

Die Übertragung der Videodaten per WLAN – so vorhanden – in die Cloud ist meistens schneller und kostengünstiger.

Zu Hause kannst du die Videodaten zur weiteren Bearbeitung von der Cloud in deinen Schnittcomputer übertragen.

Datensicherung auf dem Laptop

Steht keine Cloud zur Verfügung oder ist sie mangels Datenverbindung per Internet unerreichbar, kann auch ein mobiler Computer die Sicherung der aufgezeichneten Videos übernehmen. Die Übertragung der Videos vom Smartphone auf den Laptop ist über USB-Kabel möglich. Besonders elegant klappt die Übertragung drahtlos mit einer App [5], die bereits in einer leistungsfähigen Basisversion zur Verfügung steht.

Zum kostenfreien Download gibt es das Programm auf der Internetseite des Herstellers – für Apple oder Windows.

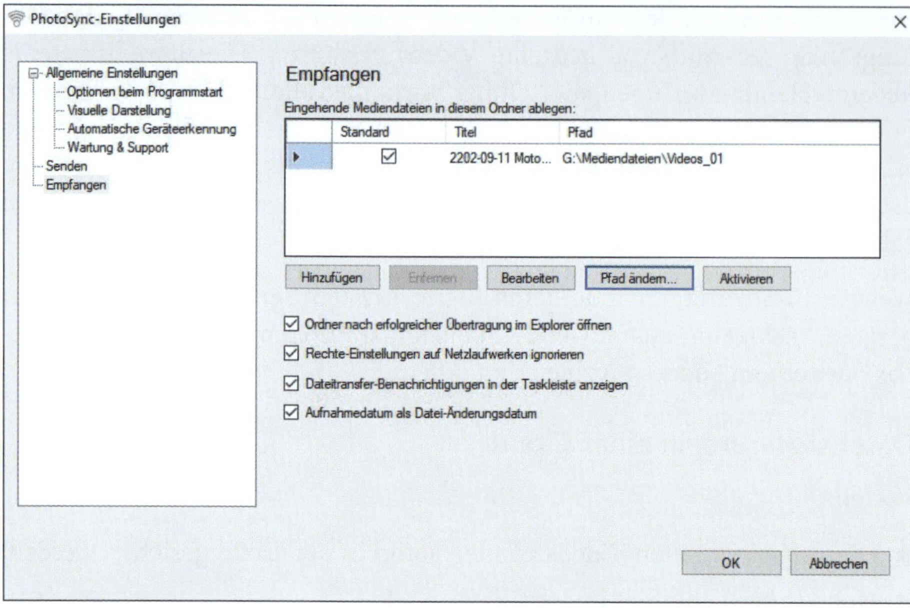

Abb. 5.1: Photosync – Zielverzeichnises am Computer einstellen

Die App mit dem Namen »Photosync – Fotos übertragen« findest du im Playstore ebenso wie im App-Store.

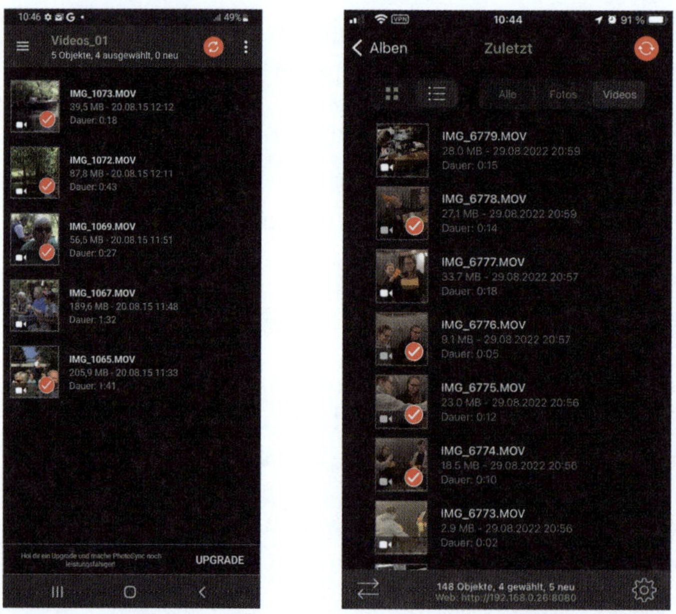

Abb. 5.2: Photosync – Android / iOS

Nach der Installation markierst du mit einem Klick die zu übertragenden Bilder und Videos.

Mit einem weiteren Klick auf das rote Symbol, dem Übertragungsbutton, gelangst du zur Auswahl des Zielordners auf dem Computer und startest die Übertragung der ausgewählten Dateien.

Smartphone und Computer müssen im selben WLAN angemeldet sein. Ist kein WLAN in Reichweite, musst du eine Verbindung zum Smartphone per Hotspot einrichten.

Ein Datensicherungs-Laptop für den mobilen Einsatz muss kein Hochleistungscomputer sein. Die Anforderungen an Übertragungsgeschwindigkeit (WLAN / Hotspot) sind gering und Speicher lässt sich durch mobile Festplatten nachrüsten. Für ganz Neugierige ist der Monitor des Laptops eine willkommene Chance, die gedrehten Clips schon einmal »vorab« zu besichtigen. Es spricht also manches für die mobile Datensicherung auf einem Laptop.

Vorteile:

- Speicherplatz für Videodatensicherung fast beliebig vorhanden (z. B. durch externe Festplatte)
- kein Internetzugang erforderlich

Voraussetzungen:

- Laptop muss zusätzlich zum Drehen mitgenommen werden.
- Apps für Smartphone und Laptop vereinfachen das Sichern der Videodaten.

Die Erfahrung, wichtige, vielleicht einmalige Videoaufnahmen zu verlieren, solltest du NIE machen!

Sichere deine Videodaten und tröste dich mit dem Gedanken, dass vor 100 Jahren allein für den Transport der Kamera ein Lkw erforderlich war. Den Laptop hängst du lässig über die Schulter und verwahrst auf ihm unwiederbringliche Videoaufnahmen.

Oft kommt es anders ...

... bei Drehs, als du es geplant hast. Es dauert alles viel länger, das Wetter ändert sich oder es entstehen ungeplante Wartezeiten.

Die Liste unerwarteter und das Drehen verzögernder Ereignisse kennt kaum eine Grenze. Sind Kinder betroffen oder weniger videoerfahrene Helfer vor Ort, kann die anfänglich gute Stimmung schnell getrübt werden.

Für solche Fälle ist es hilfreich, bereits während der vorangegangenen Drehortbesichtigungen den Weg zu einer nahe gelegenen Gaststätte erkundet zu haben. Wenn für ungeplante Drehpausen ein paar Kekse und – je nach Jahreszeit – warme oder kalte Getränke bereitstehen, verbessert das die Stimmung erfahrungsgemäß sehr deutlich.

Kapitel 6

Videoschnitt

Wozu überhaupt Videoschnitt? Was spricht dagegen, das gedrehte Material direkt in ein Videoportal zu laden – und fertig?

Weil abgeschnittene Köpfe, verwackelte Aufnahmen, wilde Kameraschwenks, beschämt in die Kamera grinsende Passanten oder Kinder, Drehpannen und technische Ausrutscher weder die Oma, die Kollegen noch sonst jemanden interessieren. Stell dir vor, bei deinem guten Freund eingeladen zu sein und stundenlang dererlei Videoschrott ansehen zu müssen. Vermutlich würdest du ihm dafür die Freundschaft aufkündigen.

Videoschnitt nur eine Art Müllentsorgung?

Die anspruchsvolle Aufgabe, genau zu beobachten und treffsicher zu entscheiden, mit welchem Bild ein Schnitt beginnen und mit welchem er enden sollte, das beherrschten bereits die Cutter (oder Schnittmeister genannt), die an klobigen Schneidetischen sitzend Filmstücke mit farblosen Klebestreifen aneinanderhefteten.

Mit der Veränderung der Aufgaben und der Werkzeuge ist in den vergangenen Jahren aus dem Cutter der Editor geworden. Jedes Schnittprogramm auf einem Computer ist Beleg für diesen enormen Wandel.

Zum klassischen harten (Film-)Schnitt hinzugekommen sind schier unendliche Varianten der Videomaterialbearbeitung:

- Überblendungen
- Korrekturen von fehlerhaft belichteten Einstellungen
- Umfangreiche Farbkorrekturen und Videofilter
- Effekte, die in Bildgestaltung und Bildkomposition eingreifen
- Nachträgliche Veränderungen des Bildausschnitts
- Nachträgliche Veränderungen der Kameraführung
- Nachträgliche Bildstabilisierung
- Hochkomplexe Bearbeitung von Audiodaten

Computer und Software für die Videobearbeitung öffnen dir als Einsteiger in die Welt der Videos fast unglaubliche Möglichkeiten, stellen dich aber auch vor große Herausforderungen.

Ähnlich dem Videodreh mit dem Smartphone ist der Videoschnitt nicht nur ein technischer Vorgang, sondern gleichzeitig ein aufwendiger Gestaltungsprozess. Mit der Videoschnittsoftware besitzt du ein mächtiges Werkzeug zum kreativen Gestalten und Erzählen deiner Videogeschichten. Du kannst das gedrehte Videomaterial mit dem Schnittprogramm kürzen und in seiner Reihenfolge beliebig verändern, Kommentare hinzufügen, Musik und Geräusche unterlegen, mit Fotos und Texten ergänzen sowie Bild und Ton mit Effekten versehen.

So wie hochwertige Videokameras Bestandteil jedes Smartphones sind, finden sich auf heimischen Computern immer häufiger Programme für den Videoschnitt. Die Palette reicht dabei von kostenlos bis ganz schön teuer, von ganz einfach bis hochkomplex. Über Qualität und individuelle Eignung für deine Schnittbedürfnisse sagt das leider wenig. Wichtige Schritte auf dem Weg zur individuellen Schnittsoftware sind ausführliche Testläufe der ausgewählten Kandidaten auf der eigenen Hardware. Unerlässlich ist das geduldige Studium von Handbüchern, Tutorials, Anleitungen im Internet und Videohilfen (bei YouTube). Das komplexe Zusammenspiel von Software und Computerhardware kannst du nur so erkunden, mögliche Schwachstellen ausfindig machen und beheben. Die Arbeitsweisen moderner Schnittprogramme weisen prinzipiell große Ähnlichkeiten auf. Die nachfolgenden Seiten sollten dies deutlich machen. Selbst bei einem späteren Wechsel zu einer anderen Schnittsoftware fängst du nicht wieder bei null an. Das Grundverständnis von Videoschnitt mit einem Computer ändert sich nicht. Es bleibt der erhebliche Aufwand der Einarbeitung in das neue Programm.

Nichtlinearer Schnitt

Auf der Basis des nichtlinearen Schnitts arbeiten alle modernen Schnittprogramme. Praktisch bedeutet das im Gegensatz zur Technik des linearen Schnitts, dass die Reihenfolge der Videobearbeitung nicht in einer bestimmten Reihenfolge erfolgen muss – eben nichtlinear (engl. non-linear editing – NLE). Die Verfügbarkeit leistungsfähiger (Schnitt-)Computer ist die entscheidende Voraussetzung für NLE.

Vor dem Schneiden

Die mit der Smartphone-Kamera gedrehten Videos liegen in digitaler Form als Datei vor.

- Das Smartphone vergibt jeder Datei automatisch einen Namen (Buchstaben und Zahlen).
- Jede Datei enthält nur eine Einstellung (von Start bis Stopp der Kamera).
- Zum Bearbeiten mit dem Schnittprogramm überträgst (kopierst) du diese Dateien auf die Festplatte deines Computers.
- Auch andere Mediendateien (Foto- und Audiodateien) legst du im Medienverzeichnis ab. Unterordner für Fotos, Musik usw. sorgen für mehr Übersicht und Ordnung.
- Diese Videodateien – auch Mediendateien genannt – verändert das Schnittprogramm im Verlauf der Bearbeitung nicht!

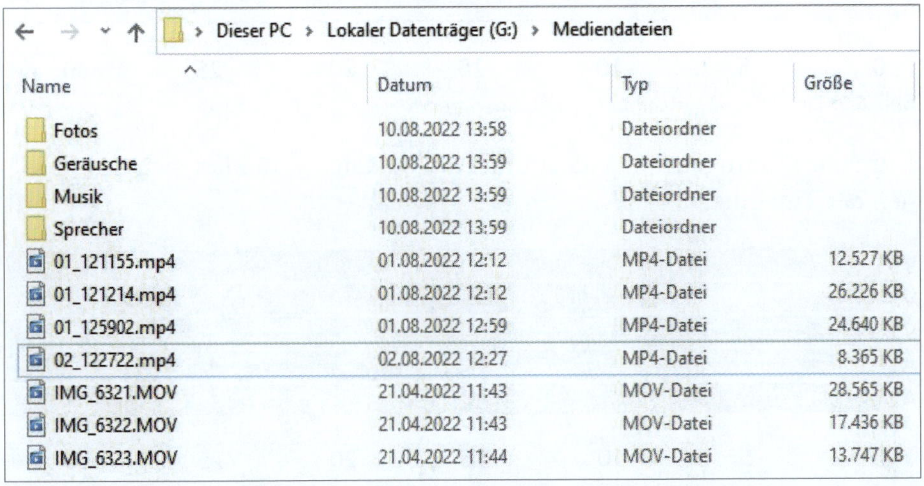

Dieser PC › Lokaler Datenträger (G:) › Mediendateien

Name	Datum	Typ	Größe
Fotos	10.08.2022 13:58	Dateiordner	
Geräusche	10.08.2022 13:59	Dateiordner	
Musik	10.08.2022 13:59	Dateiordner	
Sprecher	10.08.2022 13:59	Dateiordner	
01_121155.mp4	01.08.2022 12:12	MP4-Datei	12.527 KB
01_121214.mp4	01.08.2022 12:12	MP4-Datei	26.226 KB
01_125902.mp4	01.08.2022 12:59	MP4-Datei	24.640 KB
02_122722.mp4	02.08.2022 12:27	MP4-Datei	8.365 KB
IMG_6321.MOV	21.04.2022 11:43	MOV-Datei	28.565 KB
IMG_6322.MOV	21.04.2022 11:43	MOV-Datei	17.436 KB
IMG_6323.MOV	21.04.2022 11:44	MOV-Datei	13.747 KB

Abb. 6.1: Medienverzeichnis – hier werden Video- und Audiodateien gespeichert.

- Merke dir, in welchem Verzeichnis die Mediendateien gespeichert sind!

Das Medienverzeichnis, also die Rohdaten eines Videos, sollten unbedingt gesichert werden. Datensicherung auf Festplatten sind dazu weniger geeignet als eine Blu-ray Disc mit ihrer hohen Speicherkapazität von 25 oder 50 GByte.

Timeline

Zentraler Arbeitsplatz von Schnittprogrammen ist die Timeline, zu Deutsch Zeitleiste. Alle Bestandteile des entstehenden Videos finden sich hier zusammen, werden gekürzt, an die richtige Stelle gerückt, vielleicht auch noch mit Effekten verändert. »Alle Bestandteile« bedeutet also, dass deine gedrehten Videoeinstellungen gemeinsam mit Fotos und Audiodateien in der Timeline zusammengefügt werden. Dafür stehen in der Timeline Spuren für Videomaterial und Fotos (V1 ... Vn) sowie für Audiodateien (A1 ... An) bereit.

Startest du ein neues Projekt, wird eine Projektdatei angelegt und mit einem Namen versehen. Sämtliche Spuren sind zu Beginn des Videoschnitts leer.

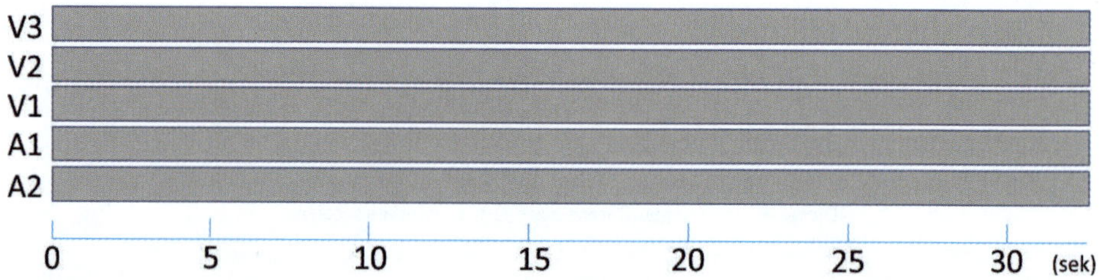

Abb. 6.2: Timeline – 3 Videospuren, 2 Audiospuren

Durch das Einfügen von Video- und Audiodateien verändert sich das Aussehen der Timeline.

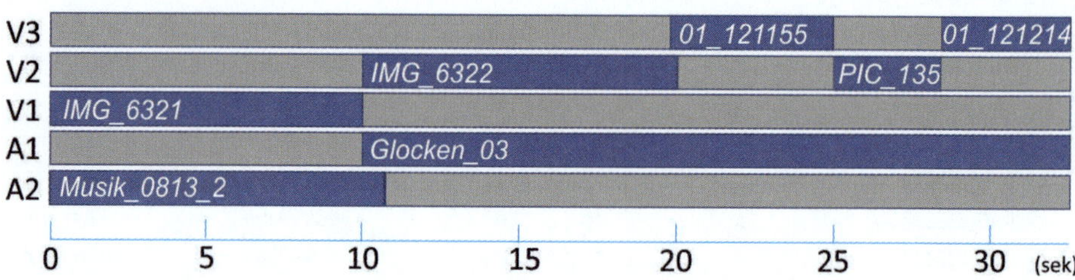

Abb. 6.3: Timeline – Videos und Bild sowie Musik und Geräusche eingefügt

Von jedem Videoeinsteiger verlangt diese Darstellung ein erhebliches Abstraktionsvermögen. In der Abfolge von blauen Balken das geplante Video zu sehen und zu hören, das muss jeder Videoneuling ein wenig trainieren.

Wie erwähnt, ändert sich durch die Arbeit in der Timeline an den Mediendateien nichts. Wie aber »merkt« sich das Schnittprogramm, welche Teile einer Einstellung du verwenden möchtest und wann sie im Video zu sehen sind, welche Musik erklingt, wann sie beendet ist und an welcher Stelle die Glocken zu hören sind?

Timecode

Für diese Angaben verwendet die Film- und Videowelt den hochpräzisen Timecode.

Für die Angabe der Position eines Video- oder Audioclips in der Timeline, für die Länge des verwendeten Clips und auch für die Startposition im Clip wird der Timecode verwendet.

Stunde		Minute		Sekunde		Bildnummer
00	:	00	:	00	:	00

Der Timecode 00:00:00:01 bezieht sich also auf das erste Bild eines Videos. Nach 5 Minuten, 17 und einer halben Sekunde Laufzeit ist der Timecode 00:05:17:15, wenn unsere Kamera mit 30 Bps aufzeichnet.

Mit der Zählung auf der Basis des Timecodes kannst du mit dem Videoschnittprogramm bildgenau auf Töne und Videoclips zugreifen und sie bildgenau in der Timeline platzieren.

Jede Veränderung, die du in der Timeline vornimmst, wird in der Projektdatei gespeichert. Es gelangt also weder ein Bild noch ein Ton in diese Projektdatei, sondern nur Anweisungen, die Veränderungen in der Timeline zur Folge haben.

In dieser Tabelle fehlen aus Gründen der Übersichtlichkeit:

- Die Dateierweiterung
  - Je nach Smartphone-Kamera wird an den Dateinamen zum Beispiel die Endung MP4 oder MOV angehängt.
  - Fotos und andere Bilddateien haben häufig als Dateierweiterung die Endung PNG, JPG, BMP.
  - Audiodateien haben häufig die Endung WAV, MP3.
- Der Speicherort jeder Datei mit Angaben zu
  - Laufwerk-Buchstabe / Name der Festplatte
  - komplettem Verzeichnisnamen, in dem die Mediendatei zu finden ist

Diese Zusammenhänge sollten auch Technikmuffel kennenlernen. Technische Probleme bis zum Gesamtverlust mühevoll geschnittener Videos liegen an der mangelnden Kenntnis der Arbeitsweise von Videoschnitt-Software.

Spur	Anweisung	Position in Timeline	Länge	Start im Clip
V1	Clip IMG_6321 verwenden	00:00:00:00	00:00:10.00	00:00:00:00
A2	Musik_0813 verwenden	00:00:00.00	00:00:11:00	00:02:01:00
V2	Clip IMG_6322 verwenden	00:00:10:00	00:00:10:00	00:00:00:00
A1	Glocken_03 verwenden	00:00:10:00	00:00:23:00	00:00:05:00
V3	Clip 01_121155 verwenden	00:00:20:00	00:00:05:00	00:00:03:15
V2	Foto PIC_135 verwenden	00:00:25:00	00:00:03:00	00:00:00:00
V3	Clip 01_121214 verwenden	00:00:28:00	00:00:05:00	00:00:12:18
..	....	....	....	....

Abb. 6.4: Timeline – das interne Protokoll (Ausschnitt)

Nachfolgend eine kleine Liste folgenschwerer Irrtümer:

- *Wenn die Videoprojektdatei auf DVD/Blu-Ray gebrannt wird, kann das Video auf einem Player abgespielt werden.*
  - Die Videoprojektdatei enthält keine Videos, Bilder, Töne und kann deshalb nicht abgespielt werden (außer in Kdenlive). Aus diesem Grund scheitert auch der Versuch, der Projektdatei mit einem Abspielprogramm (VLC, Mediaplayer) Bilder oder Töne zu entlocken.
- *Der neue, leistungsfähige Computer ist angekommen. Wenn das Schnittprogramm installiert ist und die Videoprojektdatei auf die Festplatte des neuen Computers überspielt wurde, kann das Video weiterbearbeitet werden.*
  - Wenn auf dem neuen Computer die Videoprojektdatei aufgerufen wird, gibt es haufenweise Fehlermeldungen. Das Video sucht nach den Mediendateien – und findet sie nicht. Denn diese sind auf dem alten Computer geblieben.
  - Man kann dem Verlust vorbeugen, indem du alle Mediendateien auf den neuen Computer überspielst!
  - Wenn der alte Computer bereits das Haus verlassen hat oder die Festplatte mit den Mediendateien gelöscht wurde, kommt jeder gute Rat zu spät.

  - Glücklich kann sich auch schätzen, wer vorsorglich eine Datensicherung der Mediendateien angefertigt hat. Die kann jetzt auf den neuen Computer überspielt werden.
- *Auf der Festplatte im Computer wird der Speicherplatz knapp. Eine neue Festplatte wird angeschlossen. Dabei wird gleich für »Ordnung« gesorgt. Die Mediendateien werden gegliedert und nach Inhalt sortiert in verschiedenen Ordnern abgelegt. Beim Neustart der Videosoftware erscheinen jede Menge Fehlermeldungen.*
  - In jeder Videoprojektdatei wird der genaue Speicherort, also Laufwerk, Verzeichnis jeder einzelnen Mediendatei gespeichert. Ändert sich der Speicherort der Mediendatei(en), gibt es jedes Mal eine Fehlermeldung.
  - Mediendateien, die bereits im Videoprojekt verwendet wurden, dürfen auf keinen Fall in ein anderes Verzeichnis oder gar auf eine andere Festplatte verschoben werden. Bei einem unvermeidbaren Festplattenwechsel ist die Ordnerstruktur der alten Festplatte wieder herzustellen.
- *Manche Videomacher stört es, dass die Namen von Mediendateien nur aus Buchstaben und Zahlen bestehen. Das ist nicht so illustrativ wie Fotos, die einen Namen passend zum Inhalt des Bildes bekommen haben.*
  - In einer aufreibenden Nachtaktion bekamen Bilder, Töne und Videos einen neuen, zum Inhalt der Mediendatei passenden Namen: »Oma in der Küche«+»1..n«, »Die ersten Worte von Paulchen«+»1..n« usw.
  - Nicht bedacht, dass viele dieser Mediendateien vor wenigen Wochen und unter ihrem »alten« Namen bereits zum Teil eines Videos wurden. Wird nach der Umbenennung an dem Videoprojekt gearbeitet, gibt es Fehlermeldungen. Die Mediendateien sind zwar noch immer auf dem Computer, unter ihrem alten Namen aber nicht mehr zu finden.

Einige Videoschnittprogramme – Kdenlive gehört dazu – bieten für verschobene und umbenannte Mediendateien Hilfe und Unterstützung an.

Videoschnitt allgemein

Die Bearbeitung von Mediendaten in einem Schnittprogramm beschränkt sich nicht auf das Kürzen und Aneinanderfügen. Auch Veränderungen bereits montierter Videos zählen zu den Standardaufgaben moderner Schnittsoftware. Die in den Beispielen dargestellten Schnittvarianten sind bei Video- und Audiodateien gleichermaßen gültig. Zwischen Video- und Audioclip wird daher nicht unterschieden.

Verketten

In der Timeline wird ein neuer Clip mit einem vorhandenen Clip verkettet. Der neue Clip wird an den vorhandenen angehängt.

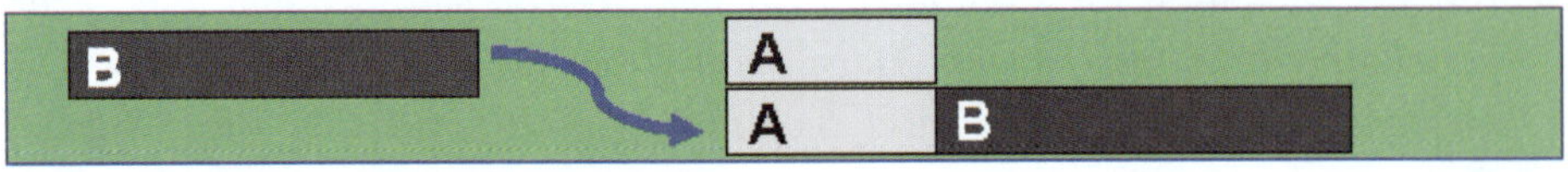

Abb. 6.5: Verketten – neuer Clip wird in die Timeline eingefügt.

Lösen

Hier wird die Verkettung benachbarter Clips beendet. Der gelöste Clip wird aus der Timeline entfernt.

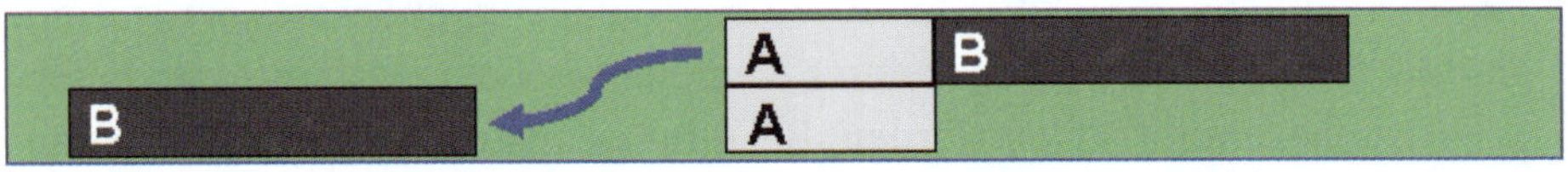

Abb. 6.6: Lösen – Verkettung zwischen zwei Clips wird getrennt.

Einsetzen

Ein neuer Clip wird in der Timeline zwischen zwei vorhandenen Clips eingefügt.

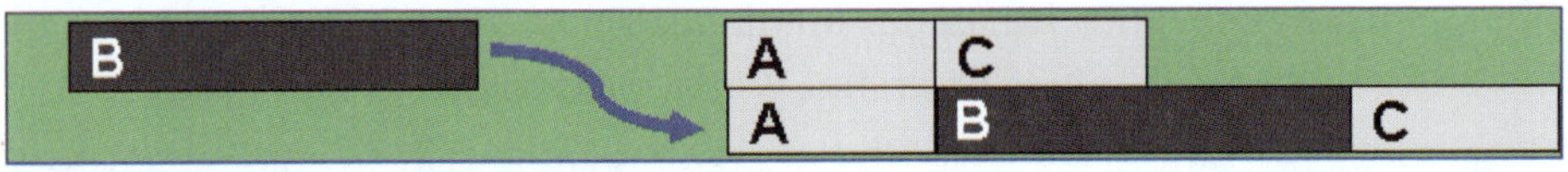

Abb. 6.7: Einsetzen – neuer Clip wird eingefügt.

Eliminieren

Der zwischen zwei Clips eingebettete Clip wird aus der Timeline entfernt. Die entstehende Lücke wird geschlossen.

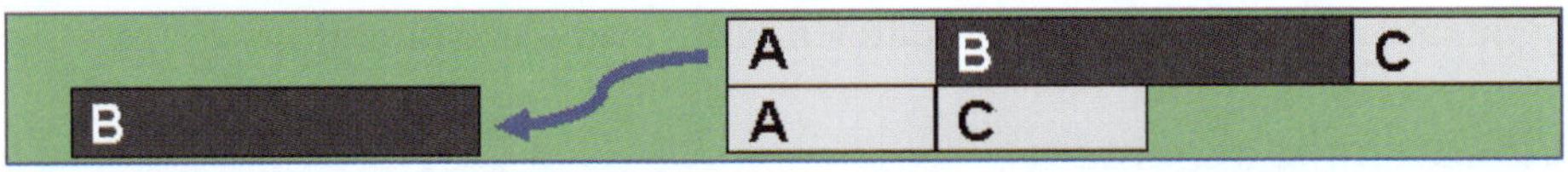

Abb. 6.8: Eliminieren – Clip wird entfernt.

Ersetzen

Ein vorhandener Clip wird an gleicher Stelle durch einen anderen Clip ersetzt. Die Länge beider Clips ist gleich.

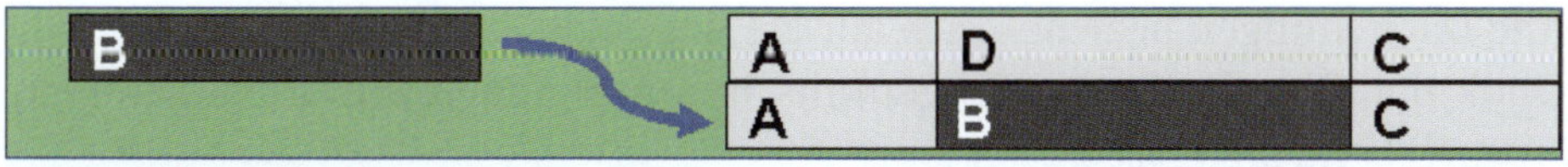

Abb. 6.9: Ersetzen – Clip wird gegen einen anderen Clip ausgetauscht.

Versetzen

Ein Clip wird innerhalb der Timeline an eine andere Position verschoben.

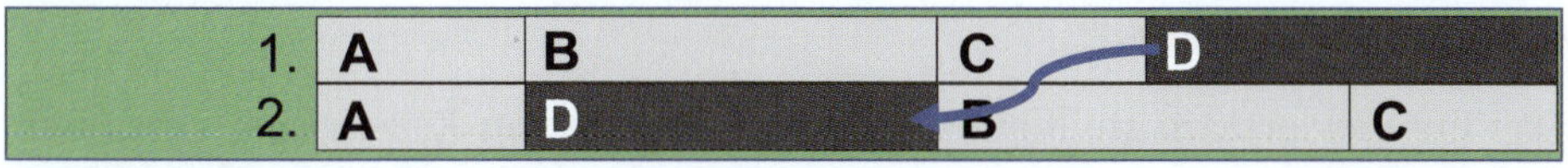

Abb. 6.10: Versetzen – Clip wird an andere Position verschoben.

Kdenlive

Ein suchender Blick in die Weiten des Internets offenbart eine lange Liste von Videoschnittprogrammen. Sortiert nach:

- Betriebssystem
  - Windows, iOS, Linux
- Kosten
  - Free, Monats- oder Jahreslizenz, Kauflizenz
- Schwierigkeitsgrad
  - Anfänger, Einsteiger mit »Ambitionen«, Profi

Nach diesen Kriterien sind Bewertungs- und Auswahlkriterien jeder Kombination möglich.

Das Studium seitenlanger Bewertungen und Vergleiche verschiedener Produkte möchte ich dir gern ersparen. Auf den nächsten Seiten lernst du das Videoschnittprogramm Kdenlive [1] kennen. Die Entwicklung des Programms begann im Jahr 2002. Inzwischen stellt das Entwicklerteam auf der Downloadseite von Kdenlive.org Versionen für Windows, Linux und macOS (Intel) kostenlos zur Verfügung, aktuell mit der Versionsnummer 22.08.0.

Kdenlive ist nicht nur für Video-Einsteiger gut geeignet. Es erfüllt auch gehobene bis professionelle Ansprüche der Videobearbeitung. Die folgenden Seiten vermitteln einen Einblick in die Technik des Videoschnitts mit einem Computer anhand der Programmfunktionen von Kdenlive. Das gründliche Studium der Herstellerdokumentation ersetzt dieser Überblick nicht.

Alle Darstellungen beziehen sich auf die Windows-Version von Kdenlive. Die Optik der Oberfläche des Programms ist unter anderen Betriebssystemen entsprechend angepasst.

Kdenlive arbeitet als nichtlineares Schnittsystem mit Mehrspurbearbeitung von Video- und Audiomaterial. Die Mediendateien – Video, Audio, Bilder – bleiben durch die Verwendung in einem Videoprojekt also unverändert.

Quellen für Kdenlive

Das Entwicklerteam stellt auf der Downloadseite von *Kdenlive.org* Versionen für Windows, Linux und macOS (Intel) zur Verfügung. Unter [2] findet sich eine Liste weiterer Bezugsmöglichkeiten. Vor anderen als den ausgewiesenen Quellen wird ausdrücklich gewarnt.

Der Schnittcomputer

Die Überlegungen zur verwendeten Hardware gelten allgemein für den Einsatz von Videoschnittprogrammen. Die Bearbeitung von Videodaten zählt zu den anspruchsvollsten Aufgaben und kann fast jeden Computer an seine Leistungsgrenzen bringen. Für deine ersten Schnittprojekte ein High-End-PC-System zu ordern, ist dennoch verfrüht. Versuche, dich Schritt für Schritt mit der Leistungsfähigkeit deines Heim-PC vertraut zu machen. Später kannst du entscheiden, ob durch Aufrüsten oder Neuanschaffung des PC die Schnittarbeit beschleunigt werden soll.

Vorerst gilt als Faustformel:

- Ist der Computer mit mindestens (!) 4 GByte Hauptspeicher ausgestattet,
- läuft Windows 10/11 ohne Probleme und
- flimmern längere Videos aus dem Internet oder von einer DVD flüssig und ohne Aussetzer über den Bildschirm,

dann ist die Heim-EDV für das erste Schnittprojekt geeignet.

Kdenlive ist nicht übermäßig systemhungrig in Bezug auf Geschwindigkeit und Hauptspeicherbedarf. Erfüllt dein PC die Bedingungen der Faustformel, sollte Kdenlive akzeptabel funktionieren.

Speicher intern / extern

Unabhängig von der Geschwindigkeit eines Computers ist ausreichende Speicherkapazität für das Videomaterial unerlässlich. Sind interne Festplatten bereits mit Programmen und Daten belegt, ist es ratsam, das zu verwendende Video- und Audiomaterial auf einer externen Festplatte unterzubringen. Der Anschluss der Festplatte erfolgt per USB-Schnittstelle. In älteren Computern sind nicht selten USB2- und USB3-Anschlüsse verbaut. Die Festplatte mit den Videodaten wird dann an die USB3-Buchse angeschlossen. Leider ist nicht erkennbar, nach welchem Standard ein USB-Anschluss arbeitet. Ein Blick in das Handbuch oder die Nachfrage beim Lieferanten kann in solchen Fällen Aufschluss geben.

Zu einer zweiten Festplatte – auch extern angeschlossen – wird alsbald geraten. Sie belastet die Haushaltskasse ein wenig, kann aber den Hausfrieden retten, falls das fast fertig geschnittene Videoprojekt der defekten Festplatte zum Opfer fällt. Festplatten scheinen immer dann zu crashen, wenn der eintretende Schaden maximal ist. Datensicherung ist daher keine Option, sondern eine Pflicht!

Monitor(e)

Videos herstellen bedeutet Bilder produzieren. Klar, dass der Monitor dein entscheidendes Arbeits-, vor allem aber Kontrollwerkzeug ist. Der normale Heim-PC ist mit einem Monitor ausgestattet. Spiele-Freaks achten bei der Anschaffung auf die Kombination von Grafikkarte und Monitor. Neben einer hohen Auflösung (mindestens Full-HD) besitzen die Grafikkarten Anschlüsse für einen weiteren Monitor. Für den Videoschnitt ist das eine Idealausstattung. Ein zweiter Monitor an der Grafikkarte angeschlossen verdoppelt die Arbeitsfläche und ermöglicht die Bildkontrolle in Originalgröße, also auch in Full-HD-Qualität.

Nutzt du einen (modernen) gut ausgestatteten Laptop als Schnittcomputer, wirst du eine Buchse für einen externen Monitor vorfinden. In den Set-up-Einstellungen des Laptops kannst du diesen Externen als Zweitmonitor konfigurieren und ebenfalls die Arbeitsfläche deutlich vergrößern.

Monitore zählen nicht zu den preiswerten Systemerweiterungen der heimischen Computertechnik. Da solltest du nicht übersehen, dass Fernsehgeräte neuerer Bauart über diverse Schnittstellen verfügen und als externe PC-Monitore gute Dienste leisten. Fernsehgeräte besitzen (meist) einen HDMI-Anschluss. Am PC oder Laptop ist der Variantenreichtum größer und reicht von DVI-, Display-, Port- bis HDMI-Anschluss. Für die Verbindung beider Geräte reicht ein passendes Adapterkabel. Nicht zu vergessen, die erforderlichen Einstellungen am PC sowie am Fernsehgerät. Allgemeine Hinweise für deren Konfiguration sind aufgrund der Typenvielfalt unmöglich. Sollten eigene Anschluss- und Konfigurationsversuche scheitern, wende dich bitte an den Computerladen deines Vertrauens. Dort findest du sicher – auch mit der Aussicht, dein Videoequipment in den nächsten Jahren auszubauen – Rat und Kabel zur Unterstützung. Kostengünstiger, als sofort einen neuen Monitor zu erwerben, ist das allemal.

Ist der Zweitmonitor angeschlossen und dem Betriebssystem deines Computers bekannt gemacht, kannst du ihn in Kdenlive nutzen.

Kdenlive installieren und starten

Nach dem Download des Programms genügt ein (Doppel-) Klick auf die Datei »kdenlive-XX.XX.X.exe« zum Starten der Installation.

(Achtung: XX.XX.X bezeichnet die jeweils aktuelle Versionsnummer. Im September 2022 war das die Version 22.08.0.)

Spätestens nach der erfolgreichen Installation empfiehlt sich der Aufruf der Internetseite [13]. Dort bekommst du kurze Hinweise für den Einstieg in das Programm. Hinweise in englischer Sprache sind meist auf dem Stand der aktuellen Versionsnummer. Eine Übersetzung ins Deutsche sowie weitere 10 Sprachen liefern die Entwickler mit einer gewissen Verzögerung nach. Sicherheitshalber werden Hinweise auf ältere Programmversionen rot unterlegt. Leider durchziehen auch die Hilfeseiten etliche Abschnitte, die nur in Englisch vorliegen. An kritische Leser die Bitte um Nachsicht für das ansonsten sehr leistungsfähige und dabei kostenfreie Schnittprogramm.

Programmaufbau

Für die Vielfalt der Aufgaben hält Kdenlive eine große Anzahl Module bereit. Um die Übersicht nicht zu verlieren, versteckt das Programm Module, die momentan nicht gebraucht werden.

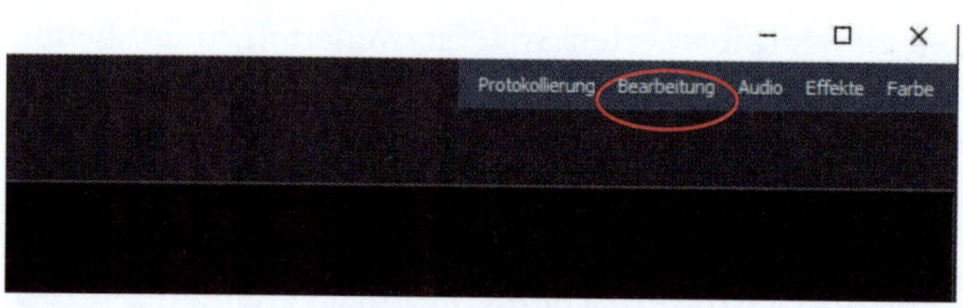

Abb. 6.11: Layout Bearbeitung – Einstellung, um ein neues Projekt zu beginnen

Mit dem Bearbeitungslayout wirst du während der ersten Videoprojekte hauptsächlich arbeiten und dabei diese vier Module nutzen:

- Projektliste – Hier legst du die in diesem Projekt verwendeten Mediendateien ab (Video, Audio, Bilder ...).
- Clip-Monitor – Mediendateien (Video, Audio, Bilder) kannst du hier ansehen / anhören, bevor sie verwendet werden.
- Projekt-Monitor – Das Ergebnis des Videoschnitts kannst du hier ansehen / anhören.
- Timeline – Hier findet der Video-/Audioschnitt statt.

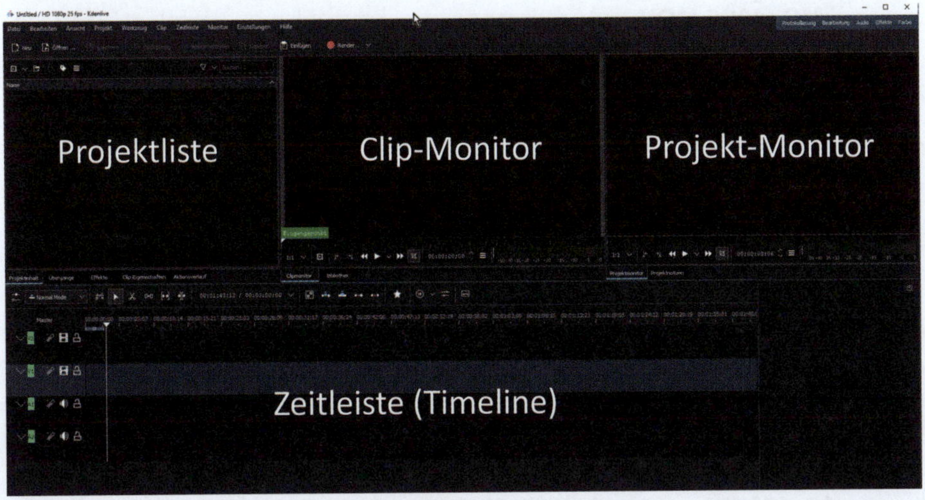

Abb. 6.12: Video-Bearbeitung – die Hauptmodule

Ganz nach Wunsch wählst du die Farbgestaltung der Bedienoberfläche. Kdenlive merkt sich diese Einstellung dauerhaft.

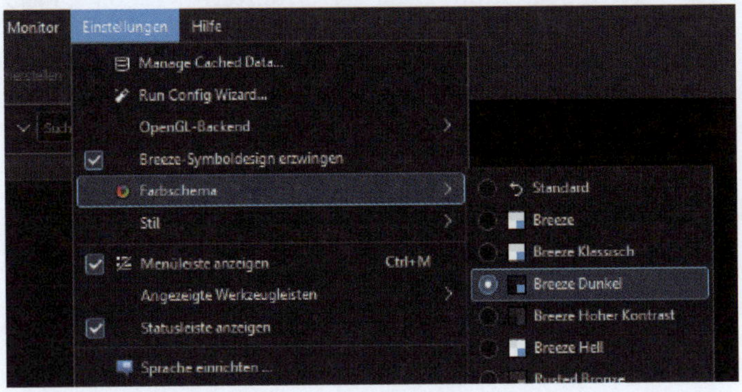

Abb. 6.13: Oberfläche nach Wunsch – hell bis sehr dunkel

Weitere Hinweise zu Einstellungen in diesem Menü folgen auf den nachfolgenden Seiten.

Festplatten- und Datenordnung

```
G:.
\---Mediendateien
   +---Fotos
   +---Geraeusche
   +---Musik
   +---Projekte
   +---Sprecher
   +---Videos_1
   |       IMG_1065.MOV
   |       IMG_1067.MOV
   |       IMG_1068.MOV
   |       IMG_1069.MOV
   |       IMG_1070.MOV
   |       IMG_1071.MOV
   |       IMG_1072.MOV
   |       IMG_1073.MOV
   |       IMG_1074.MOV
   |       IMG_1075.MOV
   |
   |
   \---Videos_2
           01_121155.mp4
           01_121214.mp4
           01_125902.mp4
           02_122722.mp4
           IMG_6321.MOV
           IMG_6322.MOV
           IMG_6323.MOV
```

Abb. 6.14: Ordner – gut strukturiert

Bevor du das erste Videoprojekt startest, hast du die Videodateien vom Handy auf die externe Festplatte des PC kopiert.

Auf der Festplatte mit der Bezeichnung G: befindet sich der Ordner Mediendateien. In diesem sind weitere Unterordner für Fotos, Geräusche, Musik und Sprachaufnahmen angelegt. Im Ordner Projekte speicherst du die Videoprojekte. Auch wenn diese Ordner beim Projektstart leer sind, zu einem späteren Zeitpunkt musst du nicht lange überlegen, wenn es um das Ablegen entsprechender Mediendaten geht.

In *Abb. 6.14* sind zwei Videoverzeichnisse bereits mit Dateien belegt. Darin sind die Videoaufnahmen von zwei unterschiedlichen Drehorten, Video_1 und Video_2, gespeichert.

Diese Ordnerstruktur solltest du bereits mit dem Projektstart vorbereiten. Weitere Ordner / Unterordner hinzuzufügen, ist jederzeit möglich. So könnte das Videomaterial weiterer Drehorte in Video_3 ... _4 ... _5 gespeichert werden und irgendwann brauchst du ein Verzeichnis Export für die fertiggestellten und gerenderten Videos (*Viele Clips – ein Video* auf Seite 202).

Mediendateien dieser Ordner dürfen auch in anderen Videoprojekten verwendet werden. Absolut verboten ist aber das Verschieben oder Löschen von Ordnern oder einzelner Mediendateien, da das unweigerlich zu Fehlern im Schnittprogramm führt, deren Beseitigung zusätzlichen Aufwand erfordert.

Backups der Mediendateien auf einer Sicherungsfestplatte sollten immer den Inhalt sämtlicher Ordner umfassen. Durch eine inkrementelle Datensicherung lässt sich die Zeit deutlich verkürzen.

Projekt anlegen / speichern

Zum Erzeugen des neuen Projekts genügt ein einfacher Maus-Klick auf Datei|Neu. Daraufhin öffnet sich das Fenster der Project-Settings mit der Auswahl der Video Settings. Im linken Teil dieses Fensters bietet Kdenlive eine umfangreiche Liste vordefinierter Videoformate zur Auswahl an.

Je nach Videomaterial und Verwendungszweck (*Seite 27*) wählst du für das erste Projekt das Format *HD 1080p 25 fps*.

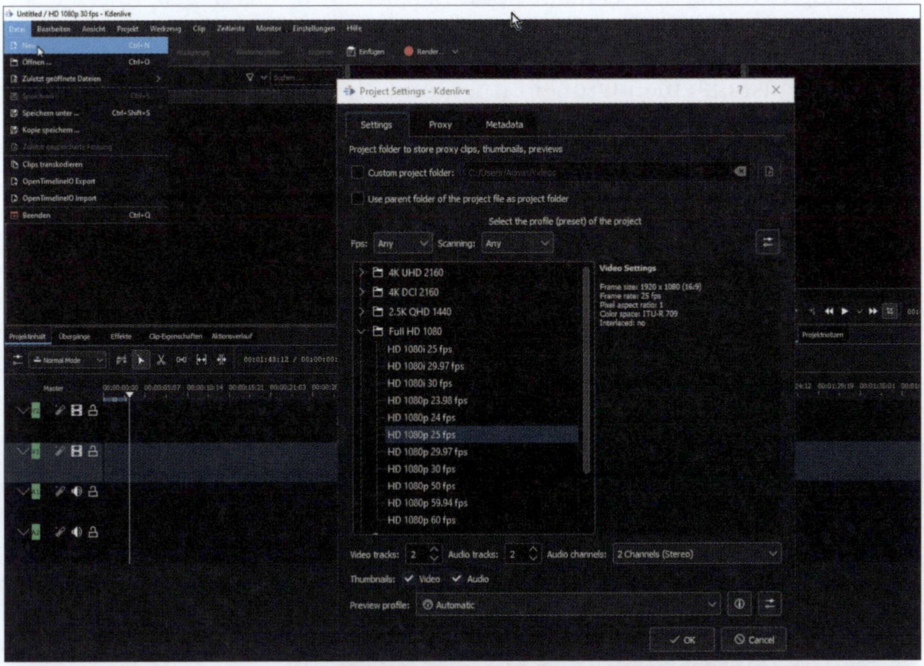

Abb. 6.15: Projekt – Neu anlegen mit Voreinstellung – FullHD, 25 Bilder pro Sekunde

```
G:
\---Mediendateien
    +---Fotos
    +---Geraeusche
    +---Musik
    +---Projekte
    |       Videoprojekt_1.kdenlive
    +---Sprecher
    +---Videos_1
    |       IMG_1065.MOV
    |       IMG_1067.MOV
    |       IMG_1068.MOV
    |       IMG_1069.MOV
    |       IMG_1070.MOV
```

Abb. 6.16: Projekt_1 gespeichert

Jetzt solltest du mit Speichern unter ... das Videoprojekt im Ordner Projekte sichern und ihm dabei einen Namen geben.

Die Dateierweiterung von Videoprojekten unter Kdenlive ist – nicht sehr überraschend – *kdenlive.*

Das leere Projekt hat nur eine Dateigröße von wenigen Kilobyte.

Material übernehmen

Das neue Videoprojekt muss jetzt noch mit Leben, in unserem Fall Bildern und Tönen gefüllt werden. Öffne dazu im Projektfenster das Panel PROJEKTINHALT und klicke auf den linken Button. Im sich öffnenden Menü wählst du den Menüpunkt ADD CLIP OR FOLDER und gelangst so in einen Dialog mit Zugriff auf das Dateisystem.

Klicke dich durch bis zum Ordner MEDIENDATEIEN. Nun kannst du einen kompletten Ordner mit seinem gesamten Inhalt in das Videoprojekt übernehmen.

Ebenso kannst du einen Ordner öffnen und die Übernahme in Kdenlive auf einzelne Videodateien beschränken.

Die Bedienung in diesem Dialog ist sehr stark an den Windows-Explorer angepasst und auch für Neulinge beherrschbar.

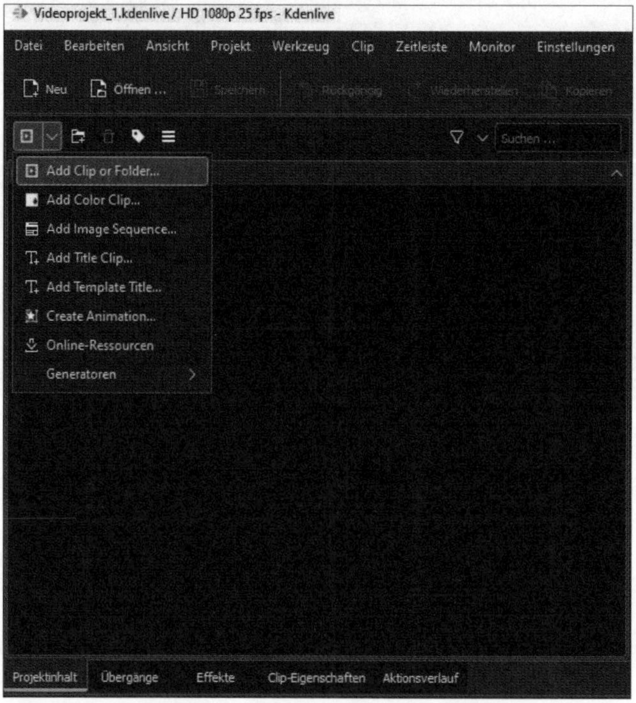

Abb. 6.17: Material übernehmen – Ordner oder Datei

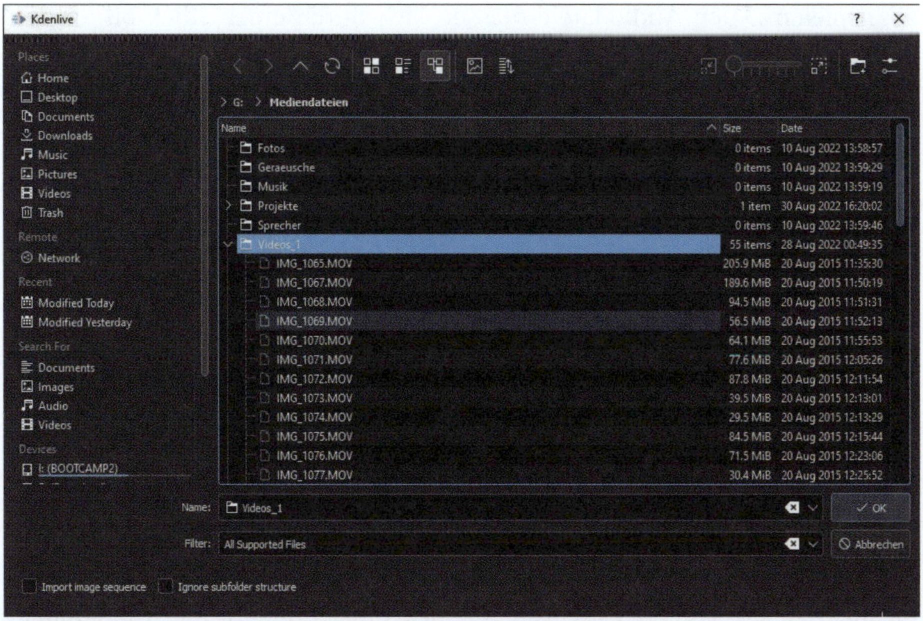

Abb. 6.18: Mediendateien – Auswahl ganzer Ordner oder einzelner Dateien

Für die ersten Schnittversuche übernimmst du nur einige Videoclips und Bilder aus den Medienordnern in das Videoprojekt.

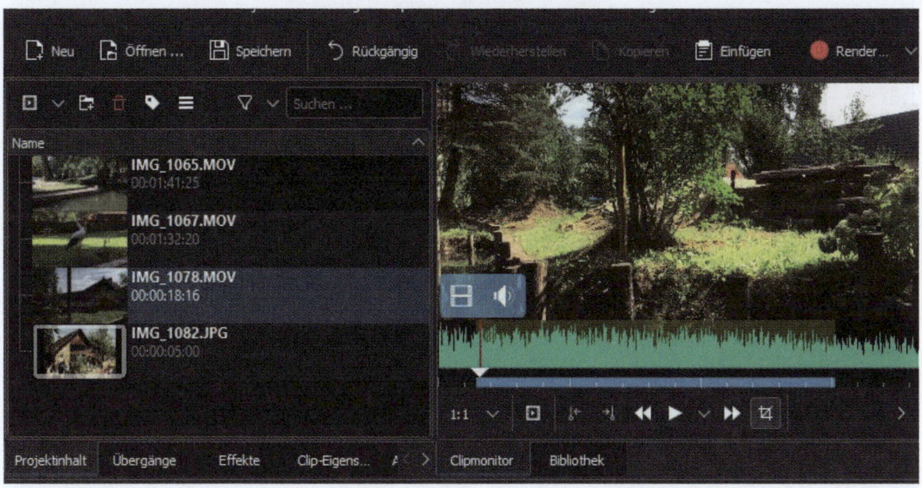

Abb. 6.19: Projektinhalt – 3 Videos und 1 Foto; Vorschaufenster mit Video und Bereichswahl

Mit einem Mausklick im Fenster PROJEKTINHALT kannst du jede Mediendatei im Vorschaufenster öffnen, um Bilder zu betrachten oder Videoclips abzuspielen. Auch Audiodateien lassen sich durch einen Klick öffnen und anhören.

Aus diesem Fenster übernimmst du komplette Mediendateien oder einen markierten Abschnitt in die Timeline per Drag&Drop. Zum Markieren eines Abschnitts bewege die Maus in den Bereich des blauen Balkens unterhalb des Vorschaubildes. Die aktuelle Position ist an der roten Linie erkennbar und mit der J-K-L-Steuerung veränderbar. Mit der *J-Tast*e läuft das Video rückwärts, mit der *L-Taste* vorwärts. Die *K-Taste* stoppt die Wiedergabe des Videos. Mit der *I-Tast*e markierst du den Anfang, mit einem Druck auf die *O-Tast*e das Ende des Abschnitts. Zur Kontrolle zeigt der blaue Balken den Abschnitt, der zum Video in der Timeline zugefügt wird. Per Drag&Drop gelangen Bild und Ton des markierten Clipabschnitts in die Timeline, also in dein Video.

Eine bezaubernde Landschaft ist in dein Video eingefügt. Nur das Geräusch eines vorbeifliegenden Hubschraubers ist ärgerlich. Das Fluggerät ist im Bild nicht zu sehen, dafür gibt es die unüberhörbare Geräuschkulisse im Hintergrund. Für das Video ist die Tonspur des Clips vollkommen unbrauchbar. Auch für Fälle, bei denen nur das Video oder die Tonspur des Clips verwendbar ist, ist Kdenlive gut gerüstet. Im Vorschaufenster sind ein Lautsprecher und ein Filmbild zu sehen. Ziehst du den Clip von einem dieser Symbole in die Timeline, übernimmt das Programm entweder Bild- oder Audiospur. Hinweise zum Ersetzen der fehlender Audio- oder Videoinhalte findest du unter *Einsetzen in Kdenlive* auf Seite 119. Statt des brummenden Hubschraubers wirst du später eine Audiodatei mit einer Waldatmosphäre und zirpenden Grillen verwenden.

Clips und Fader

Ein Video besteht aus mindestens einem Videoclip. In der Videovorschau hast du diesen gekürzt, also etwas (ab-)geschnitten. Der Clip soll mit einer Aufblende (Fade-In) beginnen und mit einer Abblende (Fade-Out) enden. Ein grüner Punkt markiert die Aufblende, für die Abblende gibt es einen roten Punkt. Beide lassen sich mit der Maus verschieben.

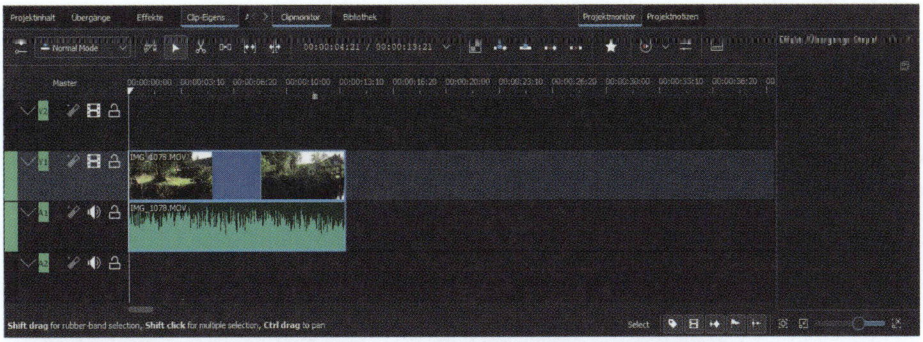

Abb. 6.20: Timeline – Ausschnitt von Videoclip aus Vorschaufenster übernommen

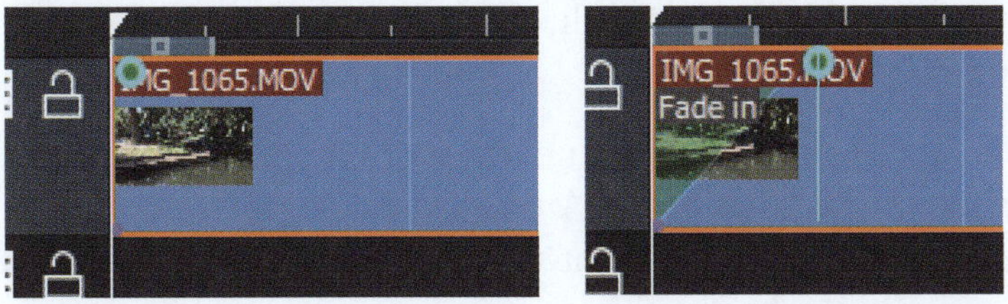

Abb. 6.21: Aufblende Bild – den grünen Punkt nach rechts ziehen

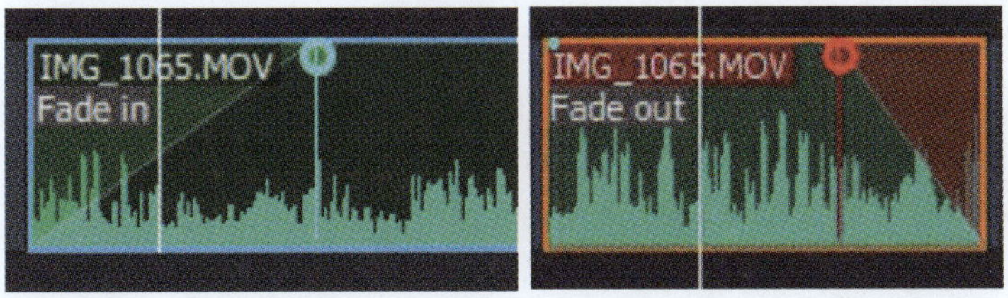

Abb. 6.22: Auf- und Abblende Audio – Grün: Fade-In, Rot: Fade-Out

Fade-In und Fade-Out funktionieren bei Kdenlive mit allen Mediendateien.

Kdenlive – Timeline

Drei unterschiedliche Arbeitsmodi bietet Kdenlive für den Videoschnitt. Der Wechsel in die weniger restriktiven Timeline-Arbeitsmodi Overwrite- und Insert-Mode ist jederzeit möglich, sollte anfangs jedoch mit Bedacht erfolgen.

Normal Mode

In diesem Bearbeitungsmodus wird verhindert, dass du einen Clip auf einen anderen Clip derselben Spur ziehst und diesen dadurch überschreibst. Du kannst einen Clip auf den freien Bereich einer anderen Spur in der Timeline ziehen. Die Arbeitsmöglichkeit ist in diesem Modus sehr eingeschränkt, verhindert jedoch das versehentliche Löschen und Überschreiben von bereits in die Timeline eingefügten Clips. Für den Video-Editing-Einstieg ist der NORMAL MODE unbedingt empfehlenswert.

Overwrite Mode

Der OVERWRITE MODE-Bearbeitungsmodus ermöglicht das Überschreiben von Clips, die sich bereits in der Timeline befinden. Ein neuer Clip kann aus dem Vorschaufenster oder von einer anderen Spur der Timeline stammen. Wird er per Drag&Drop auf eine Spur gezogen, in der sich bereits Clips befinden, überschreibt er diese ganz oder teilweise. Es besteht also die Gefahr, vorhandene Clips partiell oder ganz mit einem neuen Clip zu überschreiben. Aufgrund dieser Freiheiten lassen sich Clips beliebig per Drag&Drop zwischen den Spuren hin und her schieben.

Dieser sehr flexible Modus unterstützt schnelles Anordnen und Ändern von Clips in der Timeline. Er verlangt große Aufmerksamkeit, um vorhandene Clips im bereits geschnittenen Video nicht versehentlich und ungewollt zu überschreiben oder gar zu löschen.

Insert Mode

Im INSERT MODE kannst du per Drag&Drop ebenfalls Videoclips in jede Spur der Timeline ziehen. Die neuen Clips werden genau dort eingefügt, wo du sie mit der Maus fallen lässt. Befindet sich an dieser Stelle bereits ein Clip, wird er geteilt (geschnitten). Der neue Clip wird an dieser Stelle eingefügt. Der rechte Teil des alten Clips sowie alle folgenden Clips dieser Spur verschieben sich in der Timeline ebenfalls nach rechts. Auch in diesem Modus ist beim Videoschnitt umsichtig und sehr sorgfältig zu arbeiten.

Werkzeuge zum Videoschnitt

Nur aus einem Clip bestehende Videos sind sicher nicht das Ziel deiner Bemühungen. Den Ordner PROJEKTINHALT hast du bereits mit vielen Videodateien gefüllt. Dein Fahrplan hat für alle gedrehten Einstellungen bereits einen Platz vorgesehen. Im nächsten Schritt montierst du in der Timeline die Clips zu einem Video. Oberhalb der Timeline hält Kdenlive hilfreiche Werkzeuge dazu bereit.

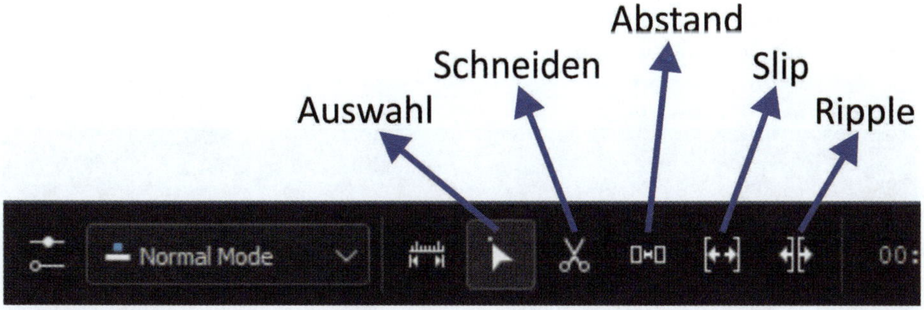

Abb. 6.23: Timeline – Werkzeuge für den Videoschnitt

Auswahl — Auswählen von Clips in der Timeline. Bewegt sich der Mauszeiger über einen Clip, erscheint eine Hand. Aufruf auch mit Taste (S).

Schneiden — Trennen von Clips. Der Mauszeiger wird zur Schere. Aufruf auch mit Taste (X).

Abstand — Kurzzeitiges Gruppieren von separaten Clips, um sie gemeinsam zu platzieren oder zu verschieben. Aufruf auch mit Taste (M).

Slip — verschiebt In- und Out-Punkte um den gleichen Betrag vorwärts oder rückwärts. Die Länge des Clips bleibt dabei unverändert. Auch Nachbar-Clips sind nicht betroffen. Diese Funktion wird in anderen Schnitt-programmen als Trimmen bezeichnet.

Ripple — Verlängern oder Verkürzen eines Clips. Dabei verschieben sich nachfolgende Clips.

Am häufigsten kommen in der täglichen Praxis des Videoschnitts die ersten vier Werkzeuge zur Anwendung.

Die ersten Schnitte

Mit dem ersten Videoprojekt solltest du vor allem das Ziel verfolgen, die Vielfalt der Möglichkeiten deines Schnittprogramms zu erkunden und dabei das technische Handwerk des Video-Editings zu trainieren.

Deinen ersten Clip hast du bereits per Drag&Drop in der Timeline abgelegt. Mit den vorgestellten Werkzeugen kannst du diesen Clip innerhalb der Spur verschieben, auf eine andere Spur verschieben, ihn kürzen und anschließend wieder verlängern. Das geht mit der Maus per Drag&Drop recht gut – selbst bei größeren Videoprojekten.

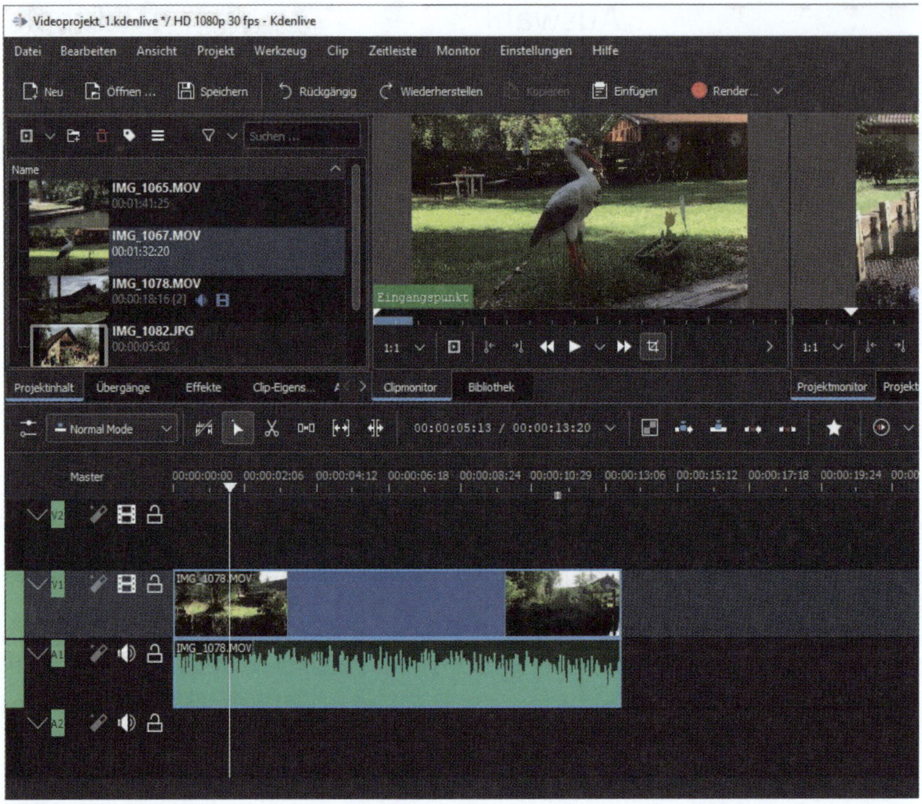

Abb. 6.24: Timeline – Einfügemarke weiße Linie; aktive Spuren V1 und A1 (grünes Rechteck)

Viel schneller läuft der Videoschnitt, also das Einfügen und das Löschen von Clips, wenn du die Befehle per Maus oder noch flotter mit der Tastatur aufrufst. Zuerst markierst du Spuren durch Anklicken im äußersten linken Bereich. Grüne Rechtecke zeigen an, welche Video- und Audiospuren aktiviert sind.

Für das Einfügen und das Löschen stehen dir oberhalb der Timeline vier Befehle zur Verfügung.

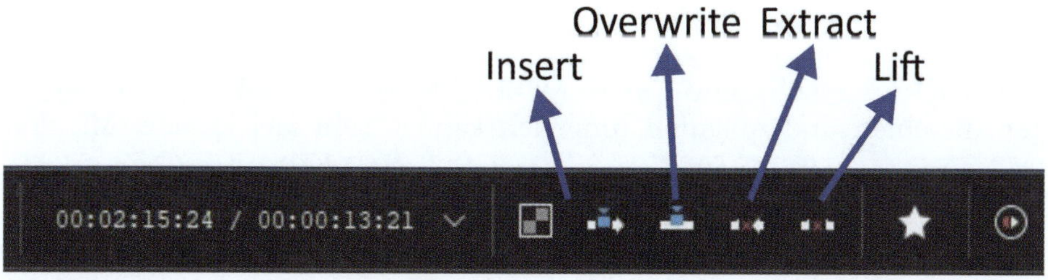

Abb. 6.25: Einfügen, Löschen – Video editieren per Mausklick

Insert	Ein Clip oder der Teil eines Clips wird in der Timeline an der Position der Einfügemarke (weiße Linie) eingefügt. Der vorhandene Clip wird getrennt, der neue Clip wird eingefügt. Das Video verlängert sich um die Länge des eingefügten Bereichs. Aufruf des Befehls mit Taste (V).
Overwrite	Ein Clip oder der Teil eines Clips wird in der Timeline an der Position der Einfügemarke (weiße Linie) eingefügt. Der bereits vorhandene Clip wird getrennt, der neue Clip überschreibt einen vorhandenen Clip. Aufruf des Befehls mit Taste (B).
Extract Timeline Zone	Bevor dieser Befehl aufgerufen wird, markiere in der Timeline einen Bereich mit I – Anfang des Bereiches – und O – Ende des Bereiches. In der Timeline erscheint über diesem Bereich ein blauer Balken. Der Befehl trennt den Clip und löscht den markierten Bereich. Die entstehende Lücke schließt sich automatisch. In allen Spuren rücken nachfolgende Clips nach links, es sei denn, die Bearbeitung einer Spur wurde ausdrücklich gesperrt (Schloss-Symbol in jeder Spur). Aufruf des Befehls mit Taste (X).
Lift Timeline Zone	Bevor dieser Befehl aufgerufen wird, markiere in der Timeline einen Bereich mit I – Anfang des Bereichs – und O – Ende des Bereichs. In der Timeline erscheint über diesem Bereich ein blauer Balken. Der Befehl trennt den Clip und löscht den markierten Bereich. Es entsteht eine Lücke. Aufruf des Befehls mit Taste (Z).

Übung macht den (Schnitt-)Meister

Schneiden ist wichtig und macht, wenn du spielerisch mit Schnittwerkzeugen, Befehlen und Abläufen umgehen kannst, sehr viel Freude. Mit den Erläuterungen vom Anfang dieses Kapitels (*Videoschnitt allgemein* auf Seite 101) und dem Einblick in die (Schnitt-)Arbeit von Kdenlive bist du gut gerüstet für erste Schnitte an deinem Videomaterial. Wie in *Abb. 6.24* zu sehen, ist bereits ein Clip in die Timeline eingefügt. Im Vorschaufenster befindet sich ebenfalls ein Clip. Einen Bereich dieses Clips hast du markiert (I- und O-Marke, blauer Balken).

Verketten in Kdenlive

Für das Verketten stehen drei Möglichkeiten zur Verfügung. Du kannst per Drag&Drop den Clip aus dem Vorschaufenster in die Timeline ziehen und am Ende des vorhandenen Clips »fallen« lassen. Das Programm Kdenlive ist mit einer Magnetfunktion ausgestattet, die dafür sorgt, dass der zugefügte Clip von dem bereits vorhandenen magnetisch »angezogen« wird. Du kannst aber auch den Mauszeiger an das Ende des vorhandenen Clips setzen und dann auf das Icon für INSERT klicken. Ebenso kannst du die Taste *V (Insert)* oder *B (Overwrite)* drücken und den markierten Bereich aus dem Clip im Vorschaufenster in die Timeline übernehmen.

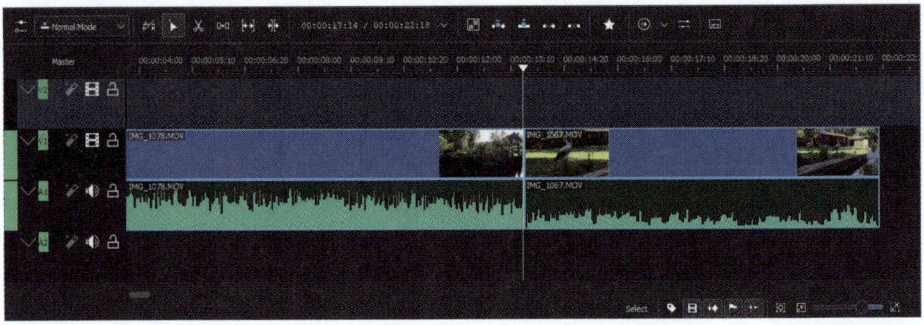

Abb. 6.26: Verketten – Clip in der Timeline verkettet mit Clip-(abschnitt) aus Vorschaufenster

Lösen mit Kdenlive

Der zu lösende Clip wird mit der Maus angeklickt und dadurch mit einem Rahmen (orange) markiert. Mit der *Del*-Taste wird der Clip aus der Timeline gelöscht.

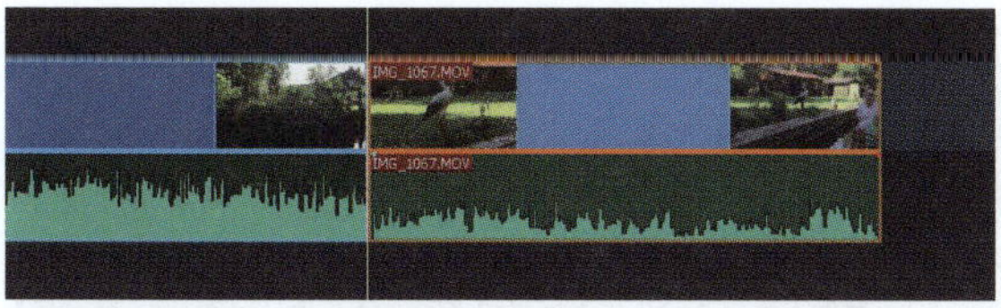

Abb. 6.27: Lösen – mit Mausklick und *Del*-Taste

Einsetzen in Kdenlive

Für das Einsetzen einer Mediendatei gibt es interessante Varianten.

- Einsetzen durch Einfügen – Symbol INSERT anklicken oder *V* drücken. Der eingefügte Clip verlängert das Video.

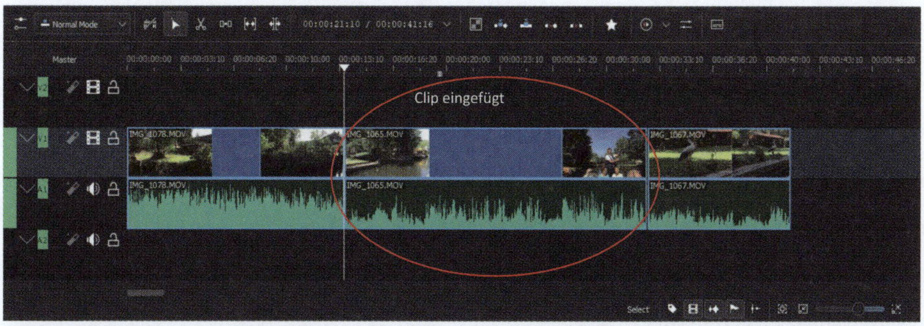

Abb. 6.28: Insert – Clip wird eingefügt, das Video verlängert.

- Einsetzen durch Überschreiben – Symbol OVERWRITE anklicken oder *B* drücken. Der eingefügte Clip überschreibt andere Clipbereiche. Die Länge des Videos ändert sich nicht.

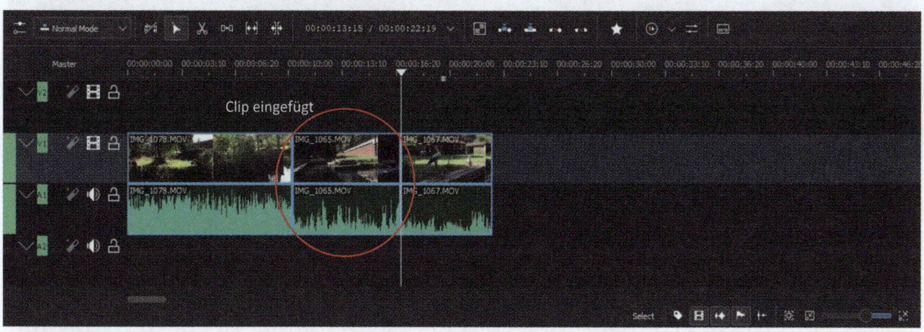

Abb. 6.29: Overwrite – Clip wird eingefügt und überschreibt vorhandene Clips.

- Einsetzen anderer Mediendateien wie Fotos und Audioaufnahmen durch INSERT in die Timeline.

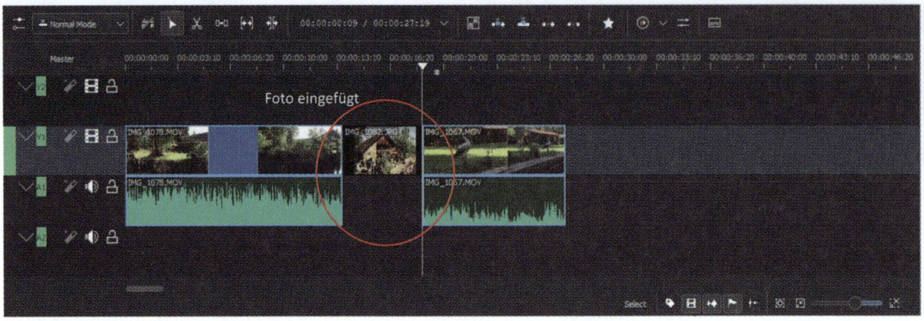

Abb. 6.30: Insert Foto – Foto wird eingefügt, das Video verlängert, ein Audioloch entsteht.

Es ist wenig überraschend, dass bei Fotos die Audiospur fehlt und zu Audiodaten keine Bilder gehören. Beim *Insert* solcher Mediendateien muss Audio- oder Bildspur nachträglich ergänzt werden, falls Bild- oder Tonlöcher unerwünscht sind.

Möchtest du aus Gründen der Gestaltung im Video Musik ohne Bilder laufen lassen? Das kann emotional sehr wirkungsvoll sein. Ebenso kannst du Bilder zeigen, ohne dass der Ton den Zuschauer ablenkt. Beides sind sehr willkommene Möglichkeiten, Mediendateien einzusetzen.

- Einsetzen anderer Mediendateien wie Fotos und Audioaufnahmen durch *Overwrite* in die Timeline.

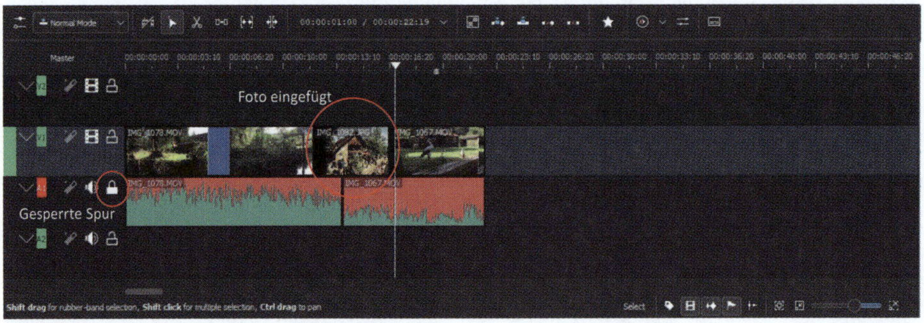

Abb. 6.31: Overwrite Foto – Foto wird eingefügt, Audiospur gesperrt.

Im Gegensatz zum *Insert* wird beim *Overwrite* der bestehende Inhalt der aktiven Spuren überschrieben.

Das per Overwrite eingesetzte Foto überschreibt die Video- und Tonspur des Clips in der Timeline. Soll die Tonspur erhalten bleiben, ist die zum Clip gehörende Tonspur vor dem *Overwrite* zu sperren. So verhinderst du ein Loch in der Audiospur.

Das eingesetzte Foto hat die gestalterische Funktion eines Schnittbilds.

Für die weitere Bearbeitung nach dem *Overwrite* musst du die Sperrung der Spur aufheben.

Technisch identisch funktioniert das Einsetzen durch *Insert* und *Overwrite* auch mit Audiodateien. So lässt sich ein als Audiodatei vorliegendes Interview nachträglich mit Fotos und Bildinhalten von Videoclips versehen.

Bildet Musik die Grundlage für ein Video, ist das Einsetzen von Videobildern und Fotos nach den beschriebenen Verfahren Hauptarbeit des Video-Editings.

Eliminieren in Kdenlive

Zum Eliminieren eines Clips wird dieser mit der Maus angeklickt.

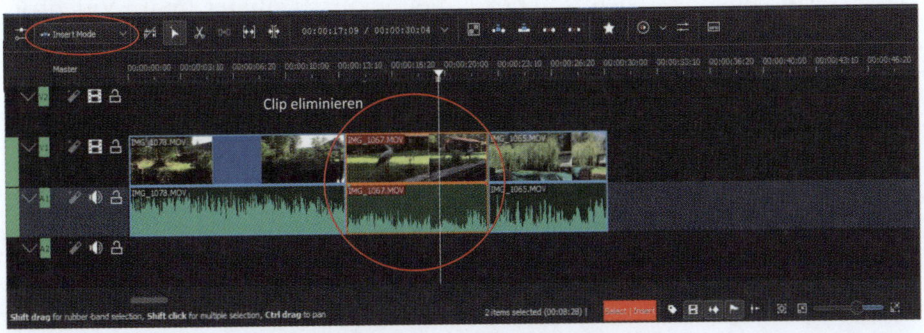

Abb. 6.32: Eliminieren – Clip durch Anklicken markieren.

Arbeitet die Timeline im Normal Mode, entsteht durch Drücken der *Z-Taste* (*auch Del-Taste*) eine Lücke in der Länge des gelöschten Clips.

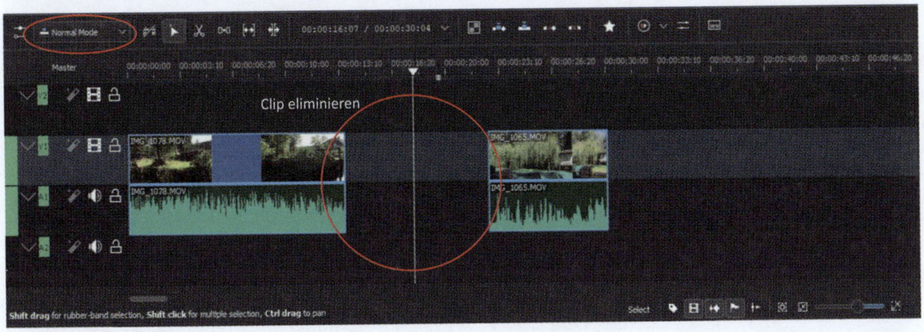

Abb. 6.33: Eliminieren – im Normal Mode führt zur Lücke.

Im Insert Mode schließt das Programm nach dem Löschen des Clips die Lücke automatisch. Sämtliche rechts stehenden Clips dieser Spur rücken nach. Die Länge der Spur verkürzt sich.

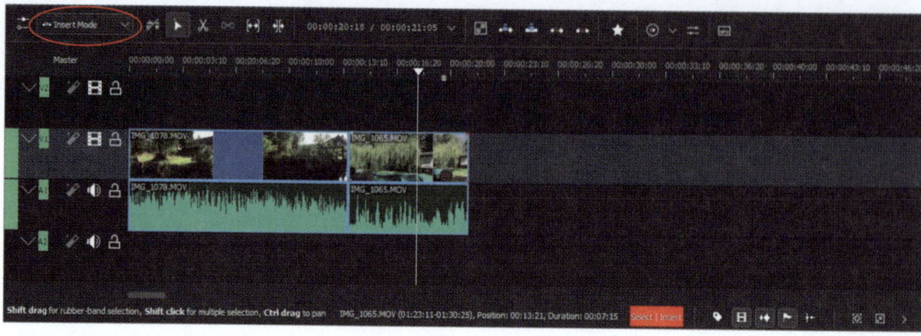

Abb. 6.34: Eliminieren – im Insert Mode wird die Lücke automatisch geschlossen.

Ersetzen mit 3-Punkte-Schnitt

Das Ersetzen eines Videoclips in der Timeline durch einen Clip im Videovorschaufenster lässt sich in zwei Schritten erledigen. Zunächst wird der Clip in der Timeline eliminiert (*Abb. 6.34*). Es entsteht eine Lücke. Ein anderer, genau passender Clip wird in die entstehende Lücke eingefügt (*Abb. 6.29*). Wird ein Clip eingefügt, der zu kurz ist, bleibt im Video eine Lücke. Ein zu langer Clip überschreibt benachbartes Videomaterial in der Timeline. Beide Varianten sind weder gewollt noch elegant. Genau passend und mit nur einem Arbeitsschritt lassen sich Clips oder Teile von Clips in der Timeline durch die Anwendung des 3-Punkte-Schnitts ersetzen.

Beim 3-Punkte-Schnitt sind zuerst zwei Punkte (1. und 2.), die *I*- und *O*-Marke, in der Timeline zu setzen. Sie markieren den zu entfernenden Clip oder Clip-Bereich. Zum Ansteuern der *I*- und *O*-Marken kannst du den Mauszeiger verwenden, präzise und bildgenau mit den Pfeiltasten Links und Rechts.

Ein weiterer Punkt (3.) wird in der Mediendatei im Vorschaufenster gesetzt. Dieser Punkt markiert den Anfang des einzufügenden Bereichs (*I*-Marke).

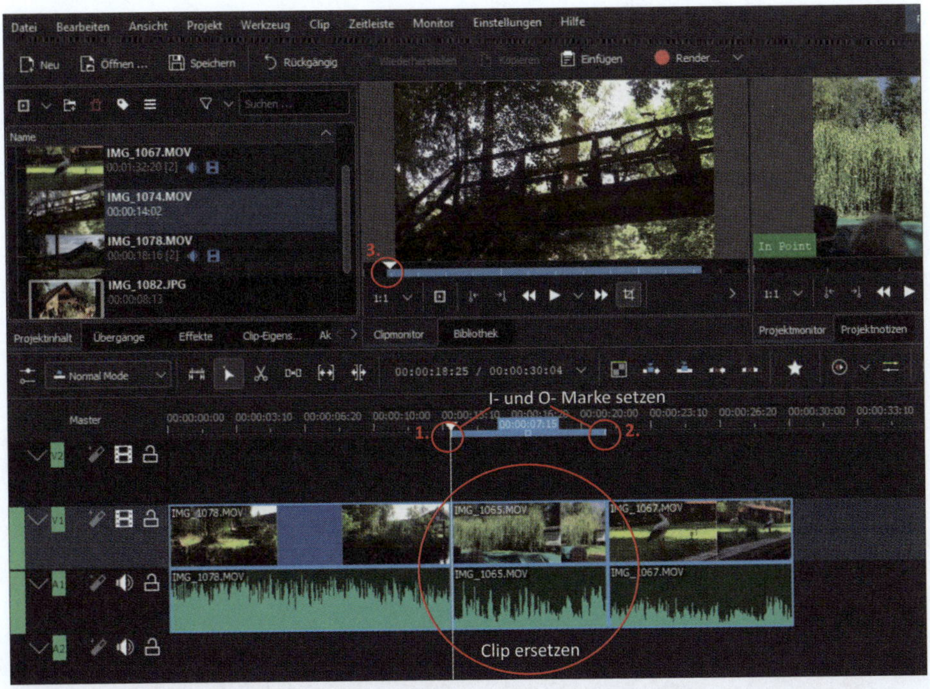

Abb. 6.35: 3-Punkte-Schnitt – 1. und 2. markieren das Ziel, der Clip ab 3. wird eingefügt.

Drückst du jetzt die Taste *B* (Befehl Overwrite), übernimmt das Programm aus dem Clip im Vorschaufenster die Mediendaten und fügt sie entsprechend der Markierung in die Timeline ein.

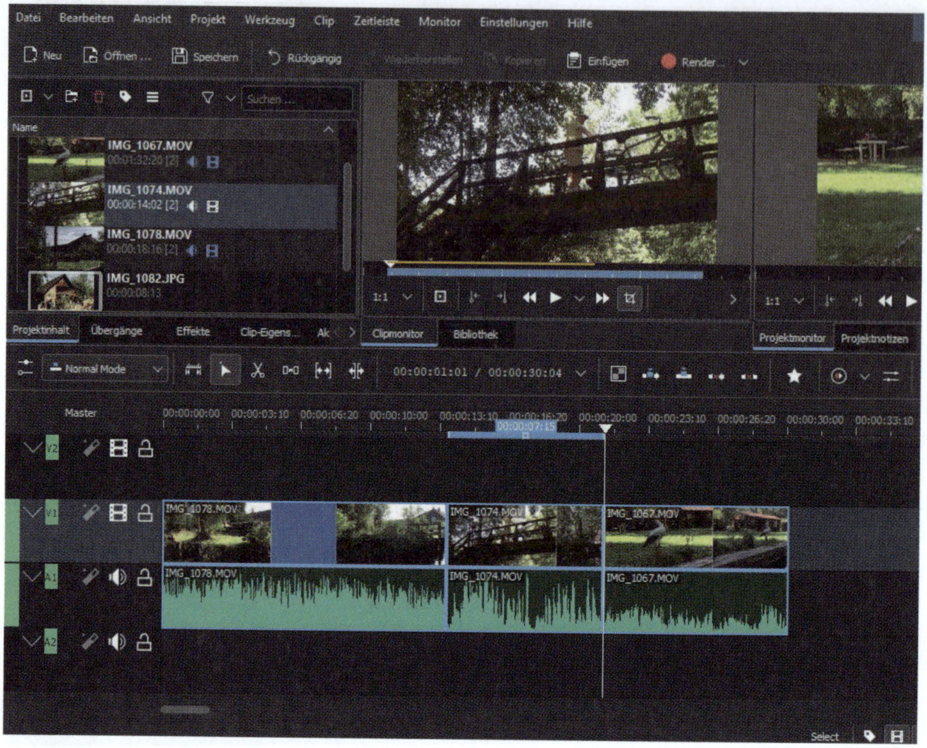

Abb. 6.36: Ersetzen – mit 3-Punkte-Schnitt

Die Anwendung des 3-Punkte-Schnitts ist nicht auf den Austausch kompletter Videoclips beschränkt. Ebenso lassen sich Video- und Audiospuren getrennt voneinander auswechseln. Spuren, die unverändert bleiben sollen, schützt ein Klick auf das »Schloss«.

Versetzen in Kdenlive

Das Versetzen von Mediendateien in der Timeline bezeichnet sehr allgemein die Möglichkeit, einen Clip per Drag&Drop von seiner ursprünglichen Position aus an eine beliebig andere zu verschieben. Egal, ob dieses Verschieben innerhalb einer Spur stattfindet oder der Clip auf eine andere Spur geschoben wird. Häufig wird von dieser Fähigkeit Gebrauch gemacht, wenn während des Video-Editings ein Clip oder ein Clip-Bereich, der es bereits in die Timeline »geschafft« hat, für einen Moment im Weg ist. Löschen und später erneut einfügen ist recht aufwendig. Einfacher ist es, den »Störenfried« für einen Moment in einen nicht verwendeten Bereich der Timeline zu schieben und dort zu »parken«. Auch das Umstellen und Neuanordnen von Clips erfordert die Möglichkeit, Clips in der Timeline zu versetzen. Bei Kdenlive funktioniert dieser Mechanismus je nach Betriebsmodus der Timeline.

NORMAL MODE Clips lassen sich innerhalb der Spur und auf andere Spuren frei bewegen.

Andere Clips lassen sich nicht versehentlich überschreiben.

OVERWRITE MODE Clips lassen sich innerhalb der Spur und auf andere Spuren frei bewegen.

Andere Clips können dabei überschrieben werden.

INSERT MODE Clips lassen sich innerhalb der Spur und auf andere Spuren frei bewegen.

Dabei überschreiben Clips keine in der Timeline vorhandenen Clips, sondern trennen sie auf und fügen sich selbst ein.

Wenn du einen Clip für kurze Zeit in einer anderen Spur »parken« möchtest, solltest du den NORMAL MODE dafür nutzen.

Für umfangreiche und schnelle Veränderungen in der Timeline bieten der OVERWRITE sowie der INSERT MODE äußerst flexible Voraussetzungen verbunden mit der Gefahr, bereits Editiertes ungewollt zu beschädigen.

Projekte reparieren in Kdenlive

Nun ist es passiert. Mit dem gestarteten Kdenlive rufst du dein zuletzt bearbeitetes Videoprojekt auf. Statt der vertrauten Oberfläche erscheint ein Fenster mit der Fehlermeldung:

Abb. 6.37: Kdenlive im Reparaturmodus

The project file contains missing clips or files (Die Projektdatei enthält fehlende Clips oder Dateien). Was ist passiert?

Ein Blick in das Verzeichnis »*G:\Mediendateien\Videos_1*« offenbart, dass die Datei *IMG_1074.MOV* tatsächlich nicht mehr existiert. Dafür befindet sich die »neue« Datei mit dem Namen *Treppe.MOV* in dem Ordner. Du betrachtest diese Datei mit dem Medienplayer und stellst fest, dass es genau die Mediendatei ist, die vor ihrer Umbenennung den Namen *IMG_1074.MOV* trug …

Irgendwann beichtet der computerbegeisterte Sprössling seinen unerlaubten Eingriff. Er hat die Datei, auf der tatsächlich eine Treppe zu sehen ist, einfach umbenannt. Durch erneutes Umbenennen auf den ursprünglichen Namen der Datei ist der Schaden schnell beseitigt.

Für diesen, aber auch für größere Störfälle ist Kdenlive mit einem leistungsstarken Reparaturwerkzeug ausgestattet.

Meldet das Programm beim Aufruf eines Videoprojekts das Fehlen mehrerer Mediendateien, kommen als Ursache gelöschte, umbenannte oder verschobene Ordner infrage. Auch unvollständige Festplatten- oder Computerumzüge können mit dieser Fehlermeldung zur Anzeige kommen.

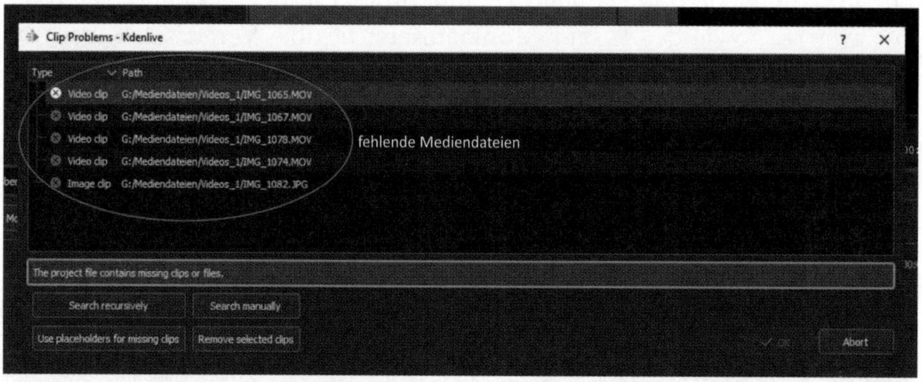

Abb. 6.38: Reparieren – mehrere Mediendateien oder Verzeichnis nicht gefunden

Gelöschte Ordner wiederherstellen kann das Programm nicht. Dazu müssen klassische Windows-Hilfsmittel zum Einsatz kommen. Es bietet aber vier Optionen, um auf diese Fehler zu reagieren und die Weiterarbeit mit dem Videoprojekt zu ermöglichen. Die folgenden Hinweise sollten in der aufgeführten Reihenfolge zum Einsatz kommen.

- *Search recursively*

  Das System sucht automatisch nach den fehlenden Mediendateien. Im nachfolgenden Dialog gibst du die zu durchsuchende Festplatte und/oder ein ausgewähltes Verzeichnis an.

  Wählst du entsprechend *Abb. 6.14* auf Seite 108 den Ordner MEDIENDATEIEN, wird Kdenlive sämtliche Verzeichnisse und Unterverzeichnisse durchmustern und dieses Ergebnis liefern.

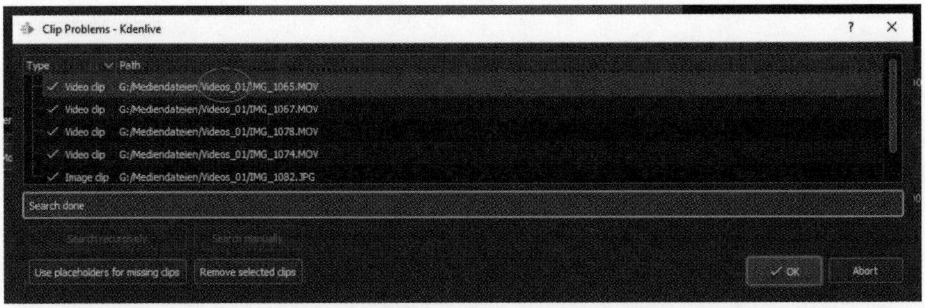

Abb. 6.39: Reparieren – fehlende Mediendateien in »anderem« Ordner gefunden

  Kdenlive hat die verschwundenen Mediendateien nicht im ursprünglichen Ordner ... VIDEO_1 gefunden, sondern in einem Ordner mit dem Namen ... VIDEO_01. Bestätigst du das Suchergebnis mit *OK*, verwendet das Programm ab sofort diesen Ordner als Speicherplatz für die verloren gegangenen Mediendateien.

  Auf welch mysteriöse Weise aus VIDEO_1 der Ordner VIDEO_01 entstand? Vermutlich ist »menschliches Versagen« für dieses unschöne Ereignis verantwortlich ... oder ein Tippfehler beim Umbenennen ... oder ... oder.

- *Search manually*

  Was Kdenlive automatisch erledigt, nämlich verschwundene Mediendateien suchen, kann jeder Videomacher manuell mit dieser Option ebenfalls erledigen. Zwar ist der manuelle Weg wesentlich zeitaufwendiger. Er ermöglicht aber den Zugriff auf Dateien, die unter anderem Namen gespeichert sind. So können aus rechtlichen Gründen gezielt gelöschte Bilder manuell gegen andere Bilder ausgetauscht werden. Kdenlive hilft dabei, den Überblick zu behalten.

- *Use placeholders for missing clips*

  Ist die automatische oder manuelle Suche nach fehlenden Mediendateien erfolglos, markiert diese Option im Projekt die fehlerhaften Stellen mit

Platzhaltern. Die Arbeit kann erst einmal fortgesetzt werden. Die Zukunft der Platzhalter – Füllen oder Herausschneiden – wird später entschieden.

- *Remove selected clips*

  Diese Option entfernt fehlende Mediendaten aus dem Projekt. Eine entsprechende Nacharbeit ist unerlässlich.

Kapitel 7

Interviews

Weshalb Interviews?

Ein Interview im Video ist ebenso wirkungsvoll wie schwierig. Egal, ob im Familien-, Urlaubs- oder Imagevideo, nahezu jede Art von Video gewinnt durch ein Interview – wenn du einiges dabei beachtest. Persönlich und weniger distanziert als ein (unsichtbarer) Sprecher wird ein Interviewpartner in deinem Video als Experte wahrgenommen. Seine Aussagen besitzen einen hohen Authentizitätswert. Er spricht Zuschauer direkt an und ist in seiner Wirkung überzeugender als die Stimme eines unsichtbaren Kommentators.

Interviews vorbereiten

Ein Interview soll dazu beitragen, deine (Video-)Geschichte überzeugend, spannend, interessant und glaubwürdig zu erzählen.

- Fragen nach dem Wunsch, sich als Junge als Rotkäppchen zu verkleiden, beantwortet die Kindergartenerzieherin im Interview überzeugend.
- Der Hundeführer einer Rettungshundestaffel hat bereits viele Nachteinsätze miterlebt und kann im Interview spannend darüber berichten.
- Wer hätte gedacht, wie kompliziert es in einer Kleinstadt ist, die Verkehrswende mit der Einführung eines Lastenfahrradverleihs zu unterstützen? Das Interview mit einem Mitarbeiter erlaubt einen interessanten Blick hinter die Kulissen der Arbeit einer Stadtverwaltung.
- Remo ist kein brillanter Redner. Die Berufsausbildung zum Zimmermann in dieser Bildungseinrichtung erlebte er als Chance für seinen Berufsstart. Im Interview schmückt er nichts aus, spricht glaubwürdig über seine berufliche Entwicklung, den Job in Norwegen und den Aufbau von Häusern unter schwierigsten Bedingungen.

Am Beginn der Vorbereitung steht die Frage nach der konkreten Funktion des Interviews beim Erzählen der Videogeschichte.

- Soll der Interviewte Fakten zum Thema bestätigen, untermauern oder plastischer darstellen?
- Ist der Interviewpartner in der Sache eine bedeutende Autorität, sodass dessen Wort über jedem Zweifel steht?
- Kann der Interviewpartner neue Fakten, überraschende Aspekte und/oder ungewohnte Sichtweisen ins Spiel bringen?
- Ist es die Funktion des Interviewten, Kritisches zum Thema anzusprechen, zu zweifeln oder zu mahnen?

Wenn die inhaltliche Richtung des geplanten Interviews deutlich umrissen ist, formuliere konkrete Fragen, die während des Interviews nach einer Antwort verlangen. Diese Fragen, natürlich auf einem Blatt Papier, bilden das spätere Gesprächsgerüst. Als Neuling bei der Führung von Interviews kann es sehr hilfreich sein, die zu stellenden Fragen schriftlich auszuformulieren.

- Der Vorteil: Du kommst nicht so einfach aus dem Tritt, falls der Interviewpartner dich in ein (vom Thema abweichendes) Gespräch verwickelt. Du behältst das Heft des Fragens in der Hand!
- Der Nachteil: Die Flexibilität, auf Antworten direkt mit nicht geplanten Fragen zu reagieren und selber vom ursprünglichen Konzept abzuweichen, ist deutlich eingeschränkt.

Jeder Interviewpartner ist dankbar, wenn:

- Antworten vom Interviewer nicht vorgegeben werden
- Antworten nicht auswendig gelernt werden müssen

Beides ist schlechter Stil. Zuschauer bemerken solche »Tricks« schnell und reagieren darauf – zu Recht – mit eisiger Ablehnung und Verachtung.

Gesprächsführung

Deine Interviewpartner werden häufig keine Profis darin sein, das erste Mal vor einer Kamera zu sitzen, um Fragen zu beantworten. Verwickle sie in ein Gespräch und stelle dabei deine Fragen. Mit dieser Interviewtechnik »kitzelst« du Antworten aus deinem Gegenüber, die du beim sturen Abarbeiten eines Fragespiegels nicht bekommst. Aus einem solchen lockeren Gespräch die für das Video passenden Antworten herauszuschneiden, ist eine mühsame Angelegenheit.

Es gibt Interviewpartner, die kommen bei einem Gespräch so richtig ins Erzählen. Das nervt? Lass sie, unterbrich sie nicht! Auch wenn es schwierig ist, aus langen Monologen die Antworten später mit dem Programm herauszuschneiden. Manchmal hilft es auch, die Frage(n) noch einmal zu stellen und zu hoffen, dass die erneute Antwort weniger »eingepackt« ist.

Nicht jeder Interviewer möchte im fertigen Video zu sehen oder zu hören sein. Ansonsten entstehen nicht verarbeitbare Gesprächsfetzen, deren weitere Verwendung praktisch unmöglich ist. Der Befragte muss in seiner Antwort auf die ihm gestellte Frage direkt eingehen:

Beispiel: Frage nicht in Antwort berücksichtigt

Interviewer: »Sind Sie zufrieden mit dem neuen Produkt Ihres Unternehmens?«

Interviewter: »Ja.«

Die Antwort »Ja« lässt keinen Schluss auf die Frage nach dem Produkt zu. Die Antwort ist unbrauchbar.

Beispiel: Frage in Antwort

Interviewer: »Sind Sie zufrieden mit dem neuen Produkt Ihres Unternehmens?«

Interviewter: »Das neue Produkt unseres Unternehmens ist eine echte Innovationsgranate und wir sind sehr stolz darauf.«

Diese Antwort ist auch ohne die unhörbare Frage verwendbar.

Unerfahrenen Interviewpartnern fehlt es an Erfahrung, vor der Kamera natürlich zu erscheinen. Bei ihnen besteht die Gefahr, dass sie es bei ihrem »Auftritt« vor der Kamera besonders »gut« meinen und genau deshalb bei Wort und Gestik unnatürlich wirken.

Solche Reaktionen sind sehr menschlich. Versuche, sie bereits bei der Vorbereitung abzumildern und eine gute Atmosphäre zu schaffen.

Wenn der Interviewpartner direkt in die Kamera sieht, hat der Zuschauer das Gefühl, direkt angesprochen zu werden. Das kann sehr persönlich wirken, aber auch aufdringlich.

Interviews – sagen mehr als Worte

Gänzlich ungeeignete Einstellungsgrößen (*Seite 59*) für Interviews gibt es kaum. Die Totale könnte dazu gezählt werden, auch Detail-Aufnahmen sind bei Interviews eher selten. Unbedingt geeignete Formate sind Halbnah-, Nah-

und Groß-Einstellung. Füllt der Interviewte das Bild, sollte er (möglichst) in die offene Bildseite hinein sehen.

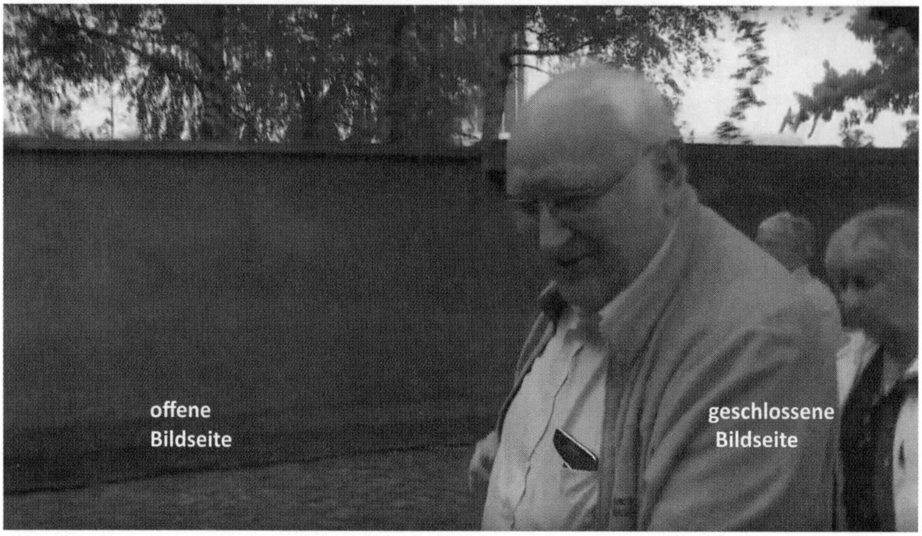

Abb. 7.1: Interview – Blick von der geschlossenen in die offene Bildseite

Auch bei Interviews gilt: Was soll erzählt werden und wie?

Keine Nachrichtensendung vergeht ohne Interview mit einem Minister, einem bekannten Sportler oder einem irgendwie betroffenen Bürger. Kurz und knapp geht es dabei zu. Die pure Information steht im Vordergrund und häufig sitzt Zeitdruck den Drehteams im Nacken. Du aber wirst dir Zeit nehmen für deine Interviewpartner. Suche daher für das bevorstehende Gespräch einen Drehort, der ungestörtes Arbeiten ermöglicht und die Chance bietet, die Location zum Baustein deiner Geschichte zu machen.

Lass eine Erzieherin nicht in einem sterilen Büro Fragen über frühkindliche Entwicklung beantworten. Ein Gruppenraum, spielende Kinder im Hintergrund, das ist ihre gewohnte Umgebung. Hier fühlt sie sich wohl und kann entspannt Fragen beantworten.

Ob eine von dir interviewte Person sitzt, steht oder läuft, ist gleichgültig. Hauptsache, du bleibst mit ihr in engem Kontakt. Unwichtig ist auch, ob du im Bild zu sehen bist. Viele Interviews werden ohne sichtbaren Interviewer gedreht. Hauptsache, der enge Kontakt zu deinem Gegenüber geht nicht verloren.

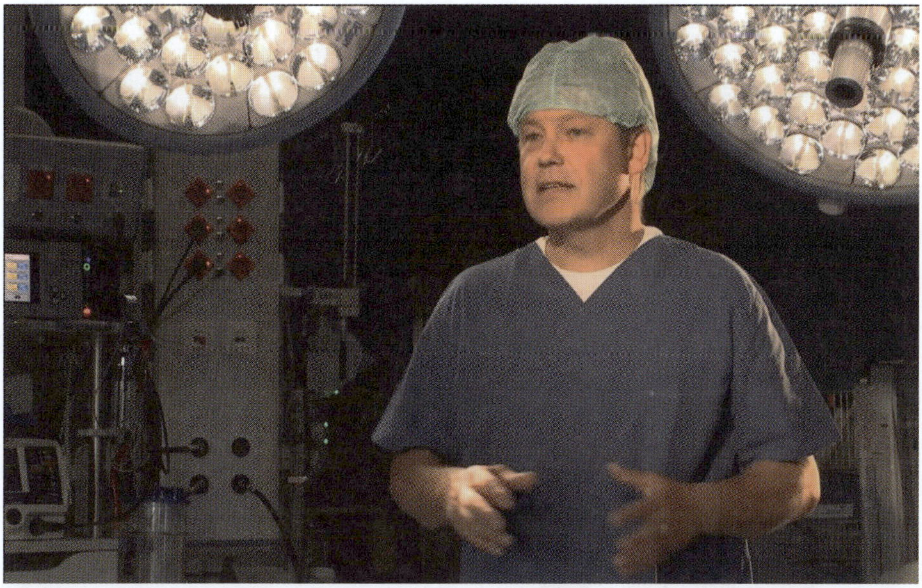

Abb. 7.2: Interview in gewohntem Umfeld 1 – Chirurg im OP

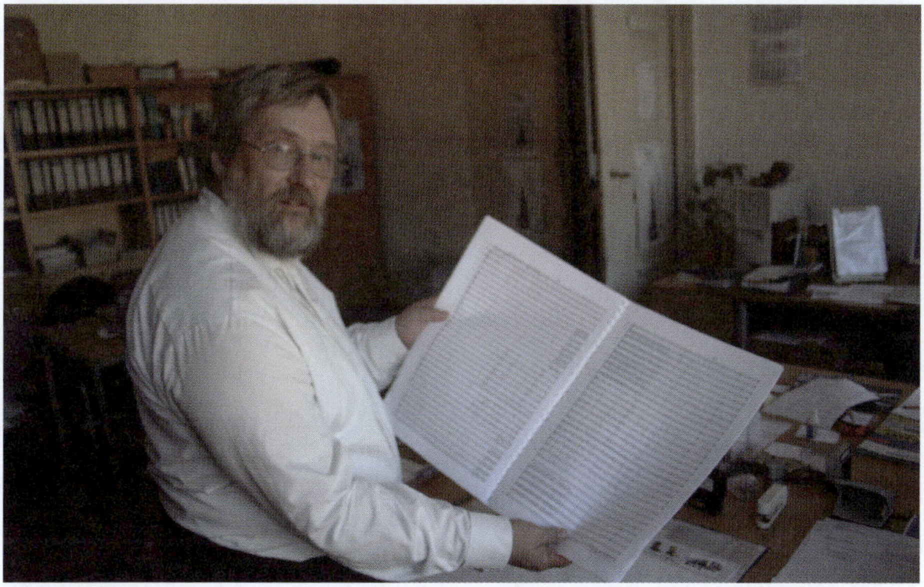

Abb. 7.3: Interview in gewohntem Umfeld 2 – Komponist mit Partitur

Platzierst du den Interviewpartner in einer für ihn typischen Umgebung, vermittelt das – wortlos – etwas über ihn.

Der Zuschauer »erlebt« die häusliche Umgebung, fiebert gespannt in der Umkleide des Fußballklubs auf das anstehende Spiel oder lernt die Arbeitsstelle kennen.

Mobil und beweglich

Mit der Aufnahmequalität der Gespräche bist du zufrieden, solange sich der Gesprächspartner in deiner unmittelbaren Nähe befindet und Umgebungsgeräusche das Gespräch nicht beeinträchtigen.

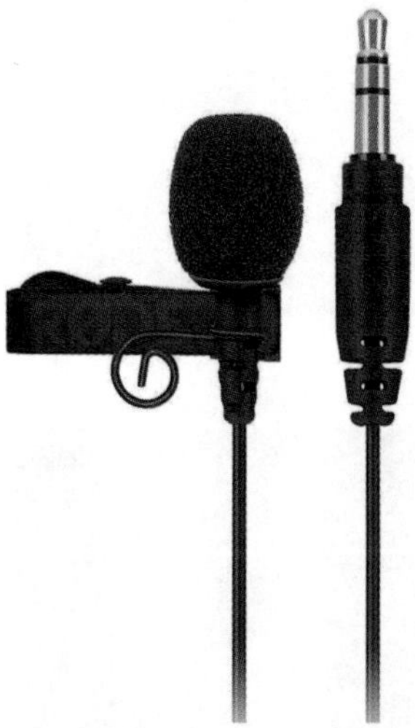

Abb. 7.4: Mikrofon extern – RØDE Lavalier

Der Wunsch nach Bewegungsfreiheit bei der Bildgestaltung bei gleichbleibend gutem Ton bringt dich auf den Gedanken, den Gesprächspartner über ein externes Mikrofon aufzunehmen.

Bei Videomachern sind sie sehr beliebt: Lavalier-Mikrofone. Einfach anzuschließen, im Bild kaum zu sehen und per Clip sicher an der Kleidung zu befestigen, sorgen sie für einen sehr guten Ton.

Der Anschluss per Kabel – die gibt es bis zu mehreren Metern Länge – ist bei Android-Smartphones direkt an der 3,5-mm-Buchse und bei einem iPhone ab Version 7 über einen entsprechenden Adapter möglich.

Wenn die Länge des Kabels nicht ausreicht oder als latente Stolperfalle empfunden wird, lohnt bei regelmäßigem Einsatz und vorhandenem Budget die Anschaffung einer drahtlosen Lösung.

Zur Grundausrüstung der drahtlosen Übertragung braucht es außer dem Mikrofon einen Sender und einen Empfänger. Für die Übertragung wird das Mikrofon an einen Sender angeschlossen.

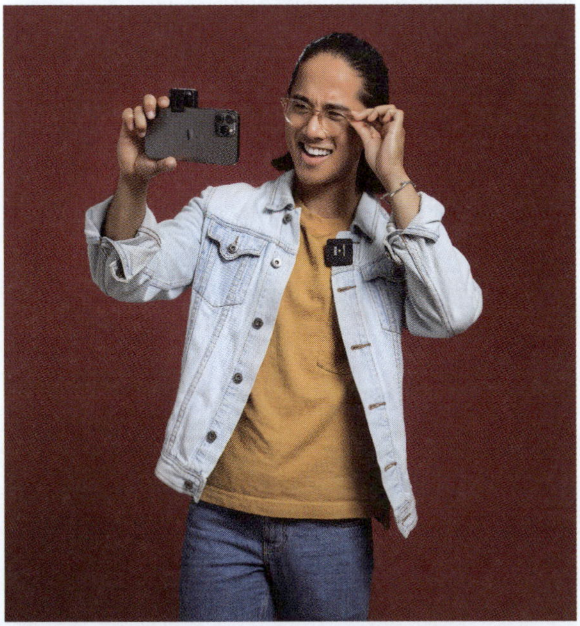

Abb. 7.5: Funkmikrofon – RØDE Wireless GO II

Dieser funkt das Signal zu einem Empfänger. Von dort wird es per Kabel zum Smartphone weitergeleitet.

Sollen später beide Gesprächspartner drahtlos übertragen werden, reicht zur Erweiterung ein zusätzlicher Sender. Die Reichweite von Sender zu Empfänger beträgt je nach Modell und bei freier Sicht 100 bis 200 Meter. Die Qualität der Übertragung wird auch höchsten Anforderungen gerecht.

Tricks und Tipps für Interviews

- Sei pünktlich vor Ort und bereite das Interview komplett vor: Technik aufbauen, Bild, Ton und Licht ausprobieren.
- Setze ein Double für die Vorbereitung ein. Bild-, Ton- und Lichteinstellungen kannst du so in Ruhe vorbereiten.
- Eine zweite Kamera zeichnet einen anderen Ausschnitt der Szene auf. Das vereinfacht später Schnitte.

- Hat die zweite Kamera eine 4K-Auflösung und wird in der Timeline (im Projekt, mit HD, also 1920 x 1080) gearbeitet, kann man nachträglich ohne Qualitätsverluste in das Bild der 4K-Kamera hineinzoomen.
- Sprich ruhig und entspannt mit dem Interviewpartner.
- Ein nettes Gespräch über »das Wetter, die Anreise und anderes Belangloses« sorgt für eine gewisse Normalität.
- Nie Schnittbilder vergessen: Aufnahmen des Raums, Hände des Interviewten, Requisiten aus dem Umfeld (Bücher, Werkzeuge, Arbeitsgeräte) können später genutzt werden, um Audioschnitte optisch zu »verstecken«.
- Wenn der Partner zum Interview erscheint, wird er bemerken, wie vorbildlich du vorbereitet bist. Er wird dich ernst nehmen und das Interview wird erfolgreich.

Kapitel 8

Kommentar

Der Interviewpartner ist im Video zu sehen, dagegen bekommt kein Zuschauer je Sprecher von Kommentaren zu Gesicht. Persönliche Vorlieben – gute oder nicht so gute – spielen beim Kommentar eine deutlich geringere Rolle. Dennoch ist der Text aus dem Off in seiner Bedeutung für ein Video nicht zu unterschätzen.

Einem Interviewpartner im Video verzeiht der Zuschauer Aussagen, die sich nicht mit den eigenen Ansichten decken. Vielleicht deshalb, weil die Stimme des Interviewten sympathisch »rüberkommt«.

Diese Toleranzschwelle ist bei Kommentaren deutlich geringer. Im Video eingesetzt wirkt er distanzierter, unpersönlicher und objektiver.

Weshalb Kommentare?

Kommentare zu schreiben, sie aufzunehmen und gut in das Video einzubauen, bedeutet viel Arbeit. Weshalb verzichten Videos selten auf die unsichtbare Stimme?

Sie darf kritische Fragen zum Thema aufwerfen und Antworten darauf geben, ergänzende Informationen und tiefer liegende Zusammenhänge aufzeigen. Doch nicht allein Kritisches ist ihr erlaubt.

Der Kommentar darf ein Thema von Grund auf infrage stellen oder satirisch beleuchten.

Kommentare können in einem Video wie eine (sichtbare) Person agieren, den dramatischen Aufbau eines Videos unterstützen oder überhaupt erst ermöglichen.

Kommentare vorbereiten

Die Vorbereitung von Kommentaren gehört zu den frühen Aufgaben der Videoplanung. Nicht Wort für Wort, aber mit ihrer grundsätzlichen Aussage und der geschätzten Länge. Sie entstehen – meist in einer stillen Stunde am Schreibtisch – unabhängig und außerhalb der normalen Dreharbeiten.

Zuerst wird festgelegt, welche Rolle der Sprecher mit seinem Kommentar im Video spielt. Ist er der alles wissende und zudem geduldige Erklärer komplizierter Sachverhalte? Ein kritischer Beobachter oder gar Mahner, ausgestattet mit wertvollem Hintergrundwissen? Vielleicht ist er ein lustiger Kauz, der ein Thema mit einem Schmunzeln auf die Schippe nimmt?

Es ist vorteilhaft, bereits während des Entwurfs zu bedenken, welche Videos, Fotos oder Grafiken über den Bildschirm flimmern, während der Kommentar zu hören ist.

So könntest du Fotos aus früher Kindheit von Nachbarn beschaffen, Bilddokumente der Betriebsgründung, zufällige Schnappschüsse von der Grundsteinlegung des Kindergartens im Neubaugebiet, der Einschulung, dem sommerlichen Badevergnügen. Oder historische Aufnahmen der Stadt, ehrenamtlich vom Chronisten des Dorfes verwaltet. In den Archiven von Stadtverwaltungen und Betrieben lagern nicht gehobene und seltene Schätze der Vergangenheit. Material, das Filmklubs auf 8- oder 16-mm drehten und das Jahrzehnte später historische Bilder zu einem Kommentar über »Früher« liefert. Jeder dieser Wünsche ist mit zeitintensiver Sucharbeit verbunden und mit der medienfähigen Aufbereitung des historischen Materials für dein Video.

Endgültig festgelegt wird der Kommentar nach dem Videoschnitt. Die genaue Länge der zu kommentierenden Abschnitte lässt sich durch Ablesen des Timecodes in der Timeline bildgenau festlegen.

Während des Schreibens sollte häufiges Kontrolllesen auf dem Programm stehen. Dabei laut, deutlich, mit Pausen und im gewünschten Tempo sprechen. So behältst du die Kontrolle über die tatsächliche Länge des Sprechertextes. Unangenehme und zeitaufwendige Schnittkorrekturen am Video, die durch zu kurze oder zu lange Kommentare erforderlich sind, lassen sich so vermeiden.

Kommentar gestalten

Erzähle mit dem Kommentar Inhalte deiner Geschichte, für die keine Videoaufnahmen existieren.

Entstehen soll ein Hochzeitsvideo. Es fehlen Aufnahmen aus der frühen Kindheit des Bräutigams. In einem Schuhkarton finden sich leicht vergilbte Schwarz-Weiß-Fotos, geeignet zum Einbau in das Video. Fehlende Informationen über das frühkindliche Leben des jetzigen Bräutigams kann ein Kommentar beisteuern.

- Kurze und einfache Sätze sorgen für verständliche Kommentare.
- Formuliere klar und unkompliziert.

Die erste Variante eines Textes:

Es war das Jahr der Wende, als der kleine Klaus das Licht der Welt erblickte. In seinem Heimatort, dem kleinen, fast 750 Jahre alten Städtchen am Rande des Harzes, änderte sich vieles.

Das muss der Zuschauer beim Hören des Kommentars überlegen und verarbeiten.

- In welchem Jahr war die Wende?
- Kleine Stadt am Rand des Harzes – Quedlinburg, Blankenburg, Wernigerode, Goslar, Braunlage?
- Welcher der genannten Orte ist fast 750 Jahre alt?
- Vieles änderte sich, also war es offenbar eine Stadt im Ostharz.

Fragen über Fragen, während das Video unerbittlich weiterläuft. Ständig muss der Zuschauer nachdenken. Der Frust bei ihm ist garantiert.

Die zweite Variante des Textes:

Im Jahr 1989 erblickte der kleine Klaus in Wernigerode das Licht der Welt. Es war das Jahr der Wende. Viele Veränderungen kündigten sich an, auch in dem fast 750 Jahre alten Harzstädtchen.

Hören und sofort verstehen. Die einfachen Sätze bieten dem Zuschauer keine Chance zum Ausstieg. Das Video nimmt ihn gefangen.

- Auch wenn es viel Mitteilenswertes gibt, müssen Pausen im Kommentar eingebaut werden. Um das Gehörte zu verstehen und darüber nachdenken zu können, braucht jeder Zuschauer eine wenig Zeit. Während das Video läuft, hat er keine zweite Chance, den Kommentar zu verfolgen. Nachfragen oder zurückspulen, um zu wiederholen, können Zuschauer, wenn sie ein Video einsam und allein am Computer oder mit einem

Smartphone bei YouTube oder einem anderen Portal betrachten. Inmitten einer Gruppe geht das nicht ohne allgemeine Zustimmung.

Bestimmt würde es dir nicht gefallen, wenn der mühsam geschriebene Kommentar wirkungslos an deinen Zuschauern vorübergeht.

Häufige Kommentarfehler

Kommentarfehler zählen bei der Herstellung von Videos (leider) zu den Spitzenreitern. Die meisten lassen sich mit Aufmerksamkeit und etwas Mühe leicht vermeiden:

- Schachtelsätze sind ebenso Gift für Kommentare wie Fachbegriffe und Fremdworte.
- Spare mit Zahlen – es sei denn, sie sind von einzigartiger Bedeutung.
- Der häufigste aller Kommentarfehler ist das verbale Illustrieren der Bilder, die gerade auf dem Bildschirm zu sehen sind.

Der Kommentarsprecher

Bei keinem der Bausteine für ein Video ist ein Honorar so gut angelegt wie für einen professionellen Sprecher. Entfesselte Kameras mit wackelnden Bildern sind bestimmt sehr schlimm. Ein laienhaft klingender Sprecher ist unentschuldbar. Dieses Urteil mag hart klingen und dem Anliegen dieses Buches widersprechen.

Jedem Videomacher rate ich dringend, einmal den Kommentar zu seinem Video von einem Profi einsprechen zu lassen. Er wird es nie wieder anders wollen. Der Gewinn für das produzierte Video ist enorm.

Zu erklären ist diese Beobachtung damit, dass unsere (Fern-)Sehgewohnheiten in erheblichen Maßen durch den TV-Konsum geprägt sind. Für Bilder aus Krisen- oder Kriegsgebieten mit mangelhafter Qualität gibt es nachvollziehbare Gründe. Berichterstatter, Nachrichtenredakteure oder Kommentatoren, die ihr Sprechhandwerk nicht beherrschen, sind mir auf dem heimischen Bildschirm noch nicht zu Ohren gekommen.

Auch für Sprechprofis, die dein Videobudget nicht sprengen, gibt es Lösungen. Der eine oder andere Schauspieler aus dem nahe gelegenen Theater ist sicher gern bereit, einem engagierten Videofilmer seine Stimme zu leihen.

Oft reicht ein ausgiebiges Kaffeetrinken als Entlohnung, bei größeren Projekten ein moderates Honorar.

In Laien- oder Studententheatern schlummern unentdeckte, oft sehr hilfsbereite und an Videoarbeit interessierte Talente, die auf einen kleinen Sprecheinsatz warten. Auch Mitglieder aus Rezitatorenzirkeln, Theologen, manchmal Pädagogen sind der Sprache und des Sprechens mächtig und sollten angefragt werden.

Im Video steht der Kommentar über den Dingen, er darf fast alles.

Kapitel 9

Auditives

Audio fürs Video

In den Gründerjahren der bewegten Bilder sorgten stumme, aber sehr ausdrucksstarke Filme für gut gefüllte Spielstätten. Die ersten Töne zum Film entstanden als speziell komponierte Filmmusiken. Gespielt zu den Vorstellungen von Live-Orchestern mit der üppigen Besetzung von 50 bis 60 Musikern. Die damit verbundenen nicht unerheblichen Kosten sowie der Publikumswunsch, die Filmstars der ersten Stunden auch hören zu können, haben die technische Entwicklung des Tonfilms positiv vorangebracht.

Undenkbar seit dieser Entwicklung: ein Video ohne Ton. Da verwundert es auch nicht, dass selbst einfache Aufnahmegeräte und in Handys integrierte Kameras mit bester Audioqualität aufwarten. Die technischen Parameter entsprechen – leicht vereinfacht – denen einer Audio-CD oder vergleichbarer digitaler Angebote in diversen Musikportalen.

Audio-Quellen

Auditive Quellen für Videos sind ebenso grenzenlos wie dein Aktionsradius mit der Kamera:

- Originaltöne parallel zu den Videoaufnahmen (Räumen, Außenbereich, Natur)
- Videoaufnahmen einzelner, sprechender Personen in Alltagssituationen (häusliches Umfeld, Arbeit, im Freien)
- Interviews mit ein oder zwei interviewten Personen
- Spezielle Geräusche (Glocken, Tiere, Stadt, Dorf, Strand usw.)
- Musik

Nutze die akustischen Bausteine zum Erzählen deiner Geschichte.

O-Töne und Atmos

Videoszenen sind auch durch akustische Informationen charakterisiert. Als Original-Ton (O-Ton) machen sie Videos glaubhaft, lebendig und nehmen den Zuschauer (auch) akustisch mit an den Ort des Geschehens. Sie entstehen – normalerweise – zeitgleich mit den Videoaufnahmen. Bei jeder Videoaufnahme entsteht automatisch ein O-Ton. Das Interview mit dem Bergwart, Beobachtungen am Arbeitsplatz, spielende Kinder am Strand, jede Art akustischen Geschehens wird vom Mikrofon der Kamera erfasst und aufgezeichnet. Ob diese O-Töne tatsächlich im fertigen Video Verwendung finden, ist von einer Reihe Faktoren abhängig.

Bereits leichte Nebengeräusche beeinflussen die Sprachverständlichkeit. Da kann es erforderlich sein, ein Interview, bei dem es auf jedes Wort ankommt, nicht im Freien, sondern im geschlossenen Raum zu drehen. Bei Videoaufnahmen von sprechenden Menschen in großen Räumen kann die lange Nachhallzeit – fälschlich auch als gute Akustik bezeichnet – zu erheblichen Verständlichkeitsproblemen führen. Dagegen hilft nur, den Abstand zwischen sprechenden Personen und dem Mikrofon der Kamera zu verringern.

Verkehrslärm, Produktionsgeräusche oder Kinderlärm können verständliche Sprachaufnahmen völlig verhindern. Als Hintergrundgeräusch sind sie dennoch zu gebrauchen. Ihre Bezeichnung ist dann akustische Atmosphäre, auch Atmo genannt.

Sehr viele Lebens- und Alltagssituationen sind in der Erinnerung mit konkreten akustischen Informationen verknüpft: das pumpende Geräusch der Dampflok, ein Kind, das ballspielend die Fahrbahn betritt, und quietschende Bremsen, der prasselnde Regen an den Fensterscheiben.

Ist zu einer auf Video festgehaltenen Situation die Atmo aus der Erinnerung zu hören, bestätigt sich die Erwartungshaltung des Zuschauers. Das Gezeigte wirkt glaubhaft und überzeugend. Fehlt die erwartete akustische Information in einer Videoszene, kann das den Zuschauer verunsichern und verwirren oder dramaturgisch eine erhebliche Bedeutung haben.

- Bild: im Stadion wenige Minuten vor Spielbeginn. Das Bild zeigt besetzte Zuschauerbänke und ausgelassene Fußballfans. Die Mannschaften betreten den Rasen.

  O-Ton: plötzlich Stille. Schweigeminute unmittelbar vor Spielbeginn. Über die ruhige Atmo der voll besetzten Sportstätte verliest der Stadionsprecher einen Nachruf auf den verstorbenen Trainer der Fußballmannschaft.

Die einsetzende Ruhe im voll besetzten Stadion signalisiert dem Zuschauer des Videos auf akustische Weise etwas Unerwartetes.

Noch überraschender ist das Ergebnis, O-Töne gezielt zu verändern oder komplett auszutauschen. Inhaltlich lässt sich dabei die Aussage eines Videoclips ins Gegenteil verkehren:

- Bild: ein Waldweg. Die Sonne scheint durch die Baumwipfel, Tau glitzert. Eine Menschengruppe, bepackt mit Rucksäcken, wandert durch den Morgennebel.

  O-Ton-1: Produktionsgeräusche, Motorsägen, Rufe von Männern schallen durch den Wald, Forstarbeiter ausgerüstet mit schwerer Technik beseitigen schwere Sturmschäden.

Dieser Videoclip entsteht, wenn der Drehtermin mit einer Wandergruppe und Sturmschadenbeseitigung auf den gleichen Termin fallen. Das Ergebnis dieses unglücklichen Zusammentreffens wäre ein Videoclip mit tollen Bildern und nicht brauchbarem Ton.

Was tun? Klar, trotzdem drehen. Die Gruppe steht zum Absolvieren ihres Wanderprogramms mit Kamerabegleitung bereit. Um den störenden Forstlärm wird sich später gekümmert. Irgendwie kann man fehlende ...

Atmos und Geräusche – selber aufnehmen

Tage später. Die Aufräumarbeiten im Stadtforst sind abgeschlossen. Es ist wieder Ruhe im Wald eingekehrt. Nur mit dem Smartphone ausgerüstet und ohne Drehabsicht gehst du in (irgendeinen) Wald auf Atmo-Suche.

Zu den bereits vorhandenen Video-Aufnahmen:

- Bild abgedreht: ein Waldweg. Die Sonne scheint durch die Baumwipfel, Tau glitzert. Eine Menschengruppe, bepackt mit Rucksäcken, wandert durch den Morgennebel.

  Zusätzlich zum Video-Clip nimmst du diesen Ton auf:

  O-Ton-2: Wohlfühlstille im Wald, Vögel zwitschern, die Schritte der Menschen auf dem Waldboden sind vernehmbar, gelegentlich Knacken brechender Zweige unter den Füßen der Wanderer.

Für diese (Ton-)Aufnahme ist die Video-App durchaus geeignet. Mit dem Programm Kdenlive übernimmst du später nur die Audiospur in die Timeline (*Material übernehmen* auf Seite 110).

Mit der anwesenden Wandergruppe wäre die Atmo ein O-Ton und als Nebenprodukt zu den Videoaufnahmen entstanden. Allein im Wald und ohne Wandergruppe zerlegst du die Komponenten der Atmo und setzt sie später beim Schnitt wieder zusammen.

- Wohlfühlstille im Wald

  Halte das Mikrofon des Aufnahmegeräts über deinen Kopf und starte die Aufnahme, zwei Minuten sind ausreichend.

- Vogelzwitschern

  Mit etwas Pech musst du darauf warten und sehr vorsichtig in die Nähe der zwitschernden Vögel schleichen, dann ruhig stehen bleiben und die Aufnahme starten.

  Sind sämtliche Vögel bereits in den Süden gezogen, hilft vielleicht der Besuch des nahe gelegenen Tierparks oder Vogelgeheges. Sollte auch dieser Versuch scheitern, bleibt noch die Tonkonserve: Die Stimmen vieler Vögel und auch andere Geräusche finden sich im Internet [13, 14, Rechte beachten].

- Schritte auf Waldboden

  Diesmal wird das Aufnahmegerät in Richtung Füße auf dem Waldboden gehalten und gestartet. Mal auf trockenem Laub, festem Waldboden oder matschigem Untergrund laufen, das bringt später akustische Abwechslung in das Video. Aufnahme starten und 20 bis 30 Sekunden laufen lassen.

- Knackende, brechende Zweige beim Wandern

  Diese Punktgeräusche zu erzeugen, klappt auch zu Hause am Küchentisch. Zweige aus dem Garten oder hölzerne Schaschlikspieße mit etwas Abstand vor dem Aufnahmegerät zerbrechen, schafft die gewünschte akustische Illusion.

In den 4, 5, 6 ... Spuren des Schnittprogramms für Atmos und Geräusche vereinst du diese akustischen Bausteine mit dem Videoclip – und wirst über die Wirkung sehr staunen.

Kein Laut im Video erinnert an die störenden Forstarbeiten während des Drehs. Kein Zuschauer bemerkt die nachträgliche »Gestaltung« der Wald-Atmo. Keine Frage, ob das Ergebnis den Aufwand rechtfertig. Vielleicht ist die aufwendig bearbeitete Atmo Teil eines Videos über ein interessantes touristisches Wander-Angebot?

Alternativ – die Audio-App

Für reine Audioaufnahmen können wir auf die Video-App verzichten. Das spart viel Speicherplatz auf dem Smartphone. Kleinere Audio-Dateien sind einfach (per E-Mail) zu transportieren oder vom Smartphone über eine Cloud bis zum Schnittrechner zu transportieren.

Audio-Apps gehören bei jedem modernen Smartphone zur Grundausstattung. Je nach Hersteller heißen sie »Sprachmemos« (iPhone) oder »Diktiergerät« (Samsung A13). Sollte das eigene Smartphone nicht über eine Audio-App verfügen, finden sich im Play Store und App-Store reichliche und auch kostenlose Angebote.

Einige der Apps erlauben das Schneiden und Bearbeiten der Aufnahmen bereits auf dem Smartphone. Von Videomachern wird die wesentlich bequemere Audiobearbeitung am heimischen Computer mit Maus, Tastatur und Monitor eher bevorzugt. Zumal das Schnittprogramm alle für das Projekt vorgesehenen Video- und Audiospuren zusammenführt und – bei Bedarf – umfangreiche Bearbeitungsmöglichkeiten bereithält.

Smartphone 2 – mit Audio-App

Wird während eines Interviews der Abstand zwischen Kamera und interviewter Person vergrößert (verändert), kann die Sprachverständlichkeit erheblich leiden. Profiteams arbeiten in solchen Situationen mit zwei (nicht ganz preiswerten Lavalier- oder Richt-)Mikrofonen und platzieren diese möglichst nah an / bei den Beteiligten des Interviews. Beide Mikrofone sind per Kabel oder drahtlos mit der Kamera verbunden. Technisch ist diese Arbeitsweise äußerst elegant und die Qualität der Tonaufnahme sehr hochwertig.

Geht das auch ohne Funkmikros?

Ja, die Aufgabe ist lösbar, mit einem zweiten Smartphone. Das sollte in jeder lebenspartnerschaftlichen Gemeinschaft aufzutreiben sein – nur leihweise selbstverständlich. Auf diesem 2. Gerät muss ebenfalls eine Audio-App installiert sein. Smartphone zwei, nachfolgend Sp2 genannt, platzierst du möglichst unsichtbar und in unmittelbarer Nähe des Interviewpartners. Unabhängig vom Standort der Smartphone-Kamera (Sp1) zeichnet Sp2 die Antworten auf, mit immer gleichbleibender Tonqualität. Später übernimmt das Schnittprogramm die Audiodaten von Sp2 in die Audiospur 2.

Neben der akustischen Kontrolle gibt es eine weitere Möglichkeit, Audioaufzeichnungen zu beurteilen: die grafische Darstellung in Wellenform.

Die Wellenformdarstellung

Schnittprogramme bieten diese Möglichkeit in der Timeline. Die etwas »ausgefranst« wirkende Darstellung der Audiodaten hat zu akustischen Parametern einiges zu bieten:

- Lautstärke

  Sehr flache Wellenberge deuten auf (zu) leise Aufnahmen hin. Eventuell hilft das Nachbearbeiten der Lautstärke im Schnittprogramm.

- Übersteuerung

  Gibt es in der Ton-Übertragungskette eine Übersteuerung des Audiosignals, sind die Wellenberge im oberen Bereich wie abgeschnitten. Bei der akustischen Kontrolle hören wir dann starke Verzerrungen. Solche Aufnahmen sind unbrauchbar und daher zu löschen!

  Bevor neue Tonaufnahmen stattfinden, sollte unbedingt die Ursache der Übersteuerung ausfindig gemacht und beseitigt werden (sonst kannst du die nächsten Aufnahmen auch löschen).

- Dynamik

  Tiefe Wellentäler und hohe Wellenberge wechseln sehr häufig. Das ist charakteristisch für gut verständliche Sprachaufnahmen.

  Falls nur wenige Spitzen der Wellenberge aus einem ansonsten geschlossenen Wellental herausragen, hast du es meist mit Musikaufnahmen, Flächengeräuschen (Stadt-Atmo) oder schlecht verständlichen Sprachaufnahmen zu tun.

Folgt der optischen eine akustische Kontrolle des Audiosignals, bestätigt sich meist der Anfangsverdacht. Das eher geschlossene Wellental der oberen Audioaufzeichnung (*Abb. 9.1*), es entstand mit der Smartphone-Kamera, besteht vorrangig aus einer geschlossenen Umgebungsgeräuschkulisse. Nur wenige Wellenberge der Sprache können sich durchsetzen. Die Sprachverständlichkeit ist erheblich vermindert.

Bei der unteren Spur ist der Wechsel von Wellenbergen – laut – und Wellentälern – leise – sehr viel ausgeprägter. Diese Aufnahme zeichnete das Sp2 in unmittelbarer Nähe des Interviewpartners auf. Der Einfluss störender Umgebungsgeräusche ist erheblich geringer, die Sprachverständlichkeit deutlich besser.

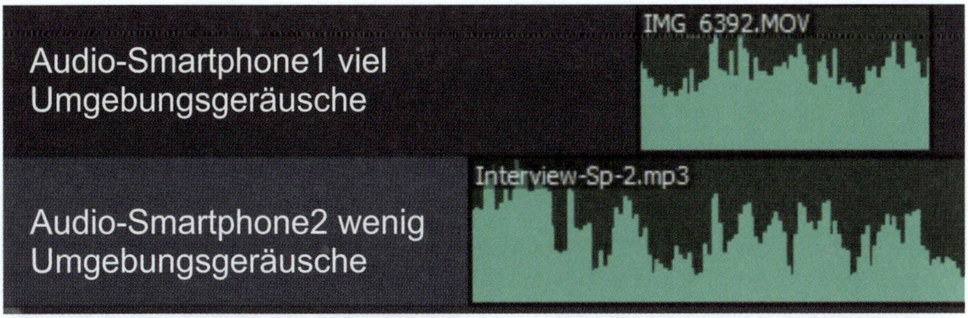

Abb. 9.1: Interviewton – (oben) wenig und (unten) gut verständlich

Einen Teil der Aufgabe konntest du mit einem zweiten Smartphone lösen. Du verfügst nun über Interview-Clips mit Videoaufnahmen aus verschiedenen Perspektiven (von Sp1) sowie gut verständlichen Antworten (von Sp2). Die Zuordnung der Audiodatei von Sp2 zu den Videoaufnahmen von Sp1 ist das nächste Ziel. Auch dabei ist die Wellenformdarstellung der Audiospuren äußerst hilfreich.

Audio synchronisieren

Die Audiodaten von Sp2 werden zur weiteren Verwendung auf den Schnittcomputer übertragen. Mit kleinen Dateien von wenigen Hundert Kilobyte klappt das per Mail, größere Dateien lassen sich per Cloud übertragen. In Kdenlive übernimmst du die Clips des Interviews (Sp1) und natürlich auch die Audio-Datei von Sp2 als Projektinhalt.

Platziere zuerst die Audiodatei von Sp2 in einer Audiospur der Timeline. Erst danach fügst du den Videoclip den Interviews – von Sp1 – in die Video/Audiospur der Timeline. Vermutlich sind Sp1 und Sp2 zu unterschiedlichen Zeitpunkten gestartet und müssen noch passgerecht übereinandergeschoben – synchronisiert – werden.

Die Differenz zwischen Start Smartphone Sp1 und Start Smartphone Sp2 musst du manuell ermitteln. Zur Orientierung dienen dabei markante Wellenberge und Wellentäler der beiden Audiospuren. Erst bei bildgenauer Übereinstimmung beider Audiospuren ist der Vorgang beendet. Videoclip (von Sp1) und Audioaufnahmen (von Sp2) sind jetzt synchron. Wird der Videoclip gemeinsam mit der zusätzlichen Audiospur abgespielt, dürfen keine Doppelungen oder echoartigen Effekte bei der Tonwiedergabe zu hören sein.

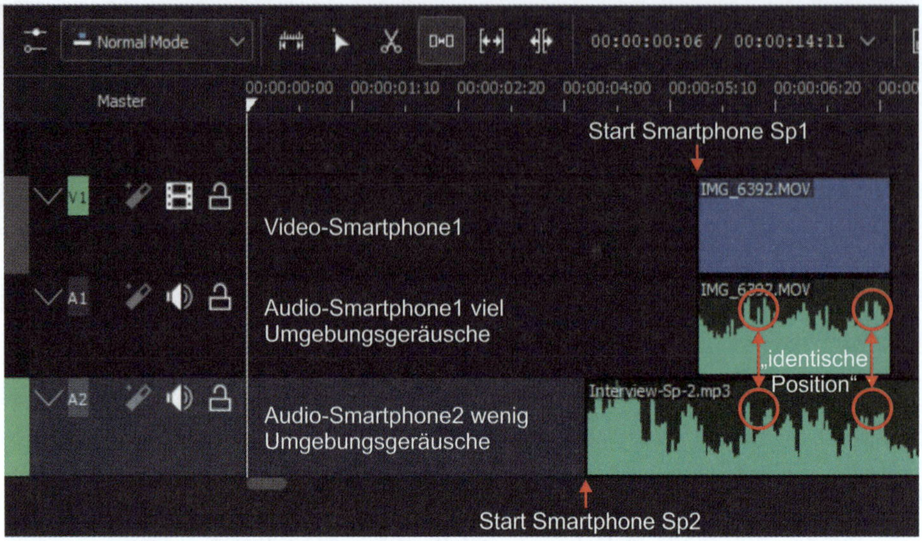

Abb. 9.2: Audiospuren synchronisieren – Markantes in beiden Spuren finden

Mit Fleiß und etwas Geduld ersetzt dieses – zugegeben sehr »manuelle« – Verfahren die Anschaffung kostspieligen Zubehörs. Denkbar ist die Erweiterung auf eine weitere Audioquelle. Dieses Verfahren funktioniert auch, wenn die Aufnahmen mit dem Smartphone Sp1 während des Interviews (mehrfach) unterbrochen wurden, um die Kameraposition zu verändern.

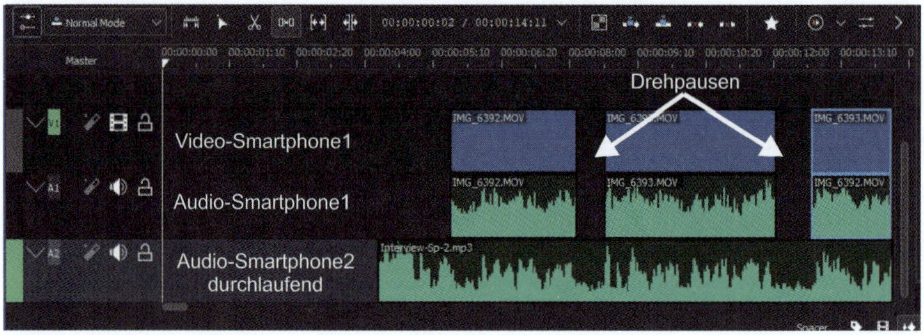

Abb. 9.3: Audiospuren synchronisieren – bei mehreren Starts von Sp1

Der Vorgang des manuellen Synchronisierens ist dann für JEDEN Start des Smartphones Sp1 erneut erforderlich.

Vergiss nicht, das geliehene Smartphone wieder zurückzugeben.

Atmos und Geräusche – online und free

Videomachern, deren Erfahrungen mit selbst produzierten Atmos und Geräuschen noch in den Kinderschuhen stecken, bietet Kdenlive eine bemerkenswerte Alternative. Ist der Schnittcomputer mit dem Internet verbunden, gibt es einen Onlinezugriff auf eine Vielzahl auditiver Quellen. Per Suchfunktion – nur in Englisch – findet sich Klingendes in vielen Richtungen, es wird auf Mausklick heruntergeladen und direkt in ein Videoprojekt übernommen. Kdenlive greift mit diesem Service auf die Ressourcen der Datenbank des Freesound-Projekts [16] zu.

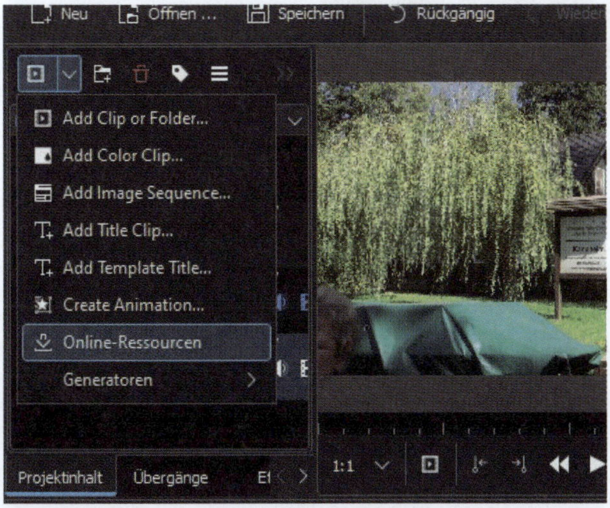

Abb. 9.4: Mediendatei – Online Ressourcen

Die Nutzung der gespeicherten Sound-Elemente ist frei (CC Sampling Plus License). Es wird dringend empfohlen, die Lizenzbedingungen – in Englisch – gründlich zu studieren, bevor Material von *freesound.org* genutzt wird. Um Zugriff auf die Online-Angebote zu bekommen, wählst du im Fenster PROJEKTINHALT den Eintrag ONLINE RESSOURCEN.

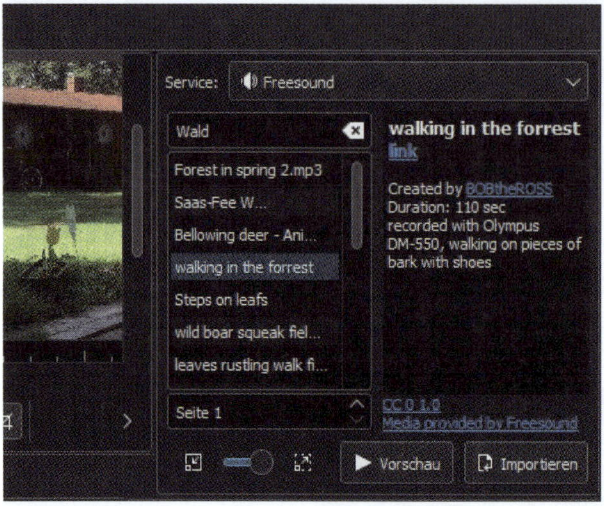

Abb. 9.5: Freesound – »walking in the forrest«

Das nachfolgende Auswählen von Online-Inhalten führt dich auf die Internetseite *freesound.org*.

Hier musst du einen Account anlegen, um Dateien herunterladen zu können. Im rechten Teil des Bildschirms FREESOUND.ORG auswählen und Suchbegriff eingeben. Die Suche nach dem (deutschen) Begriff *Wald* ergab eine reiche Soundausbeute.

Unter dem Titel »*walking in the forrest*« findet sich eine Atmo wie gewünscht (*Atmos und Geräusche – selber aufnehmen* auf Seite 145).

CREATED BY: gibt Hinweise zum Hersteller der Sounddatei sowie zur verwendeten Technik. Noch mehr Informationen finden sich in der Datenbank von *freesound.org*, die über den blau unterlegten Link erreichbar sind.

Mit dem Klick auf VORSCHAU ist in diesem Fall das Vorhören gemeint. Gefällt der Sound, kannst du ihn mit IMPORTIEREN in die Liste PROJEKTINHALT übernehmen und im Videoprojekt verwenden. Als Vorschaubild verwendet Kdenlive bei Audio-Dateien immer die Wellenform-Darstellung.

Die importierte »Wandern im Wald«-Datei hält selbst einer kritischen Beurteilung stand. Bei Soundwünschen für eigene Videos sollte dem Selbermachen immer eine gründliche Suche in dieser und anderen Soundbibliotheken vorausgehen.

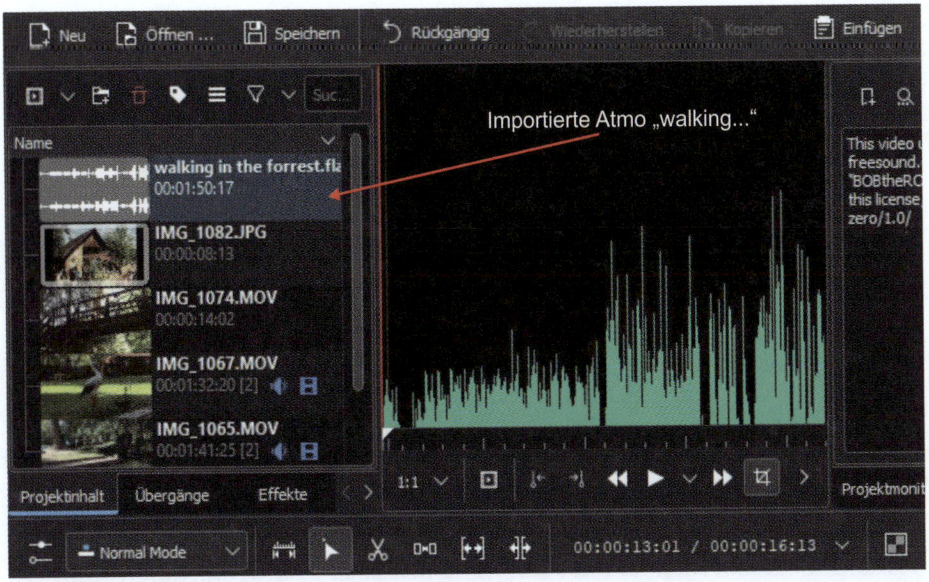

Abb. 9.6: Freesound – Sounddatei »walking in the forrest« importiert

Sprecheraufnahmen mit Handy

Aufnahmen von Interviews und Sprechertexte, ist das nicht sehr ähnlich? Oder wie unterscheiden sich die Aufnahmebedingungen? Im Gegensatz zu Interviews sind Umgebungsgeräusche bei Sprechertexten tabu. Ein Sprecher im Video ist nicht Teil einer Szene oder irgendeiner realen Umgebung, er ist häufig neutral und informiert aus dem Hintergrund. Eine akustische Umgebung in Form einer Atmo würde die Rolle des Sprechers verfälschen oder gar zerstören.

Diese Besonderheiten beeinflussen die Aufnahmen von Sprechertexten. Als Aufnahmegerät verwendest du das Smartphone. Für die Aufnahme ist auch hier eine Audio-App geeignet.

Tipps für die Umgebung und Aufnahme:

- Der Raum sollte geschlossen und frei von äußeren Störgeräuschen sein (Straßenlärm, Fahrstuhl, Fluggeräusche).
- Der Raum sollte wenig reflektierende Flächen haben.

  Das Wohnzimmer mit Polstermöbeln eignet sich besser als die leere Garage. So lässt sich die Gefahr von Nachhall vermeiden.
- Das Smartphone in Höhe des Kopfes positionieren, Stativ verwenden oder Bücher unterlegen

Das Smartphone 30 bis 40 cm vor dem Mund in leichter Schräglage platzieren.

- Bequeme Haltung des Sprechers ermöglichen

  Den ausgedruckten Text während des Sprechens ablegen. Das vermeidet störende Raschelgeräusche.

- Nach Versprechern kurze Pause einlegen und Satz/Absatz wiederholen. Das Smartphone nicht stoppen.

Probeaufnahmen können helfen, ungeeignete Räumlichkeiten als solche zu »entlarven« und die Aufstellung von Smartphone und Sprecher zu korrigieren.

Es hat sich bewährt, den gesamten Text einmal komplett aufzunehmen, gemeinsam mit dem Sprecher anzuhören und erst danach die Manöverkritik zu starten. Es ist (für den Sprecher) ein Unterschied, ob eine erneute Gesamtaufnahme erforderlich ist oder nur Teile des Textes zu wiederholen sind.

Musik im Video

Von den ersten Tönen auf der Blockflöte, gespielt von der Tochter, bis zur sinfonischen Begleitung deiner Videos reicht die Spannbreite musikalischer Gestaltungsmöglichkeiten. Sollen Band oder Orchester in deinen Videos erklingen, bist du an die Verwendung von Musikkonserven gebunden. Ein unvergessliches Zeitdokument der Blockflöte spielenden Tochter sollte mit Smartphonemitteln gelingen.

Musik funktionslos zu verwenden, macht sie zum Lückenfüller. Statt Lücken mit Musik zu »übermalen«, ist es besser, die Videomontage an dieser Stelle zu verbessern.

Über die dokumentierende Funktion hinaus kann Musik im Video wirkungsvolle Aufgaben übernehmen:

- Musik kann die Aussage von Einstellungen / Szenen begleiten.
  - Spielende Kinder begleitet von einer (bekannten) Kindermelodie vermitteln eine friedliche Atmosphäre.
  - Friedlich spielende Kinder begleitet von einer Bedrohung ausdrückenden Musik vermitteln »Vorsicht / Achtung – es passiert etwas Bedrohliches«. Hier wirkt Musik kontrapunktierend, das heißt, ihr Charakter steht im Gegensatz zum Inhalt des gezeigten Bildes.
- Musik kann verbinden.

  - Situations- und Szenenwechsel können durch Musik ebenso verbunden sein wie mit einer Videoblende.
- Musik kann beschreiben.
  - Jeder Auftritt des Bergwarts wird von einer Musik begleitet, wie sie als Blasmusik aus dem Alpengebiet vertraut ist. Da der Berg auf einer Ostseeinsel liegt und nur 18 m hoch ist, hat die Musik persiflierende Wirkung.
  - Ein Video zeigt eine Gruppe junger Leute bei der Arbeit. Sie schleifen kleine Bretter, leimen sie zusammen, setzen eine Grundplatte auf und bemalen die sechseckigen Bauwerke. Es sind Bienenhotels. Kein Sprecher erläutert oder kommentiert, wenige O-Töne sind zu hören, dazu die Musik »L'Abeille« (Die Biene). Das Stück (Violine und Klavier) von Franz Schubert dauert genau wie das Video 01:48 Minuten.
- Musik kann Emotionen unterstützen.
  - große Hektik – und flotte Musik
  - weite Landschaft – Orgel, Klassik Rock, Sinfonik, breite, getragene Klänge schaffen dem Zuschauer Zeit, die Bilder zu genießen.

Die wenigen Beispiele sollen vor allem Mut machen, mit Musik aller Genres im Video zu experimentieren. Die emotionale Wirkung einer Musik zu erkunden, sollte nicht mit dem eigenen Eindruck abgeschlossen sein. Freunde, Nachbarn, der Musiklehrer, der Kantor der nahe gelegenen Kirche – der Wirkung von Musik kann sich kaum ein Mensch entziehen.

Lass dir beschreiben (nicht erklären), weshalb eine bestimmte Kombination von Video und Musik gut ankommt. Mit der Zeit wirst du ein untrügliches Gespür für den Musikeinsatz in deinen Videos entwickeln und einen bemerkenswerten Hunger auf gute Musik entwickeln.

Rein technisch ist dieser mit einem Klick im Internet und dem Griff in die häusliche CD-Sammlung zu stillen. Wäre da nicht eine Menge Rechtliches zu bedenken. Auf dieses Problem geht das Kapitel *Ein Blick in das Urheberrecht* auf Seite 194 ein.

Es bleibt zu bedenken, dass musikalische Hits der Vergangenheit ebenso wie die der Gegenwart ihren Preis haben.

Zum Glück gibt es auch für diese missliche Situation Alternativen und Auswege. Auf Musik in deinen Videos musst du im Zeitalter medialer Vielfalt nicht verzichten. Denn es gibt ja:

Musik aus dem Netz

Zum Beginn des Kapitels konntest du die Vorzüge der Datenbank *freesound.org* kennen und schätzen lernen. Neben Tönen aus Wald und Flur findest du auch musikalische Soundschätze. Gib im Suchfeld den Begriff »*Music*« ein und schon wirst du mit mehreren Tausend Fundstellen belohnt. Musik, nicht nur von Bach oder den Beatles, dafür aber frei oder sehr günstig im Rahmen der jeweiligen Lizenzbedingungen. Quellen für freie Musik findest Du unter [17, 18, 19].

Haste Töne?

Als erfahrener Videomacher wirst du mit der Zeit, irgendwo auf der Festplatte, eine Sammlung von Audio-Mediendateien anlegen. Ein solches Archiv für Geräusche, O-Töne, Atmos und Musik wächst mit der Zeit zu einer stattlichen Quelle individueller auditiver Gestaltungsmittel.

Nur am Rande sei erwähnt, dass eine gute Struktur die Archivarbeit sowie gelegentlich auch die Zusammenarbeit und den Austausch mit anderen Videomachern erheblich vereinfachen kann.

Audio bei Kdenlive

Der Bedeutung des Tons im Video entsprechend ist Kdenlive mit einer Fülle leistungsstarker Audio-Funktionen ausgestattet. Bevor Audio-Daten in Kdenlive zur Verfügung stehen, sollten sie in der Datenstruktur des Medienverzeichnisses (s. *Festplatten- und Datenordnung* auf Seite 108) gespeichert werden. Das gilt für Audio-Daten, die nicht Teil eines Videoclips sind, sondern einer anderen Audioquelle entstammen.

Audio importieren

Audio-Dateien behandelt Kdenlive als Mediendateien. Zu deren Übernahme in ein Videoprojekt wird auf ADD CLIP OR FOLDER geklickt (s. *Material übernehmen* auf Seite 110). Dann wanderst du durch das Dateisystem und fügst einen gesamten Audio-Ordner oder einzelne Dateien in das Projekt ein.

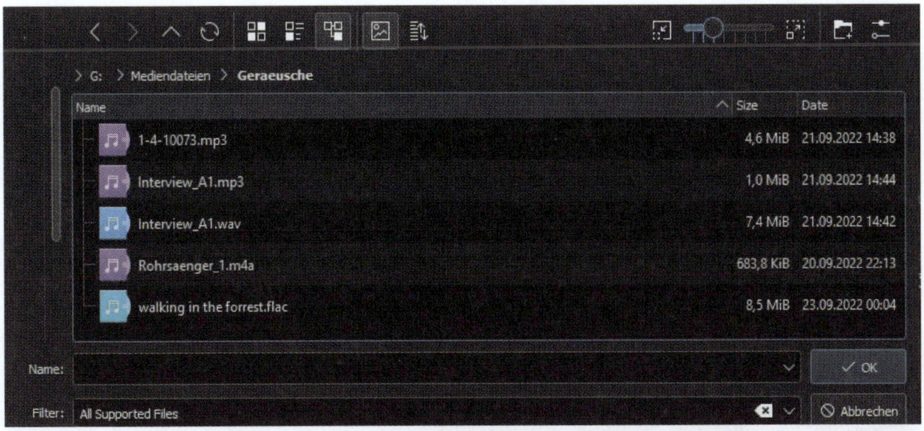

Abb. 9.7: Import Mediendateien – Notensymbol für erkannte Audio-Dateien

In der Projektliste erscheinen Audio-Dateien mit Wellenformdarstellung. Beim Anklicken oder bei der Übernahme in den Vorschaumonitor erscheint die Wellenformdarstellung vergrößert.

Audio in der Timeline

Bei der Übernahme von Videoclips in die Timeline wird der Audioteil automatisch einer Audiospur zugeordnet. Audiodaten anderer Quellen platzierst du in weiteren Audiospuren ganz nach Bedarf. Beschränkungen in der Anzahl der Spuren gibt es (nach Aussage der Entwickler) nicht. Mit einem Mausklick im linken Teil der Timeline öffnet sich ein Dialog zum Anlegen neuer Spuren. Ausgewählt wird AUDIO TRACK sowie die Anzahl neuer Spuren. Zusätzlich kann jede Spur einen Wunschnamen bekommen (Musik, Sprecher, O-Ton1, O-Ton2, Atmo usw.).

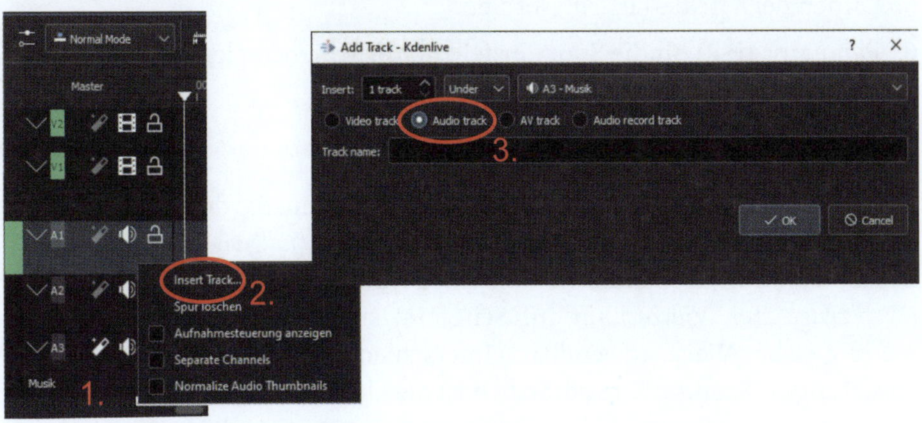

Abb. 9.8: Audio-Handling – Anlegen von Audiospuren

Zu jeder Audiospur wird automatisch im *Audio-Mixer* ein Kanal angelegt. Dieser enthält wichtige Steuerungselemente für die Audioinformation der Spur.

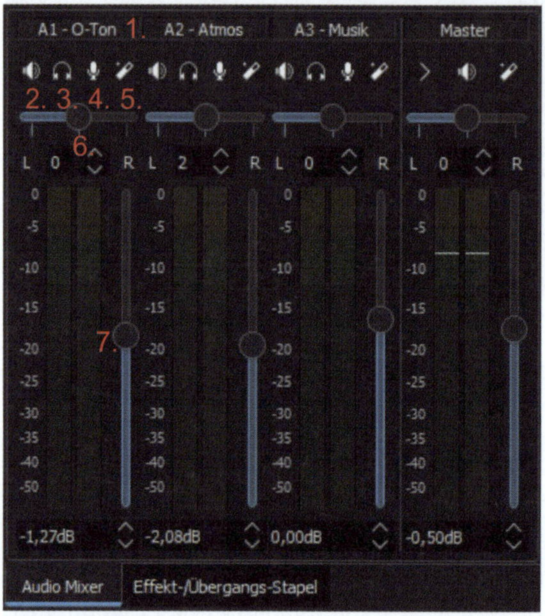

Abb. 9.9: Audio-Mixer – 3 Audiospuren und Master

1. Spur-Nummer und frei wählbarer Name oder Master-Kanal
2. Spur stumm schalten
3. Spur solo schalten
4. Spur für direkte Audio-Aufnahme einschalten
5. Öffnen der Effekte-Liste dieser Spur
6. Panorama (L-R) für die Spur einstellen, mit Schieberegler oder mit Werten
7. Einstellung der Lautstärke der Spur

Audio schneiden und bearbeiten

Der Schnitt der Audiodaten entspricht den Verfahren, die du bereits im Kapitel »Videoschnitt« kennengelernt hast (*Videoschnitt allgemein* auf Seite 101). Die in Kdenlive vorhandenen Werkzeuge zum Schneiden der Videoclips (*Werkzeuge zum Videoschnitt* auf Seite 114) sind auf Spuren mit Audiodaten in gleicher Weise anwendbar. Unterschiede gibt es in der Präzision der ausgeführten Schnitte. Grundsätzlich ist die kleinste Einheit für einen Videoschnitt das Bild. Wenn ein Video mit 25 fps vorliegt, wechselt 25-mal in der Sekunde die Bildinformation. Die Zeit von Bild bis zum nächsten Bild beträgt 0,04 Sekunden. Zwischendurch passiert nichts.

Bei Audioinformationen ist das ganz anders. Eine digitale Audioinformation wechselt 44100-mal pro Sekunde. Daraus folgt, dass eine Audioinformation während eines Videobilds 1764-mal wechselt.

Da die kleinste Einheit bei einem Videoschnittprogramm 1 Bild ist, kannst du mit Kdenlive auch nur mit diesem Raster, also immer nach 1764 Informationen, Audios schneiden. Was sonst noch innerhalb dieses 1-Bild-Rasters in der Audiospur passiert, ist dir per Schnitt nicht zugänglich! Da kann bereits eine einzige Lautstärkenspitze zu einem unangenehmen Knackgeräusch führen. Sichtbar ist eine solche Audiospitze in der Wellenformdarstellung von Videoschnittprogrammen nicht. Das an diesem Schnitt entstehende und sehr störende Knackgeräusch ist nicht vermeidbar. Nachträglich unhörbar machen lässt es sich durch ein Fade-In (*Clips und Fader* auf Seite 112).

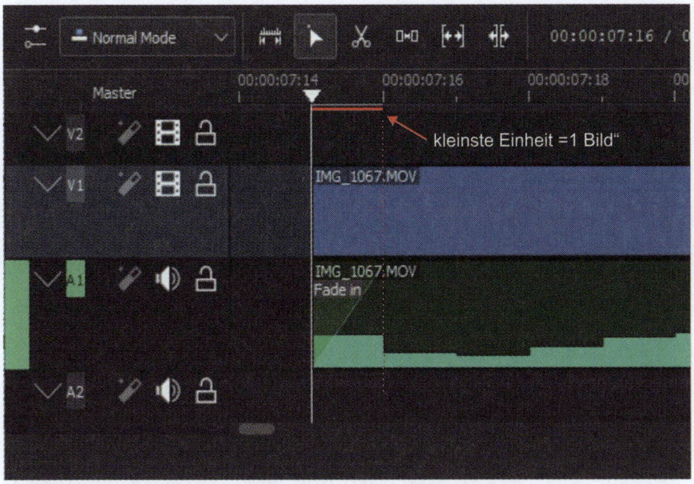

Abb. 9.10: Fade-In lässt Knackgeräusch verschwinden.

Es ist ausreichend, das Fade-In über den Bereich nur eines Bildes auszudehnen.

Ambitionierte Videomacher entwickeln sich neben der Gestaltung der Bilder zu wahren Tonkünstlern. Erkennbar ist das auch an der Anzahl der zu einem Projekt gehörenden Audiospuren. Pro Video-Spur je ein O-Ton, eine Spur für Sprecher und Musik und darüber hinaus Spuren für Atmos und Geräusche. Neben dem Zusammenfügen von Audioquellen gehört zu den elementaren Aufgaben des Audioschnitts, gesprochene Texte, Kommentare und Interviews von allem Unschönen zu befreien.

- Gar nicht gehen

  Versprecher, Räuspern, Umblättern, Rascheln und andere Nebengeräusche. Sie sollten in Sprachaufnahmen fehlen.

- Mit großer Vorsicht

  sind nachträgliche Veränderungen im Sprachrhythmus möglich. Eine zu lange Pause und zu schnelle Aufzählungen lassen sich an den Rhythmus der Bilder anpassen.

  Dabei ist auf den Verlauf der Sprachmelodie zu achten, sonst fällt die Manipulation auf. Vorsicht beim Verlängern von Pausen. Es dürfen keine akustischen Löcher entstehen. Auch wenn ein Sprecher eine Pause einlegt, »klingt« der Raum. Eine Pause ohne diesen Raumklang kann ein Zuschauer wahrnehmen. Deshalb sind solche Pausen mit einer Raum-Atmo zu füllen (für Atmo 60 Sekunden Aufnahme in vollkommener Ruhe laufen lassen).

- Ganz brisante Eingriffe

  in Aufnahmen von Gesprächspartnern mit Hang zu weitschweifigen Ausführungen oder einem Übermaß redundanter Erläuterungen lassen sich gelegentlich nicht vermeiden.

  Korrekturen durch Kürzungen stellen einen fundamentalen Eingriff in das frei gesprochene Wort dar und müssen mit einem hohen Maß Verantwortung gegenüber dem Gesprächspartner einhergehen.

  Dazu kommt die Fertigkeit, beim Audioschnitt ein verändertes Sprachprodukt zu erzeugen, das grammatisch korrekt ist und keine Brüche oder Sprünge in Sprachrhythmus und Sprachmelodie aufweist.

Grundsätzlich ist zu empfehlen, erkennbare Mängel von Sprachaufnahmen durch erneute Aufnahmen auszubessern. Es ist deutlich einfacher, aus einem mehrfach gesprochenen Text die brauchbaren Sätze herauszuschneiden, als sich auf solche »brisanten« Manipulationen einlassen zu müssen.

Einstellungen des Pegels sowie Veränderungen des Klangs von Audioquellen unterschiedlicher Herkunft gehören zu den häufig unterschätzten Audioarbeiten. Bei 6 bis 8 (oder mehr) Audiospuren ist zudem das Erhalten der Synchronität zwischen Video- und Audiospuren kein Kinderspiel.

Effekte

Fade-In und Fade-Out hattest du bereits als Beigabe zu allen Mediendateien von Kdenlive kennengelernt. Aktuell sind annähernd 90 Effekte ausschließlich für Anwendungen im Audiobereich im Kdenlive enthalten. Auf sämtliche Effekte und ihre Parameter einzugehen, würde den vorgesehenen Rahmen dieses Buches deutlich sprengen, zudem selbst erfahrene Videomacher eine sehr überschaubare Anzahl von Effekten im täglichen Gebrauch haben.

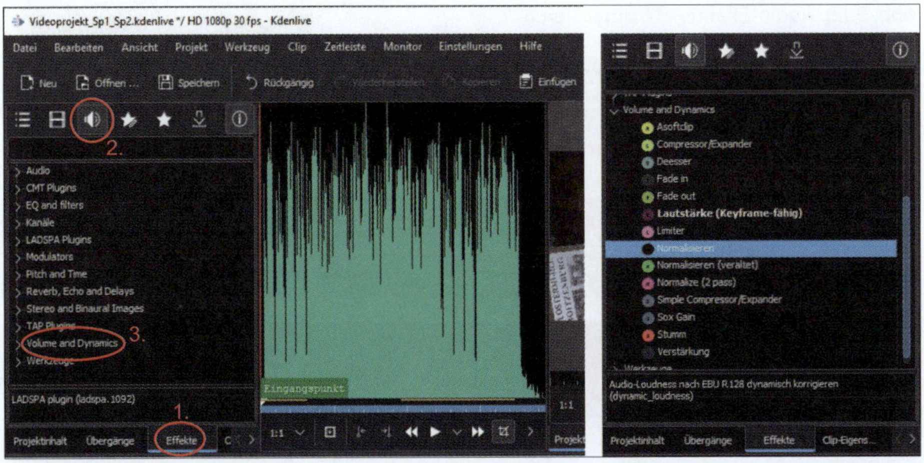

Abb. 9.11: Audio-Effekte – Volume and Dynamics – Normalisieren

Das Projektfenster zeigt nach einem Klick auf EFFEKTE und anschließend auf das Lautsprechersymbol eine Liste von (Audio-)Effektgruppen. Unter VOLUME AND DYNAMICS kannst du per Drag&Drop einem Audioclip den gewünschten Effekt zuordnen.

Normalisieren

Ziel der Audio-Normalisierung ist die Anhebung des Pegels bis zu seinem Maximum. Die lauteste Stelle des Audioclips darf dabei nicht übersteuert werden. Eine Normalisierung kann sinnvoll sein, wenn der Pegel während der Aufnahme deutlich zu niedrig war. Fehlerhafte Einstellungen an einem Aufnahmegerät können dafür die Ursache sein, aber auch der Abstand zwischen Mikrofon und Schallquelle.

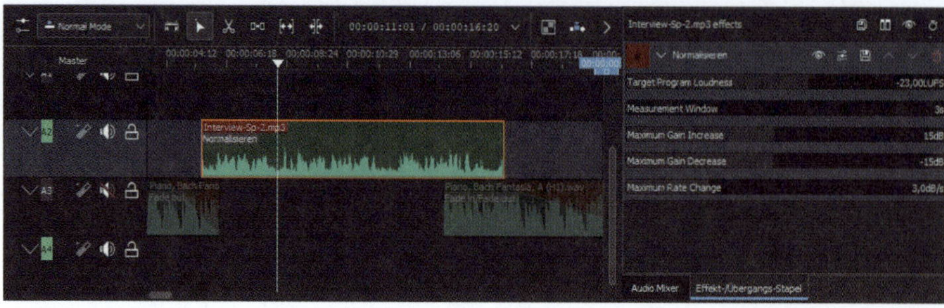

Abb. 9.12: Audio-Effekte – Normalisieren

Mit dem Normalisieren nimmst du eine »Notreparatur« an den Audio-Daten vor. Das wirkliche Verhältnis von niedrigen zu höchsten Pegeln verändert sich mit dem Normalisieren nicht.

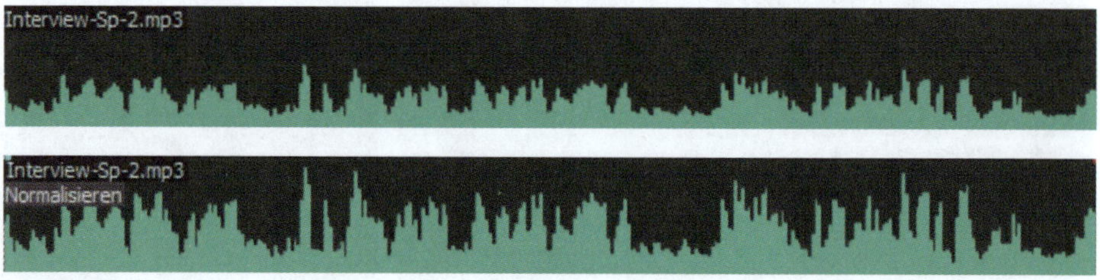

Abb. 9.13: Normalisieren – Original und normalisierter Audioclip

Suche vor den nächsten Audio-Aufnahmen sehr kritisch nach möglichen Fehlerquellen für die Untersteuerung der Audio-Pegel – und versuche, sie zu beheben.

Compressor / Expander

Der Compressor ist ein Verstärker für Audiosignale, der seinen Verstärkungsfaktor je nach Pegel des Audiosignals anpasst. Signale mit geringem Pegel lässt er unbearbeitet oder verstärkt sie, Signale mit hohem Pegel schwächt er ab. Damit verändert der Compressor automatisch die Lautstärkedynamik einer Audioaufnahme. Das Ziel ist es, starke Schwankungen des Audiopegels auszugleichen. Da (zu) laute Stellen im Audiosignal nicht mehr zu Übersteuerungen führen, lässt sich der Pegel des Audiosignals insgesamt anheben. Gewinner einer Audio-Compression sind also die leisen Stellen, die dichter an die lauten Stellen heranrücken. Tonleute bezeichnen komprimierte Aufnahmen deshalb als »dichter« und durchsetzungsfähiger gegenüber anderen Audiosignalen. Bei Sprachaufnahmen spielen zwei Einstellungen am Compressor eine wichtige Rolle. Mit dem Parameter SOFT KNEE senkst du die maximalen Lautstärkespitzen ab und mit GAIN erhöhst du um den gleichen

Betrag den Gesamtpegel der Aufnahme. Im Beispiel wird mit SOFT KNEE der Pegel um 6 dB (Dezibel) abgesenkt, die gesamte Sprachaufnahme mit GAIN um 6 dB angehoben.

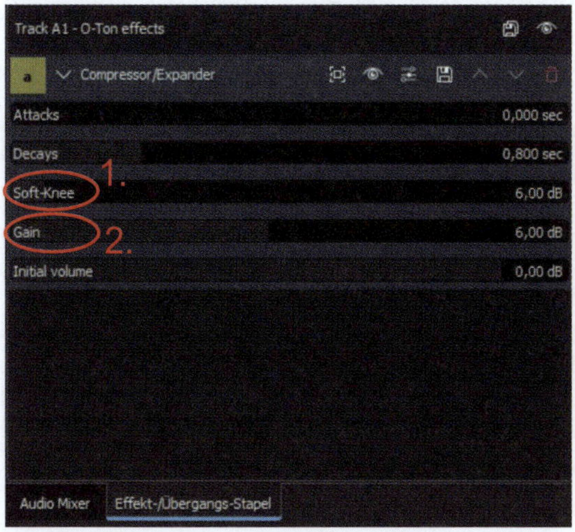

Abb. 9.14: Compressor – wirksam bei Sprache

1. Absenken der Pegelspitzen (in dB)
2. Gesamten Pegel der Aufnahme anheben

Einstellungen im Bereich von 4 bis 10 dB sind bei Sprachaufnahmen nicht unüblich und vor allem von der Dynamik des Sprechers abhängig.

Der Einsatz dieses Compressors zielt auf die gleichmäßige Beeinflussung eines gesamten Audiobereichs.

Zusätzlich lassen sich die meisten Effekte mit Keyframes versehen. Dabei sind an jeder Keyframeposition sämtliche Parameter eines Effekts veränderbar. Bei Atmos und Musik besteht häufig dieser Wunsch. Der nächste Abschnitt erklärt, wie du solche Veränderungen mit Kdenlive bildgenau vornimmst.

Bildgenau mit Keyframes

Keyframes legen in einem Clip genau das Bild fest, an dem sich Eigenschaften eines Effekts ändern. Dazu wird ein keyframefähiger Effekt per Drag&Drop auf den gewünschten Audioclip gezogen. Im Fenster EFFEKT-/ÜBERGANGS-STAPEL wird der Effekt angezeigt. Die Aufgabe besteht darin, den Pegel einer Musik, sie liegt in diesem Beispiel auf A3-Musik, mehrfach auf- und abzublenden. Der O-Ton, er liegt auf der Spur A2-O-Ton, soll bei einsetzendem

Bild (1.) gut hörbar sein, nicht überdeckt von der Musik (2.). Mit abgesenktem Pegel läuft die Musik weiter, bis der O-Ton und der Videoclip gemeinsam beendet sind (3.). Dann wird der Pegel der Musik erneut angehoben (4.) und kann mit normaler Lautstärke weiterlaufen bis zur erneuten Pegelabsenkung. Die per Keyframe gesteuerten Audio-Effekte können mehrfach und in verschiedenen Spuren gleichzeitig zum Einsatz kommen.

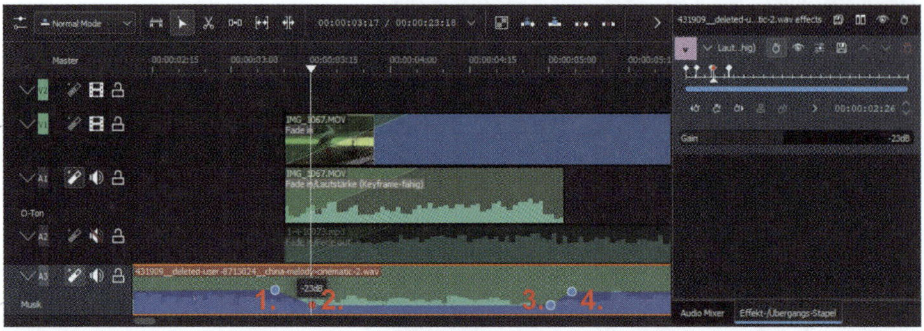

Abb. 9.15: Effekt mit Keyframe – Spur A3 mit Musik »begleitet«, Spur A1 mit O-Ton.

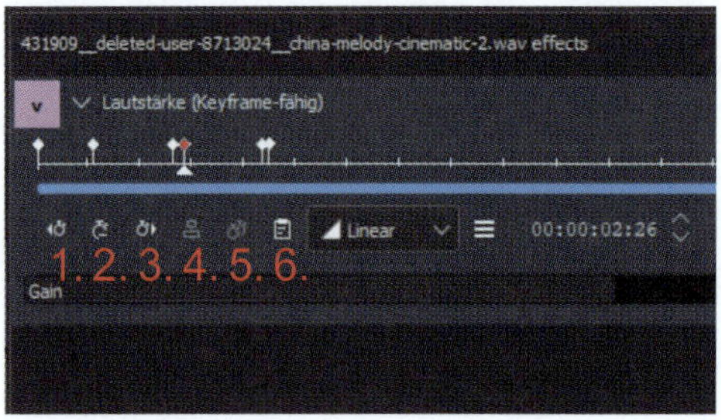

Abb. 9.16: Keyframes anlegen – Geduldsarbeit

1. Gehe zu vorigem Key
2. Key anlegen bei Cursorposition
3. Gehe zum nächsten Key
4. Gewählten Key verschieben
5. Kopierten Key einfügen
6. Gewählten Key kopieren

Das Anlegen von Keyframes ist stolze Handwerksarbeit und verlangt ein wenig feinfühlige Geduld.

Ist die Arbeit mit Keyframes mehr als eine technische Spielerei? Die technisch sehr aufwendige Alternative ist schnell erklärt.

- Du benötigst folgende Hardware:

  Ein externes Mischpult, das mindesten 3 Audiospuren verarbeiten kann. Der Computer muss 3 Audiospuren, also 3 Kanäle, getrennt ausgeben können. Zusätzlich braucht er einen Audioeingang für das gemischte Signal.

- Das passiert beim Mischen der Audiospuren:

  Während Video (und Audio) laufen, musst du exakt an den gewünschten Stellen (im Beispiel 1., 2., 3., 4.) den Regler von Spur A3-Musik auf den gewünschten Wert stellen. Notwendige Pegeländerungen auf anderen Audiospuren musst du ständig im Auge behalten und zum richtigen Zeitpunkt manuell ausführen.

Die Alternative zur Arbeit mit Audio-Keyframes ist ein toller Beruf mit der Bezeichnung Mischtonmeister.

Bis zum Audio-Mix

Mit dieser Keyframe-Audio-Mischvariante und ein wenig Geduld sind auch komplexe und komplizierteste Audioaufgaben lösbar. Keyframe für Keyframe und falls erforderlich Audiospur für Audiospur.

Die ersten Videoprojekte wirst du auf wenige Audiospuren beschränken. Nach und nach entwickelt sich Routine, bei der Audiobearbeitung zwischen Vorschau, Timeline, Audio-Mixer und Effekt-Bereich hin und her zu wechseln.

Ein Video aus der Sicht des Videoschnittprogramms könnte mit einer Musik (A3-Musik) und einem Fade-In beginnen. Wenig später startet die Atmo (A2-Atmo), zeitgleich der O-Ton (A1-O-Ton), beide mit einem sehr kurzen Fade-In ...

Die Musik in Audiospur-A3-Musik folgt dem O-Ton, ohne ihn zu übertönen. Falls dir der Audiomix noch nicht so ganz gefällt, kein Problem. Jederzeit sind Korrekturen an den Pegeln der Audiospuren und/oder an den Keyframes in der Musik-Spur möglich. So lange, bis es gut klingt und dir gefällt.

Die höchste Form des Lobes deiner Zuschauer wird sein: klingt cool ... und genau das willst du hören – oder?

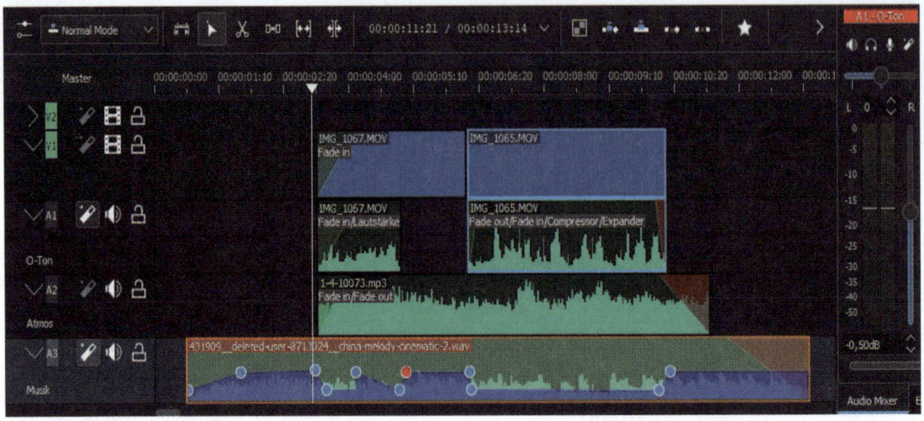

Abb. 9.17: Audio-Handling – Videoclips mit O-Ton, Atmo, Musik, Keyframes

Dieses sehr kurze Beispiel-Video zeigt zu Beginn und ebenso am Ende keine Bilder – bisher.

Das sollten wir ändern.

Zu einer Videoeröffnung gehört ein ansprechender Titel und für das Ende des Videos wirst du einem Abspann gestalten.

Kapitel 10

Titel & Effekte

Text im Video

Einfacher Vorspann / Titel

Plötzlich flimmert es auf dem Bildschirm, Musik ist zu hören und schon beginnt das Video. Rufer vom Kaffeetisch fragen hartnäckig – die ersten Bilder zeigen einen Berggipfel – wo war doch der Urlaub? Als die Kaffeerunde zur Ruhe kommt, sind die ersten Minuten des montierten und mühsam vertonten Videomaterials praktisch verpufft.

Später kommt es dir in den Sinn: Da fehlte ein klarer Anfang. Ein klares Signal, das deutlich macht: Video ist gestartet, Ruhe jetzt, es geht los! Licht ausschalten, wie früher im Kino, ist in Fernsehzeiten eher unpopulär. Musik für den Videoanfang klappt meistens gut, aber unmittelbar danach muss auch für visuelle Aufmerksamkeit gesorgt sein. Mit Vorspann und Titel? Ja, wie bei einem richtigen Video.

Nichts einfacher als das. Schließlich kann Kdenlive auch mit Schrift umgehen und die braucht es für einen Titel.

Die erste Überlegung: Wie soll es heißen, das Video? Während der Vorbereitung entstanden bereits etliche Notizen. Karteikärtchen mit Ideen und Rechercheergebnissen hast du gefüllt. Ganz zu Beginn der Videoplanung, die Idee mit dem Bergwart auf der Ostseeinsel war dir gerade in den Sinn gekommen, stand auf einer der Karten »Beobachtungen auf dem Berg einer Ostseeinsel«. Aber das sollte mehr die Idee fixieren. Allein die Länge des Textes ist als Titel zu lang, also ungeeignet. Außerdem, es geht nicht so sehr um den Berg, sondern mehr um den Bergwart, wie sich der nette ältere Herr bezeichnet.

Zweiter Versuch: »Ein Bergwart auf dem Berg einer Ostseeinsel«. Besser, der Zuschauer erfährt, dass es um einen Bergwart geht. Informativer, ja, aber noch immer zu lang und zu kompliziert.

Dritter Versuch: »Bergwart auf einem Berg der Insel Usedom«.

Kdenlive behandelt Texte ebenso wie Video- und Audioclips sowie Fotos als Mediendateien. Erzeugt werden sie im Fenster PROJEKTINHALTE. Mit einem Klick auf ADD TITEL CLIP öffnet sich der Editor zum Gestalten von Texten, die als Titel, Zwischentitel, »Bauchbinden« und sonstige Art von Beschriftungen zur Vervollständigung der Videos zu gebrauchen sind.

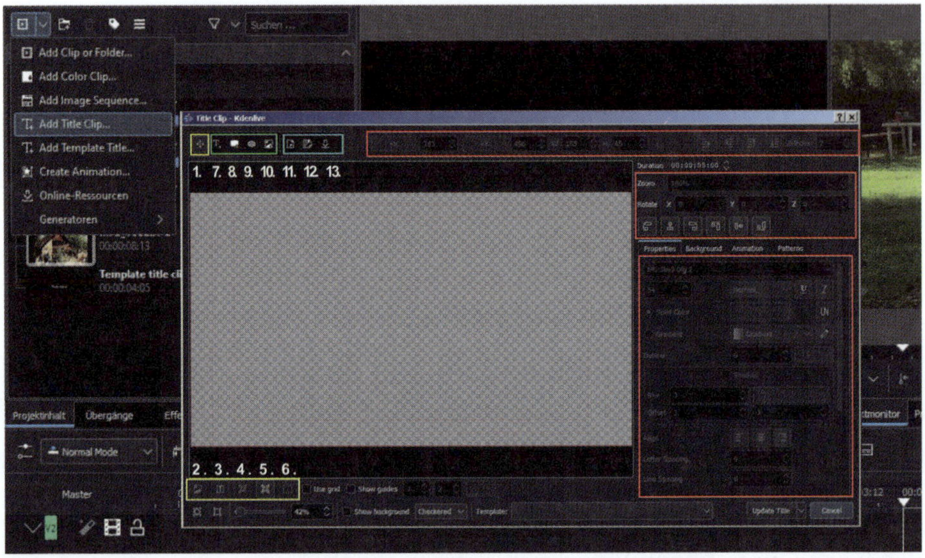

Abb. 10.1: Text Editor – Gestaltung von Titel, Abspann und sonstigen Texten

1. Selektion von Objekten einschalten (*Alt* + *S*)
2. Selektiere nur Bilder (*Ctrl* + *I*)
3. Selektiere nur Texte (*Ctrl* + *T*)
4. Selektion für alle Objekte aufheben (*Ctrl* + *Shift* + *A*)
5. Selektion aller Objekte (*Ctrl* + *A*)
6. Selektion aller mit Rechteck auswählen (*Ctrl* + *R*)
7. Text eingeben (*Alt* + *T*)
8. Rechteck eingeben (*Alt* + *R*)
9. Ellipse eingeben (*Alt* + *E*)
10. Bild einfügen (*Alt* + *I*)
11. Öffne einen Text (*Ctrl* + *O*)
12. Entwurf speichern unter ... (*Ctrl* + *S*)
13. Online-Vorlage downloaden (*Ctrl* + *D*)

Im rot markierten Bereich des Fensters finden sich Werkzeuge zur Gestaltung der eingegebenen Texte sowie zur Eingabe und Anordnung der grafischen Elemente Rechteck und Ellipse/Kreis.

Bereits gestaltete Texte lassen sich erneut aufrufen und in diesem Fenster dann bearbeiten und ergänzen.

Unter Punkt 13. gibt es den Zugriff auf eine recht umfangreiche Bibliothek vorgefertigter Titelvorlagen, die erfahrene Videomacher kostenfrei zur Verfügung stellen. Ein Blick dort hinein ist lohnenswert und sicher ein Anstoß auch für eigene Gestaltungsideen.

Ausgiebiges Erproben des Text-Tools nimmt einige Zeit in Anspruch. Jede Minute ist eine gute Investition in die zukünftige Gestaltung deiner Videos.

Mit wenigen Klicks findet auch die Titelgestaltung für den Urlaubsfilm ein gutes Ende mit DER Titelidee:

»Der Bergwart von Usedom« (Geschafft!)

Ein Standbild des Bergwarts und ein schlichter Text in Weiß soll das Video eröffnen. Unterhalb des Titels und mit kleinerer Schrift »darf« der Videomacher auf seine Urheberschaft verweisen.

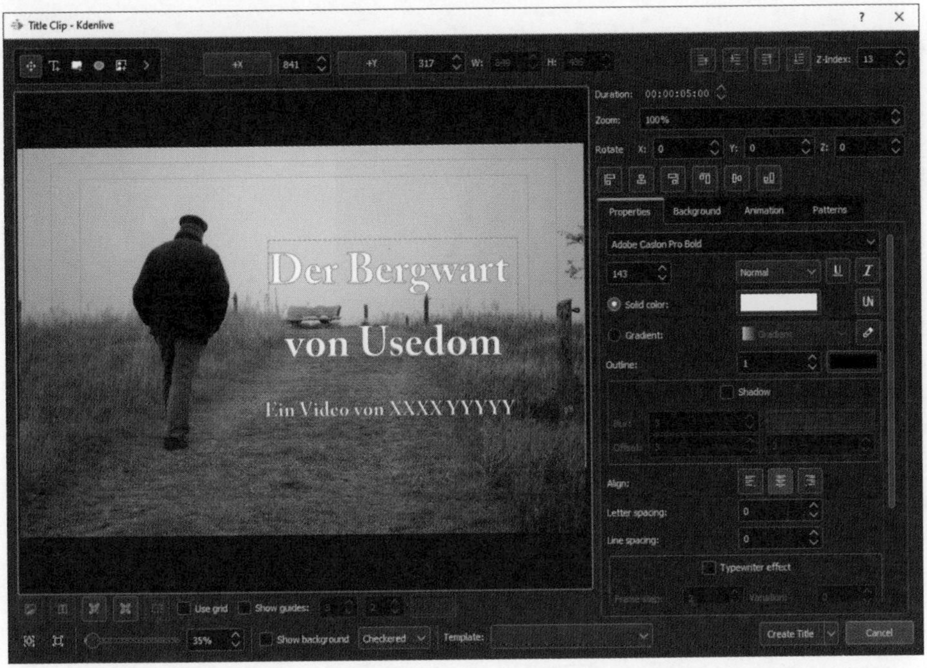

Abb. 10.2: Text Editor – Neben den Texten sind auch Bilder als Gestaltungsmittel willkommen.

Die Abfolge der Eingabe ist wie folgt:

- Im Fenster PROJEKTINHALTE die Zeile ADD TITEL CLIP anklicken

  Das Fenster mit dem Texteditor öffnet sich (*Abb. 10.1* auf Seite 168).
- Bild einfügen (*Alt* + *I*) und gewünschtes Foto laden

  Bild skalieren (*Zoom*) und positionieren (*+X*, *+Y*) oder mit Maus im Fenster verschieben. Rote Rechtecke im Fenster markieren, was später im Monitor tatsächlich zu sehen ist.
- Name des Videotitels eingeben (*Alt* + *T*); unter PROPERTIES die Schriftart auswählen und weitere Eigenschaften einstellen (Größe, Farbe, Outline, Shadow), mit Maus ins Fenster klicken und den Text eingeben

  Die Schrift lässt sich im Fenster mit der Maus verschieben und nachträglich in allen Parametern ändern.
- Name des Videomachers eingeben (*Alt* + *T*); siehe vorangegangenen Absatz
- Mit CREATE TITLE das Fenster schließen und alle Eingaben sichern

Mit CREATE TITLE speicherst du den Titel im Fenster PROJEKTINHALT. Zur besseren Unterscheidung bekommt er in der Liste der Medien den Namen »*Titel-einfach*«.

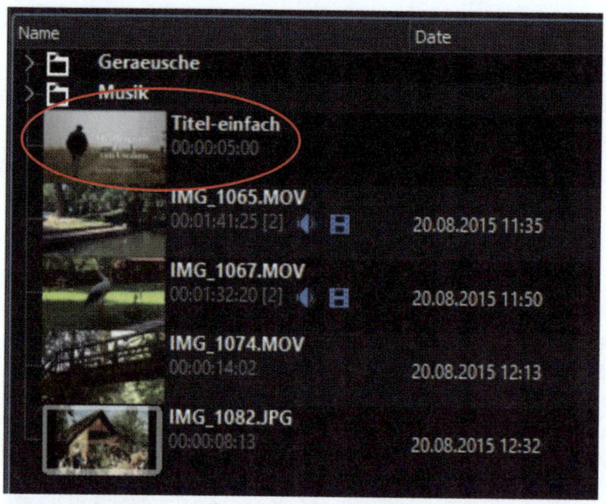

Abb. 10.3: Titel »einfach« – in der Medienliste

Dieser Vorspann kann jetzt zu dem Video als Vorspann / Titel hinzugefügt werden. Deine Regie für das »Bergwart ...«-Video könnte Folgendes festgelegt haben:

Das Video beginnt mit einem Musikstück, das den Zuschauer einstimmen und einfangen soll. Das braucht etwas Zeit und den Videotitel soll er auch noch lesen – und verstehen. Zumindest sollte ihm in den ersten Sekunden der Gedanke kommen, dass Usedom in der Ostsee liegt, nicht so recht bergig ist und ... weshalb einen Bergwart braucht? Dieser vermeintliche Widerspruch weckt spontanes Interesse und Neugier. Genau das möchtest du zu Beginn eines Videos erreichen. Lass dem Zuschauer also ruhig 15 Sekunden Zeit für dieses Gedankenspiel.

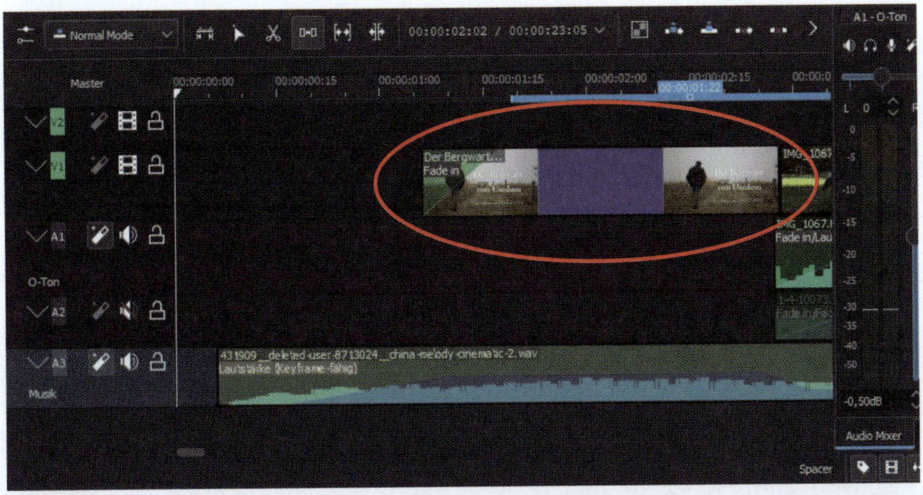

Abb. 10.4: »Titel-einfach« – montiert als Vorspann passend zur Musik

Die Musik setzt ein, kurz danach erscheint mit einem Fade-In der Videotitel als Vorspann. Deine Begeisterung kennt keine Grenzen, denn so beginnt ein richtiges Video. Voller Stolz betrachtest du das Werk, da kommt dir die Idee, den Titel noch etwas schöner zu gestalten.

Titel einfach und noch schöner

Zuerst erscheint das Foto und danach mit einer kleinen Verzögerung der Titel »Der Bergwart ...«. Der Titel steht ein paar Sekunden und erst dann erscheint der Name des Videomachers »XXX...«.

Auch diese Aufgabe ist schnell und einfach lösbar. Dazu zerlegst du den bisherigen Titel – ganz einfach – in drei Bestandteile:

Mit einem Klick öffnest du den Titel im Textfenster. Ohne etwas zu verändern, speicherst du anschließend diesen Titel, indem du den Button UPDATE TITLE anklickst und dann die Option ADD AS NEW TITLE wählst. Im Fenster PROJEKTINHALT hast du nun 2 namensgleiche Titel *»einfach«*.

Das wiederholst du noch zwei weitere Male. Die drei »neu« erzeugten Dateien bekommen durch Umbenennen einen neuen Namen. Dazu markierst du die jeweilige Mediendatei, drückst die Funktionstaste *F2* und nennst sie *»Titel schön«*, *»Titel 2«* und *»Titel 3«*. Du hast nun drei neue Dateien und gleiche Titeldateien mit gleichem Inhalt, aber unterschiedlichen Namen. Anschließend werden die drei neu erzeugten Dateien – wieder im Textfenster – geöffnet und verändert.

- Datei *»Titel schön«*

  Die Datei wird geöffnet und der Selektionsmodus gewählt (*Alt* + *S*). Dann werden beide Texte gelöscht. Mit der Maus markieren und löschen (Taste *Entf*).

  In dieser Datei bleibt nur das Bild erhalten.
- Datei *»Titel 2«*

  Die Datei wird geöffnet und der Selektionsmodus gewählt (*Alt* + *S*). Erst wird das Bild gelöscht, danach wird der Text »Ein Video von ...« gelöscht. Mit der Maus markieren und löschen (Taste *Entf*).

  In dieser Datei bleibt nur der Text »Der Bergwart ...« erhalten.
- Datei *»Titel 3«*

  Die Datei wird geöffnet und der Selektionsmodus gewählt (*Alt* + *S*). Erst wird das Bild gelöscht, danach wird der Text »Der Bergwart ...« gelöscht. Mit der Maus markieren und löschen (Taste *Entf*). In dieser Datei bleibt nur der Text »Ein Video von ...« erhalten.

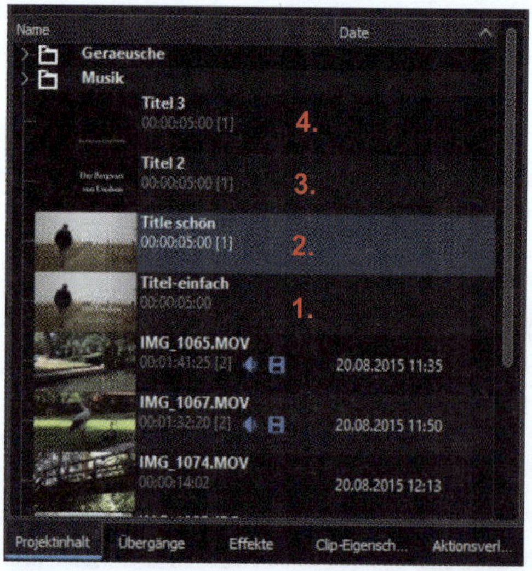

Abb. 10.5: Aufgeteilt – »einfach« wird 2+3+4 .

1. Titel »einfach« nicht mehr verwendet
2. Titel nur Foto
3. Titel »Der Bergwart ...«
4. Titel »Ein Video von ...«

Der Clip »*Titel schön*« enthält nur das Foto, im Clip »*Titel 2*« steht der Titel des Videos, in Clip »*Titel 3*« dann der Name des Videomachers.

Fehlen Videospuren, werden sie auf die gleiche Weise erzeugt wie beschrieben (*Abb. 9.8* auf Seite 157). Nur, dass statt Audio Track in diesem Fall Video Track zu wählen ist.

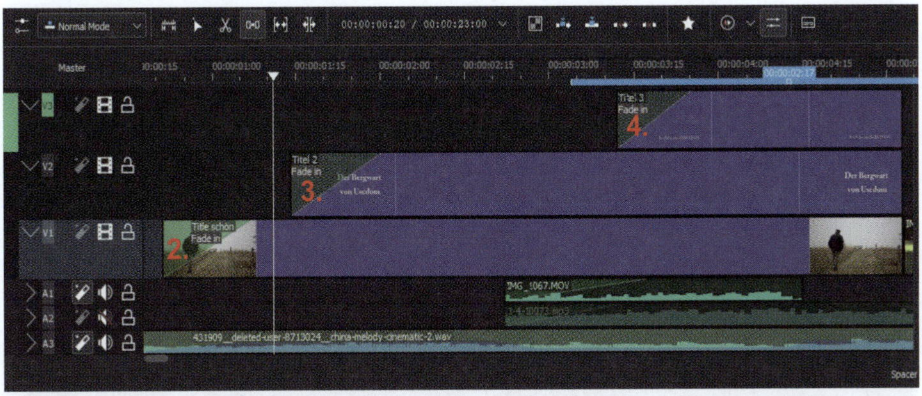

Abb. 10.6: Vorspann »schön« – mit drei Videospuren auch mehr Gestaltungsspielraum

Diese Grundzüge der Gestaltung eines Vorspanns bzw. Titels sind übertragbar auf Texte und Bilder im Abspann und bei der Gestaltung von Zwischentiteln.

Die Bauchbinde

Weitverbreitet bei der Untertitelung von Gesprächspartnern und unter »liebevollen« Namen bekannt ist die Bauchbinde (BB). Vermutlich geht die Bezeichnung auf die Platzierung im unteren Drittel des Bildes zurück.

Untergebracht werden in der Bauchbinde Angaben zur gezeigten Person wie Name, Beruf, Alter, Unternehmen, Sportklub, Funktion oder Parteizugehörigkeit. Die Einordnung der Person, ihrer Aussage zu einem Thema oder während eines Interviews wird durch eine Bauchbinde vereinfacht. Die Gestaltung, die Verwendung bestimmter Farben und der Einsatz von Logos verdeutlicht ebenso die Bedeutung der Person im Video.

Aus technischer Sicht ist die Bauchbinde nichts anderes als ein »*Title Clip*« im Video, wobei der »*Title Clip*« auch grafische Elemente oder Fotos enthalten kann. Die geringe Größe setzt filigranen Darstellungen in Fotos und Grafiken recht enge Grenzen. Logos mit wenigen, aber dafür markanten Inhalten sind hier die beste Wahl.

Die Schritte bis zur fertigen Bauchbinde sind dem Erstellen eines Titels sehr ähnlich:

- Im Fenster Projektinhalte die Zeile Add Title Clip anklicken. Das Fenster mit dem Texteditor öffnet sich (*Abb. 10.1* auf Seite 168).
- Rechteck der Bauchbinde eingeben

  Die Angaben beziehen sich auf das HD-Format 1920 x 1080 Bp.

  Weite des Rechtecks maximal 1920 Bp – es geht aber auch weniger *Weite*.

  Höhe des Rechtecks je nach Schrifttyp und Schriftgröße 120 bis 140 Bildpunkte

  Die Lage des Rechtecks mit Klick auf die Buttons *+X* nach rechts und *-X* nach links verschieben

  Die Lage des Rechtecks mit Klick auf die Buttons *+Y* nach oben und *-Y* nach unten verschieben

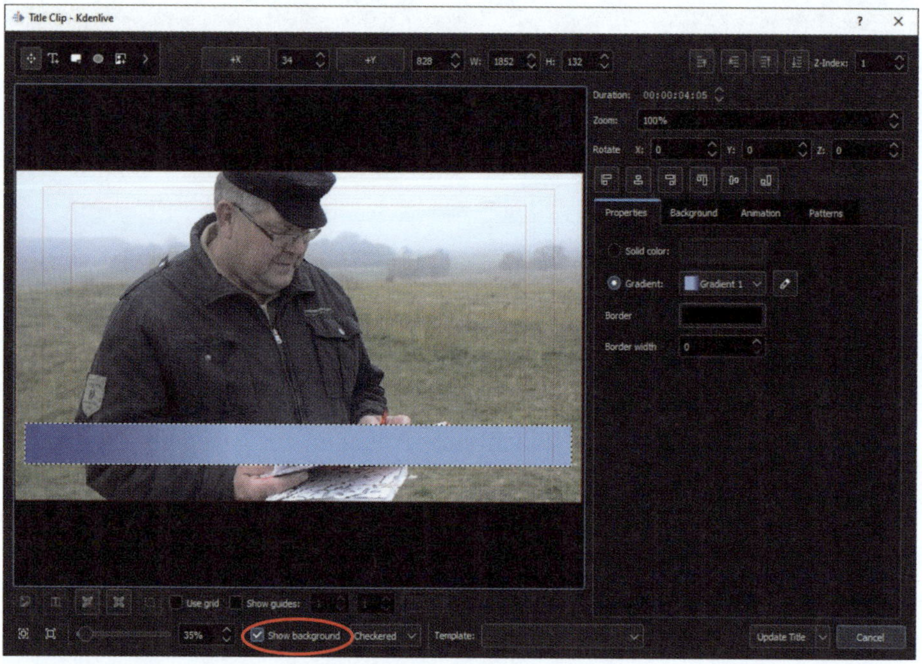

Abb. 10.7: BB gestalten – Rechteck der BB mit Farbverlauf

- Im unteren Bereich Show Background anklicken

  Diese Einstellung erlaubt einen Blick in die Timeline auf die oberste Videospur. Das Einrichten der Bauchbinde wird damit erleichtert.

Unter Properties die Farbe des Rechtecks festlegen.

Eine gleichmäßige Farbe wird per Solid color ausgewählt. Es öffnet sich ein Dialog zur Farbauswahl.

Mit Gradient wird ein Farbverlauf festgelegt.

Soll das Rechteck noch einen Rahmen bekommen, lässt sich über Border dessen Farbe und über Border width die Randstärke einstellen.

- Text (*Alt* + *T*); unter Properties die Schriftart auswählen; mit Maus ins Fenster klicken und den Text eingeben.

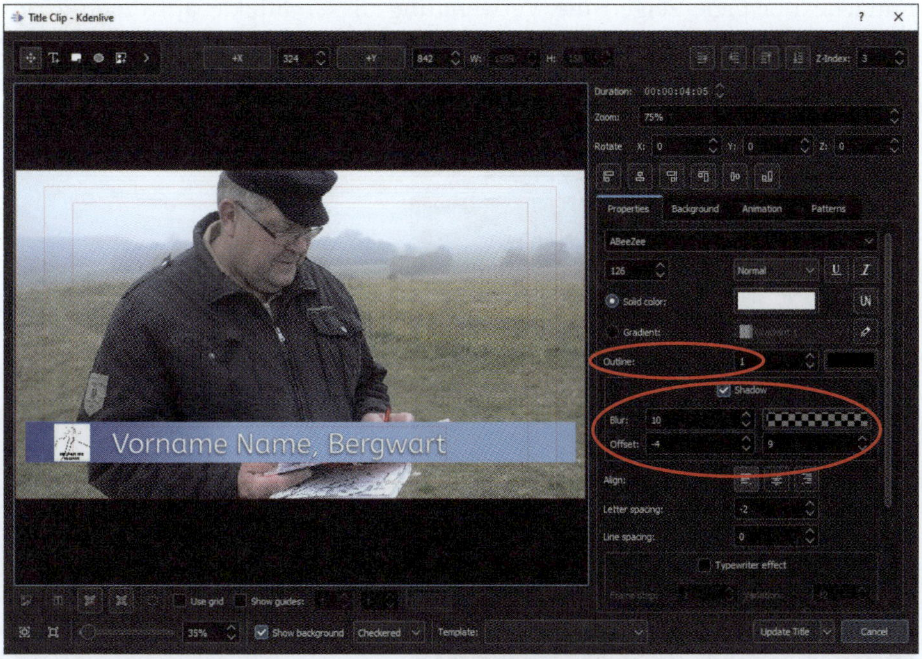

Abb. 10.8: BB gestalten – Text gut erkennbar mit Outline, Shadow

- Die Schrift ist mit einer sehr feinen *Outline* (1) gut gegen den Untergrund abgesetzt. Zusätzlich ist die Shadow Option gewählt.
- Im linken Teil der Bauchbinde ist ein Logo (Grafikdatei) eingefügt (A*lt* + *I*) und passend skaliert.

  Bild skalieren (*Zoom*) und positionieren (+*X*, +*Y*) oder mit Maus im Fenster verschieben.

Die Bauchbinde wird im Fenster Projektinhalt gespeichert und bekommt zur besseren Unterscheidung den Namen »*BB-Bergwart*«.

Bildkorrekturen

Die Bilder aus der Kamera des Smartphones können sich in aller Regel sehen lassen. Selbst bei schwacher Beleuchtung, am Abend, beim Lagerfeuer oder bei nicht gut beleuchteten Innenräumen können Videoaufnahmen entstehen, nur ist das optische Ergebnis nicht zufriedenstellend. Dunkle Bilder mit wenig Kontrast sollen die Zuschauer nicht verstimmen oder die Videofreude verderben. Auch in solchen Fällen ist Kdenlive ein verlässlicher Helfer und hält leistungsfähige Werkzeuge zur Bildverbesserung bereit.

Einfache Beispiele zeigen die Verwendung dieser Effekte auf einen zuvor markierten Videoclip.

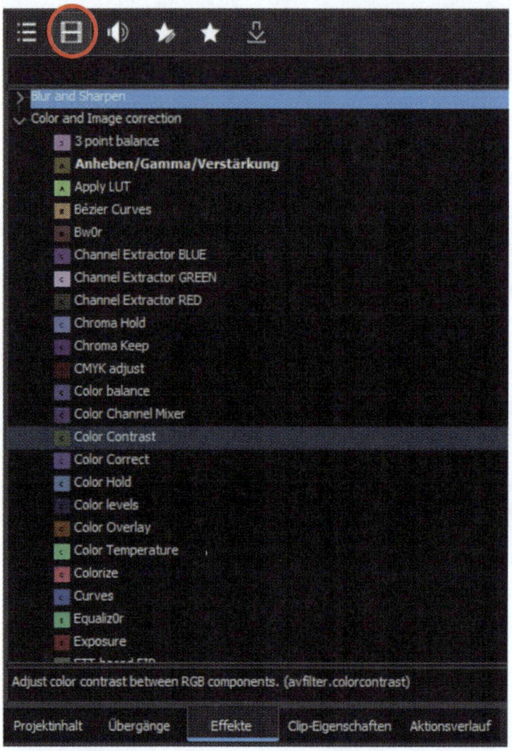

Abb. 10.9: Bildkorrekturen – > 80 Effekte

Per Doppelklick auf den/die gewünschten Effekte erfolgt die Zuweisung, gleichzeitig werden die zu einem Videoclip gehörenden Effekte im Fenster Effekt-/Übergangs-Stapel angezeigt.

Bei Keyframe-fähigen Effekten lassen sich die Parameter jedes einzelnen Effekts bildgenau einstellen.

Veränderung von Helligkeit und Kontrast

Für Bilder, die mangels ausreichender Beleuchtung dunkel und kraftlos wirken, findet sich Passendes in der Effektliste.

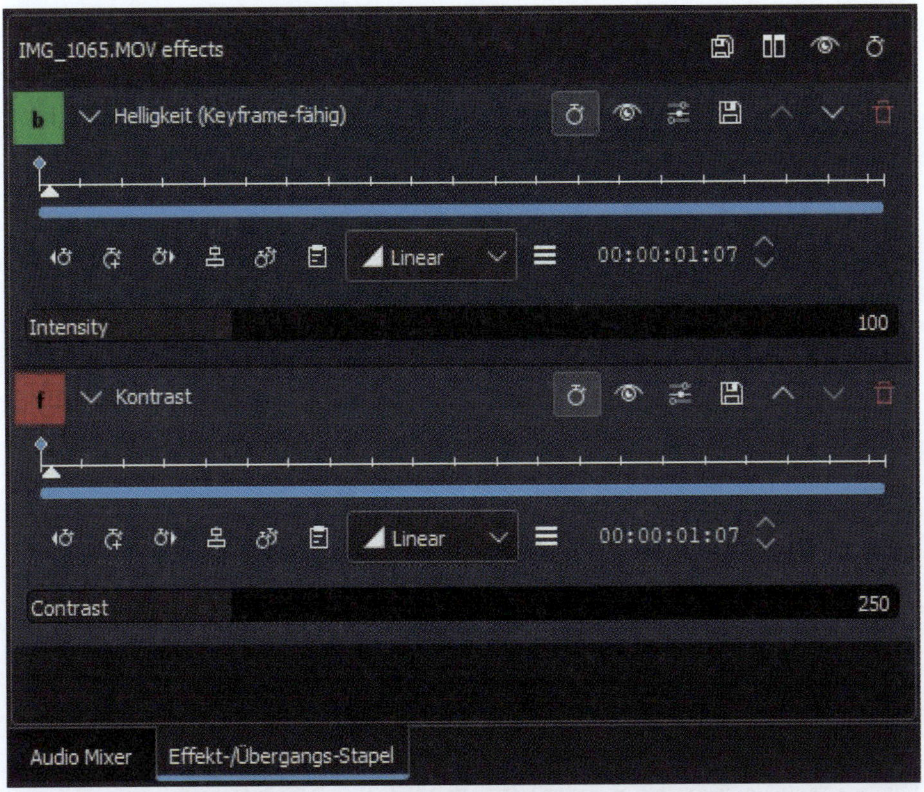

Abb. 10.10: Videoeffekte – Helligkeit und Kontrast, beide Keyframe-fähig

Beide Effekte sind Keyframe-fähig und somit bildgenau an den Videoclip anzupassen.

Zum Einsatz sämtlicher die Bildqualität beeinflussenden Effekte gehört eine Menge Einfühlungsvermögen und Besonnenheit. Vor allem bei Effekten mit farbkorrigierender Wirkung ist mit Besonnenheit zu arbeiten, um Farbsprünge zu vermeiden. Dieser Hinweis gilt besonders, wenn Effekte umfassende Eingriffe in mehrere Bildparameter zulassen.

Dreh zur falschen Tageszeit

Videoaufnahmen im Hochsommer, bei strahlend blauem Himmel während der Mittagszeit im Schatten. Da treffen gleich mehrere Problemsituationen zusammen. Das starke Sonnenlicht erzeugt harte Schatten, die im Sommer –

und besonders zur Mittagszeit – vom Blau des Himmels »eingefärbt« sind. Die menschliche Wahrnehmung – also Auge plus Gehirn – arbeitet auch hier perfekt zusammen. Die von der Sonne beleuchteten hellsten Stellen macht unsere Wahrnehmung zu Weiß. Das knackige und alles überstrahlende Himmelsblau wird dabei »herausgerechnet«.

Beim Betrachten von im Schatten liegenden Objekten öffnet das Auge, also die Iris, sich etwas und lässt mehr Licht hinein. So können wir auch in weniger beleuchteten Bereichen einiges erkennen. Die Dynamik menschlichen Sehens von hell bis dunkel ist enorm.

Der Kamera sind gleich mehrere Grenzen gesetzt. Die hellsten Bereiche im Bild, ebenso wie die schattigen, nimmt unsere Kamera so auf, wie sie tatsächlich sind: blau.

Man kann eine Kamera dazu bringen, die hellsten Stellen im Bild als Weiß zu erkennen. Diesen sogenannten Weißabgleich nehmen viele Kameras in einem weiten Bereich automatisch vor. Schwieriger ist der Umgang mit der begrenzten Dynamik einer Kamera. Die nachträgliche Veränderung sehr heller und sehr dunkler Bereiche zählt daher zum Aufgabengebiet von Videoeffekten. Ein vielseitiges Tool in Kdenlive findet sich bei den Effekten in der Liste COLOR AND IMAGE CORRECTION unter dem Namen ANHEBEN/GAMMA/VERSTÄRKUNG.

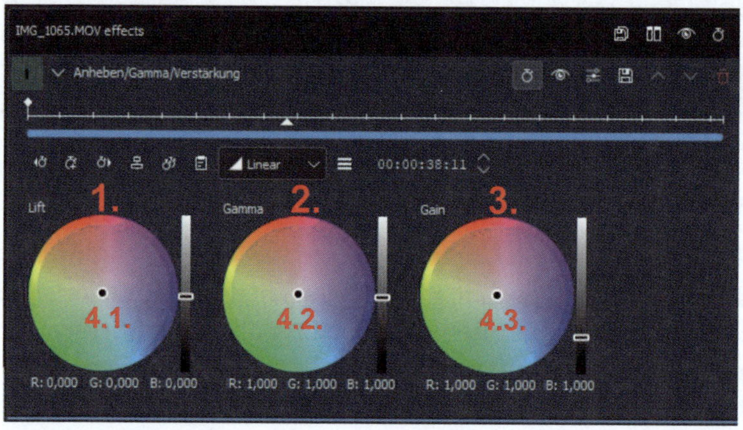

Abb. 10.11: Videoeffekte – (fast) Alleskönner für Korrektur von Videoaufnahmen

Ein »Alleskönner« für die Videonachbearbeitung. Dunkle (1.), mittlere (2.) und helle (3.) Bildbereiche sind mit diesem Werkzeug unabhängig voneinander veränderbar. Innerhalb der Farbkreise lässt sich einstellen (4.1, 4.2, 4.3), ob die Änderungen auf alle Farbkanäle (RGB) gleichmäßig oder anteilig wirken.

Die Anzahl möglicher Parametereinstellungen ist riesig – leider. Die »Kunst« der Bedienung dieses komplexen Tools liegt darin, zu erlernen, welche Korrekturen an dem konkreten Videoclip überhaupt erforderlich sind. Erst danach kommt das einfache Schieben der Regler, also die eigentliche Veränderung der Parameter.

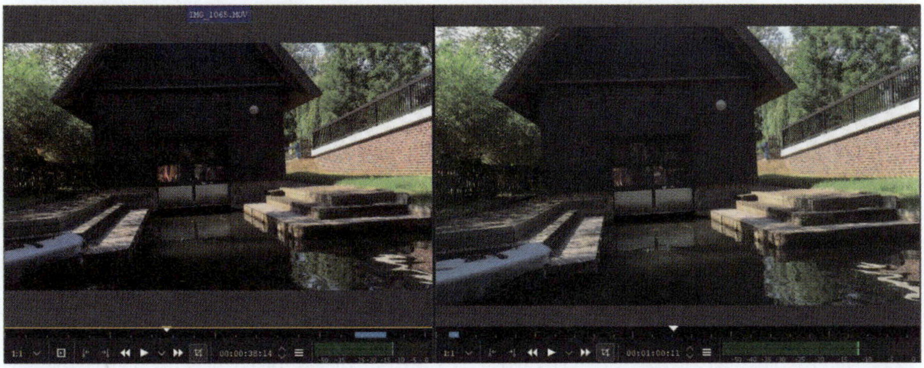

Abb. 10.12: Videoeffekte – mehr Zeichnung nach Aufhellen der dunklen und mittleren Bereiche

Das Beispiel zeigt eine sehr leichte Korrektur im Bereich dunkler und mittlerer Helligkeiten. In den schattigen Bildbereichen ist durch die Aufhellung die Zeichnung verbessert.

Farbe und Weißabgleich

Sehr simpel in der Anwendung ist der Effekt White Balance (LMS space), wenn es darum geht, einen nachträglichen Weißabgleich durchzuführen. Dazu ziehst du den Effekt auf den Videoclip und klickst auf die »Pipette«. Mit dem zur Pipette verwandelten Mauszeiger klickst du in dem zu korrigierenden Bild auf einen Punkt, von dem du sicher bist, dass er weiß sein sollte.

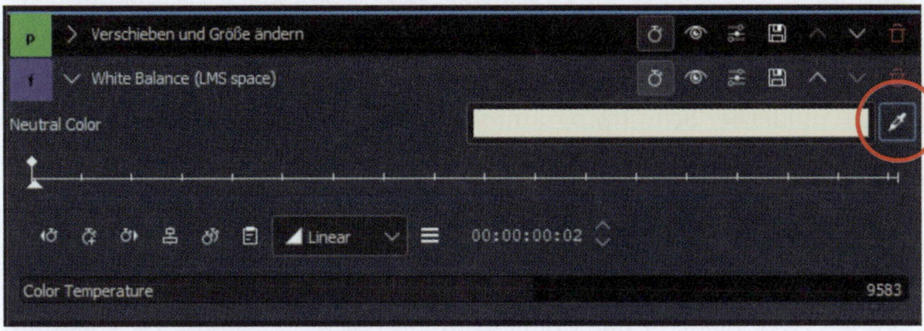

Abb. 10.13: Videoeffekte – zum Weißabgleich Pipette aktivieren ...

Im Beispiel ist es eine Scheibe an der Hauswand. Der Klick auf diesen Bereich löst den Weißabgleich aus.

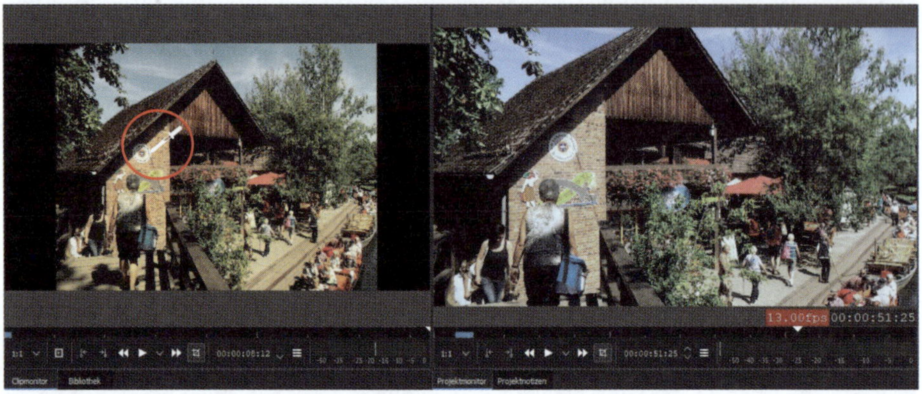

Abb. 10.14: Videoeffekte – Referenz-»Weiß« mit der Pipette holen

Das rechte Bild scheint wie von einem Gelbschleier befreit. Der Himmel erstrahlt – wie es sein muss – in kräftigem Blau.

Noch etwas ist dir sicher aufgefallen. Das Vorschaubild auf der linken Seite ist rechts und links schwarz eingerahmt. Das könnte auf ein historisches Videoformat hindeuten (Seitenverhältnis 4:3) oder auf ein Foto. In diesem Fall diente ein Foto als Vorlage, mit einem weiteren Effekt passend gemacht für das Video.

Fotos im Video

Die Bildformate von Fotos passen häufig nicht zum 16:9-HD-Format des Videos mit 1920:1080 Bildpunkten. Fotos, egal ob mit dem Smartphone oder einem Fotoapparat aufgenommen, bringen es aber auf deutlich höhere Bildauflösung. Ein 12 oder mehr Megapixel großes Foto bietet also genug Platz, um durch »Herumschwenken« und »Herumzoomen« HD-16:9-Video-Bilder zu erzeugen. Dazu braucht es ein geeignetes Werkzeug, das zu den Standard-Effekten moderner Schnittprogramme gehört.

Auch Kdenlive hat das (Werk-)Zeug, eine Menge Bewegung in Foto-Standbilder zu bringen. Möglich macht das ein leistungsstarker Effekt, der im Fenster EFFEKTE in der Liste TRANSFORM, DISTORT AND PERSPECTIVE unter der Bezeichnung VERSCHIEBEN UND GRÖSSE ÄNDERN zu finden ist. Wie der Name erkennen lässt, bietet er die Möglichkeit, die Position und die Darstellungsgröße von Fotos, aber auch von Videoclips und grafischen Darstellungen keygesteuert und damit bildgenau zu verändern.

Ziel der nachfolgenden Animation ist ein Schwenk der Kamera über die Straße. Am Ende der Einstellung wird das Schild an der Wand des Hauses als Halbnah-Einstellung gezeigt.

Erst wird das im Fenster Projektinhalt liegende Foto dem Video in der Timeline hinzugefügt, danach der Effekt Verschieben und Grösse ändern per Drag&Drop dem (Foto-)Clip.

An der ersten Position (1.) werden Ausschnittsgröße (*Size*) und Lage (*X* und *Y*) festgelegt. Die Werte über die Eingabefelder einzugeben, ist recht mühsam. Besser klappt das durch Bewegen des Fotos mit gedrückter Maustaste. Wenn dir der gewählte Ausschnitt gefällt, steuere die nächste Position auf der Timeline an und erzeuge einen neuen Keyframe (siehe auch *Abb. 9.16* auf Seite 164).

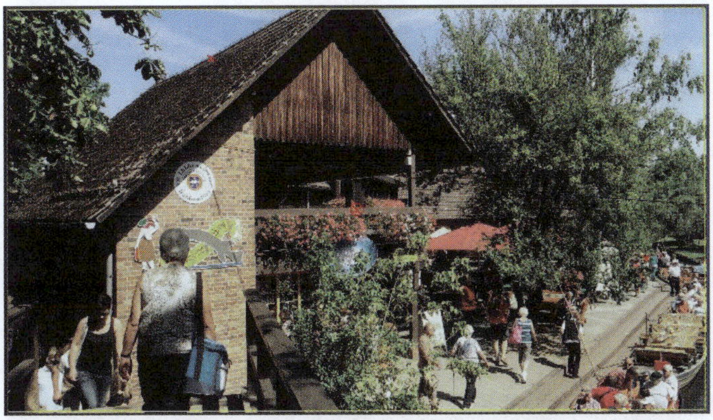

Abb. 10.15: Videoeffekte – Ausschnitt Position 1. und 2.

Sind Position 1. und Position 2. identisch, verändert sich das Bild in diesem Zeitabschnitt nicht.

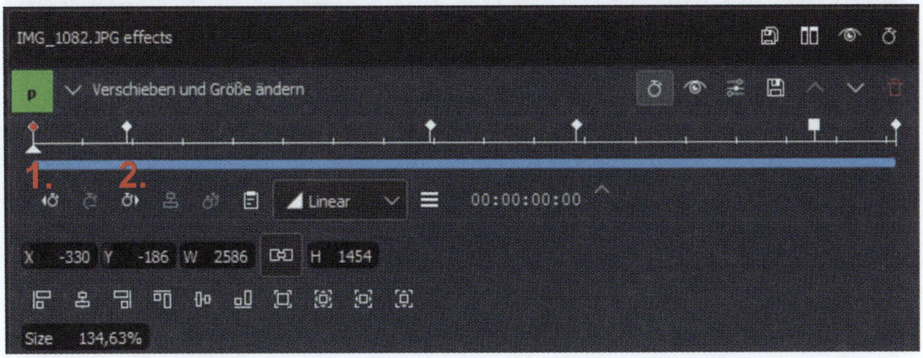

Abb. 10.16: Videoeffekte – Lage, Ausschnitt, Zeitdauer von Pos. 1. – 2. festlegen

Der nächste Arbeitsschritt legt mit Position 3. das Ende des »Kamera-Schwenks« von Position 2. fest. Sorgsam gewählt der Blick auf die Straße, nicht zu schnell die Änderung des Blickwinkels. Der Schwenk von Position 2. nach 3. erfolgt daher mit ausreichendem Abstand in der Timeline.

Vom Straßenbild Position 4. Schwenk der »Kamera« zum Haus mit dem weißen Schild. Das Bild steht danach noch eine kurze Weile.

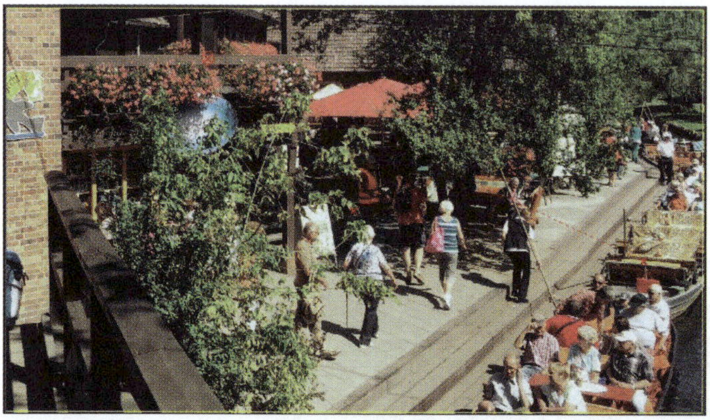

Abb. 10.17: Videoeffekte – Ausschnitt mit Size 194

Zwischen Position 2. und Position 3. ist die »Kamera« nach rechts geschwenkt und zeigt jetzt weniger Haus, dafür mehr Straße.

Von Position 3. nach 4. erneut Standbild.

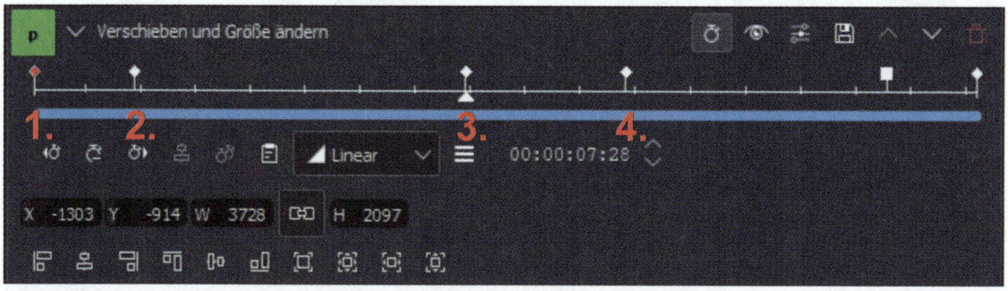

Abb. 10.18: Videoeffekte – Straßenbild mit 7 Sekunden Standzeit

Die Bildqualität ist auch bei starker Vergrößerung des verwendeten Fotos gut.

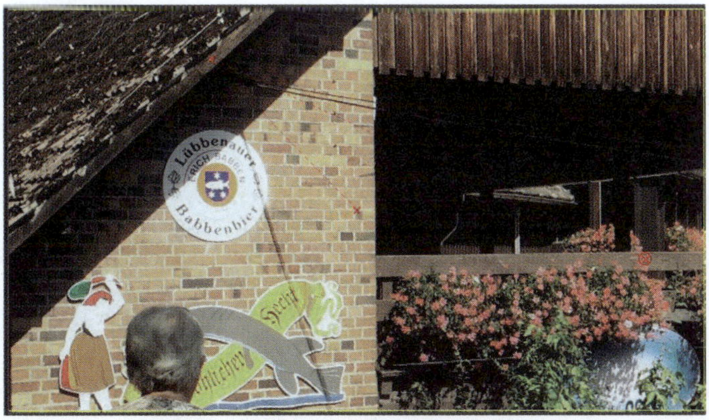

Abb. 10.19: Videoeffekte – starker Ausschnitt (353%)

Die letzte Position (5.) endet mit einem Standbild bis Position 6.

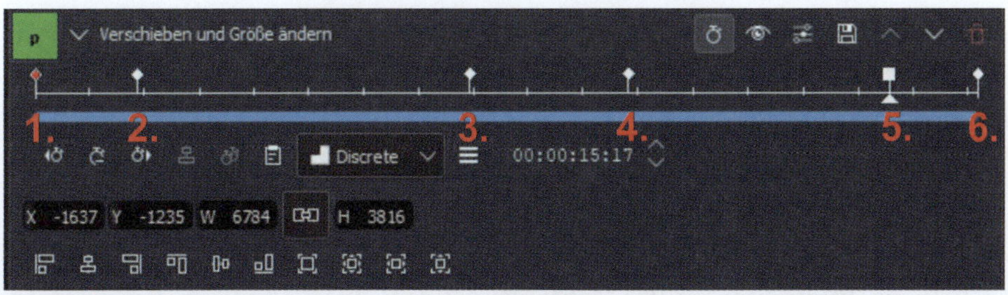

Abb. 10.20: Videoeffekte – ruhiger Schwenk zum Abschlussbild

Nachdreh zu Hause

Fotos, die entweder selbst fotografiert oder als Postkarte erworben wurden und das eigene Videomaterial ergänzen, bereichern die Produktion deiner Videos auf ungeahnte Weise.

Einen Wermutstropfen hat dieses Verfahren dennoch. In deine Videos integrierte Bilder sagen wenig bis nichts darüber aus, ob du tatsächlich selbst unter den malerischen Palmen der Südsee lagst – oder ob das hinreißende Urlaubsbild leihweise von einem Kollegen stammt. Niemand möcht dich zum Schummeln verleiten. Aber eine missglückte Videoaufnahme »nachstellen«, das ist erlaubt. Natürlich ist das Verfahren, Bilder und Videos zu vereinen, gängige Praxis in jeder allabendlichen Nachrichten- oder Magazinsendung. Kein Moderator sitzt im Urwald, wenn er über dessen Zerstörung spricht, und auch die Anmoderation über schmelzende Gletscher findet im warmen Studio statt. Es sieht doch aber so aus als ob … Nein, die Bilder von Eisbergen im Hintergrund sollen den Zuschauer »mitnehmen« an Orte von Umweltfreveln, die Probleme der abschmelzenden Polkappen deutlich und sichtbar machen. Das funktioniert nun mal besser mit Bildern der Katastrophenorte als mit einem gemütlich flackernden Kamin im Hintergrund des Moderators.

In den Kinderjahren der Videotechnik bedurfte es Studios, deren Wände mit hellblauer Farbe gestrichen waren, um die beschriebenen Effekte zu erreichen. Heute reichen eine farbige Tischdecke, möglichst einige Leuchten und eine Schnittsoftware wie Kdenlive für das Verfahren mit dem Namen ...

Chroma-Key-Technik

Das Grundprinzip dieses Verfahrens beruht auf dem Austausch einer (Hintergrund-)Farbe gegen (fast) beliebige andere Farben. Verstanden? Ganz einfach:

- Vor der Kamera befindet sich als aufzunehmendes Objekt der Moderator. Dieser steht vor einem farbigen Hintergrund. Dieser ist einfarbig grün.
- Später wird in dem aufgenommenen Videoclip die Farbe Grün durch einen Effekt durchsichtig gemacht, sie verschwindet. Übrig im Bild bleibt der Moderator.
- Die durchsichtigen Stellen – sie waren mal grün – werden mit einem beliebigen Bild »ausgefüllt«. Dafür verwendest du ein Foto, einen anderen Videoclip oder eine Grafik.
- Dieses Foto sehen wir NUR an den Stellen, die durchsichtig sind, also früher mal grün waren. Dort, wo der Moderator steht – er war ja nie grün, also auch nicht durchsichtig –, siehst du den Moderator.

Stolperstellen des Verfahrens:

- Die Hintergrundfarbe darf nicht im Motiv vorkommen.

  Ein Moderator mit grün gestylter Frisur führt zum Scheitern des Verfahrens. Die grünen Haare würden durchsichtig und später in diesen Bereichen das neue Bild zeigen.
- Der grüne Hintergrund sollte keine Reflexionen auf das aufzunehmende Objekt werfen.
- Das aufgenommene Objekt darf keine Schatten auf den (grünen) Hintergrund werfen.

Mit einem ausreichenden Abstand zwischen farbigem Hintergrund und Objekt vermeidest du Nebenwirkungen des Verfahrens.

Zusammenfassung:

- Der Moderator wird durch die Chroma-Key-Technik nicht verändert.
- Der grüne Hintergrund wird gegen ein anderes Bild ausgetauscht.
- Der Moderator scheint sich in dem Bild zu befinden.
- Durch die Wahl des (Hintergrund-)Bildes kann sich der Moderator an nahezu jedem beliebigen Ort befinden.
- Die Chroma-Key-Technik ist in der Hand ambitionierter Videomacher mit Hausmitteln gut zu realisieren.

Chroma-Key-Hintergrund

Grundsätzlich ist jede Hintergrundfarbe geeignet. Praktische Gründe sprechen für die Verwendung von Blau oder Grün: Ist das aufzunehmende Motiv blau, wird Grün als Hintergrund gewählt. Bei Grün im Objekt den Hintergrund Blau wählen.

Hintergründe (Grün/Blau) bietet der gut sortierte Fotohandel. Vielleicht arbeitet jemand aus deinem Umfeld in einer Klinik. Dort gibt es OP-Tücher, die (natürlich leihweise) als Hintergrund gut geeignet sind. Nach der Behandlung mit einem Bügeleisen und mit etwas Geschick befestigt sind sie fast perfekt für Chroma-Key-Videoaufnahmen eines Moderators. Als geeigneten blauen Hintergrund haben findige Videomacher eine Gymnastikmatte eingesetzt und schildern ihre Erfahrungen in [21].

Chroma-Key-Licht

Die Beleuchtung einer für Chroma Key geeigneten Aufnahme ist tatsächlich die größte Herausforderung für den Videomacher. Vor allem gilt es, Schatten auf dem Hintergrund zu vermeiden. Ideal ist die Beleuchtung mit zwei möglichst gleich beleuchtungsstarken Leuchten, die nur auf den Hintergrund gerichtet sind.

Aber auch das aufzunehmende Objekt darf nicht im Dunkel verschwinden. Aber Vorsicht, dass die Beleuchtung nicht zu Objektschatten auf dem Hintergrund führt.

Nachträgliche Vereinigung

Nach dem Dreh des Objekts vor farbigen Hintergrund folgt die Übernahme des Materials mit Kdenlive in das Videoprojekt sowie die Effekt-Bearbeitung. Du ziehst das (neue) Hintergrundbild in die Timeline und platzierst auf einer darüberliegenden Spur den Videoclip mit farbigem Hintergrund. Das neue Hintergrundbild ist erst einmal nicht zu sehen (es wird ja verdeckt).

Aus dem Effekte-Fenster in der Liste Alpha, Mask and Keying wählst du Chroma Key: Advanced (Color Selection) aus und ziehst ihn auf den Videoclip oder in das Fenster Effekt-/Übergangs-Stapel.

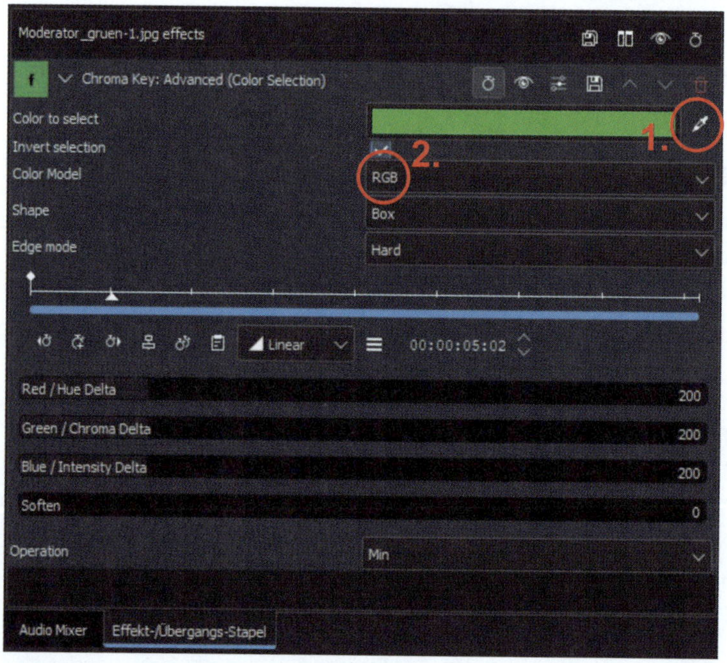

Abb. 10.21: Chroma Key – Farbe selektieren

1. Mit der Pipette die Farbe wählen, die ausgeblendet werden soll (hier Grün)
2. Farbmodell des Clips wählen

Shape und Edge Mode laden zum Experimentieren ein.

Es hat sich bewährt, auch den Effekt Transformieren aufzurufen.

Die genaue Größe sowie die Lage des Objekts können mit diesem Effekt präzise angepasst werden. Der Effekt ist keyframefähig, das überlagerte Objekt kann also Lage und Größe während der Laufzeit des Videoclips ändern.

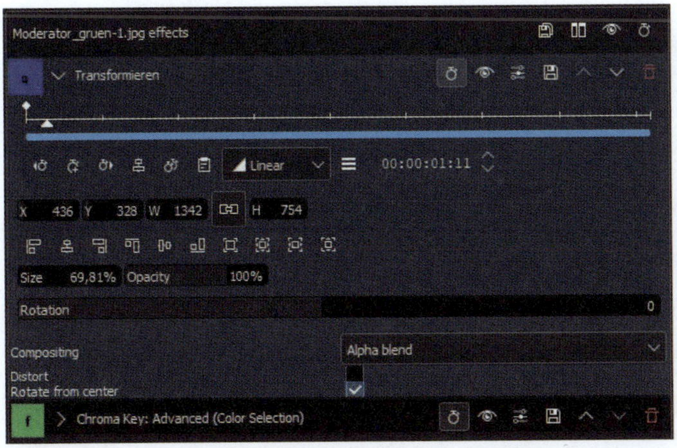

Abb. 10.22: Chroma Key – Größe und Position anpassen

Das Beispiel zeigt ein Bildobjekt in überwiegend grüner Farbe. Ein geliehenes »OP-Tuch« als Hintergrund scheidet also aus. Bei kleineren Flächen geht schon mal eine Iso-Matte. Für größere Flächen empfiehlt sich die Nachfrage nach einem blauen Hintergrund im gut sortierten Fotofachhandel.

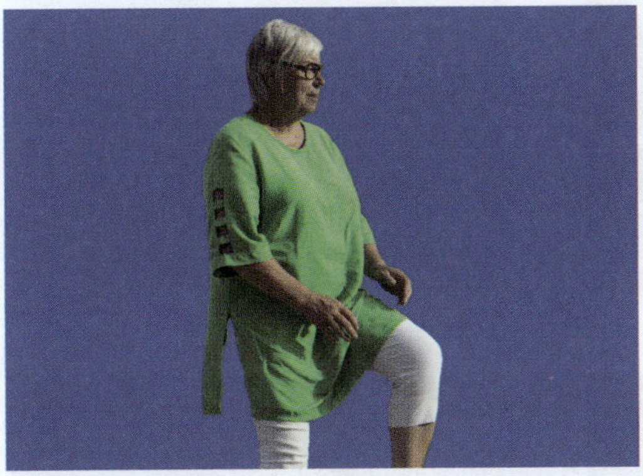

Abb. 10.23: Chroma Key – blauer Hintergrund

Auch Fotoklubs helfen freundlichen und gelegentlich nachfragenden Nutzern gern aus.

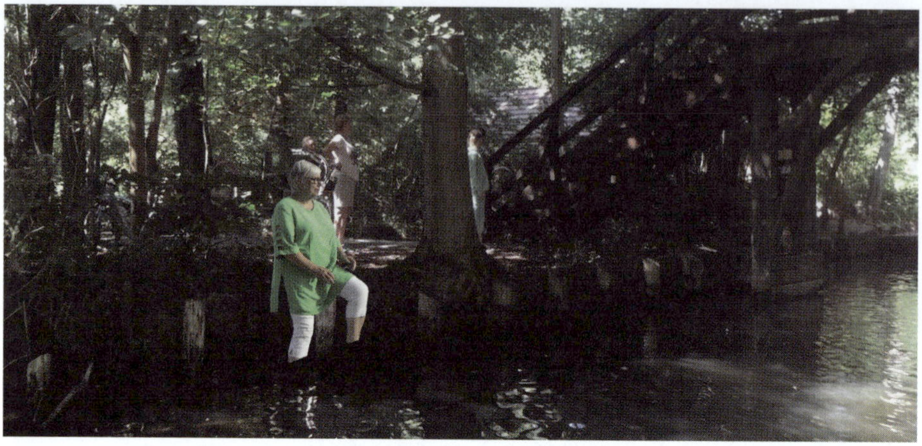

Abb. 10.24: Chroma Key – Ergebnis: Abkühlung in der Spree

Ein wenig Zauberei bietet der Chroma-Key-Effekt schon und der Vorstellungskraft, ihn anzuwenden, sind kaum Grenzen gesetzt. In diesem Beispiele kommt der Chroma-Key-Effekt gleich mehrfach zur Anwendung.

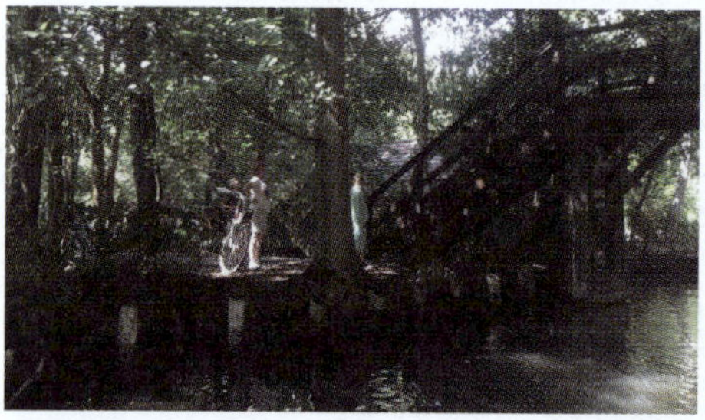

Abb. 10.25: Hintergrund

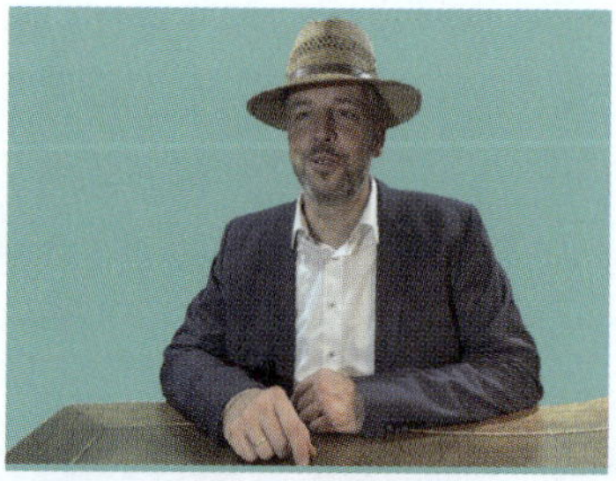

Abb. 10.26: Protagonist vor Grün

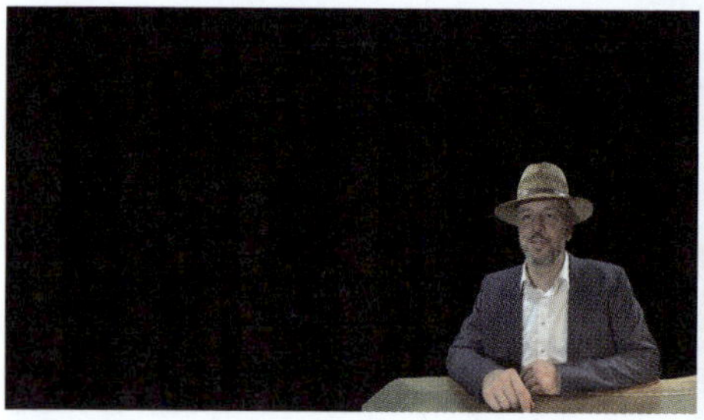

Abb. 10.27: Größe und Lage angepasst

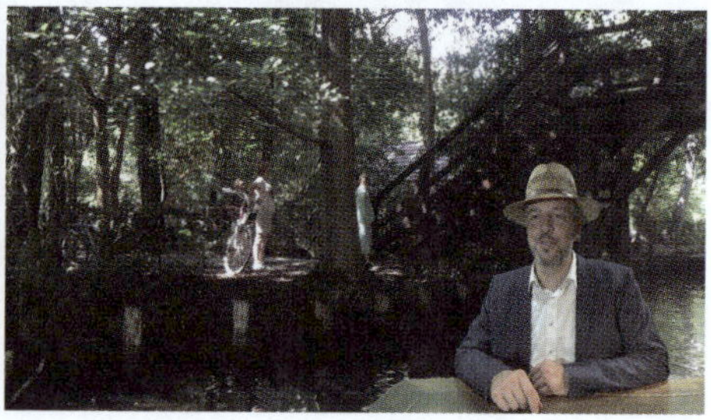

Abb. 10.28: Chroma Key – Ergebnis

Effekte im Video zu verwenden ist (nicht nur) eine Frage des technischen Geschicks, sondern der Absicht, deine Video-Geschichte interessanter und spannender zu erzählen.

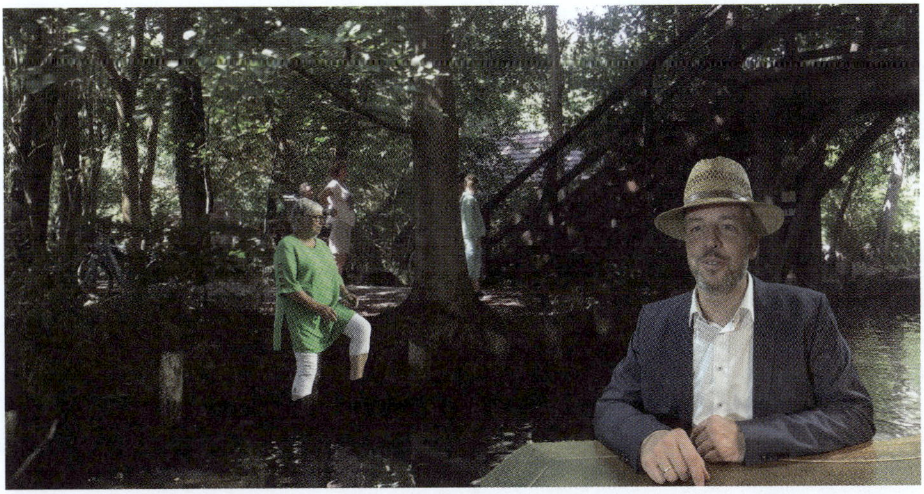

Abb. 10.29: Chroma Key – funktioniert auch mehrfach in einem Videoclip

Es ist ausdrücklich nicht zu empfehlen, ein Video mit Effekten zu überladen. Es lohnt aber, sich die Effektwelt der kostenlosen Videoschnittsoftware Kdenlive zu erschließen und die leistungsstarken Werkzeuge in den Dienst deiner Video-Geschichten zu stellen.

Während der Mann vor der Kamera vom Urlaubsparadies schwärmt, erscheint mit einem Fade-In die am Ufer sitzende Dame, ihre Füße im Wasser kühlend. Mit einem Fade-Out verblasst und verschwindet die Dame: die »Abkühlszene am Fluss« fast mit einem mystischen Touch.

Vielleicht ist auch das Wissen, mit wenigen Mausklicks die eigenen Videoclips derart verwandeln und veredeln zu können, eine bisher ungeahnte Quelle für neue Videoideen.

Kapitel 11

Rechtsfragen

Recht für Videoamateure

Videos herzustellen hat immer mit Menschen zu tun. Es sei denn, du beschränkst deine Dreharbeiten auf Knete-Männchen und Strich-Zeichnungen. Bei jedem Video aus dem Urlaub, bei Veranstaltungen in der Firma oder im Kindergarten bildest du mit der Kamera Menschen ab, die zu sehen und/oder zu hören sind. Später, das Video ist fertig geschnitten und auf deinen YouTube-Kanal geladen, können Oma und Opa und noch ein paar Tausend Verwandte, Bekannte und Freunde im Internet erleben, wie es im Skiurlaub von der heißen Piste in die noch heißere Bar und dort hoch herging. Jeden Abend lief die Kamera in der gemütlichen Berghütte, viele Momente des turbulenten Winterurlaubs hast du in deinem Urlaubsvideo verarbeitet: die fesche Bedienung, die Maß um Maß Bier mit einem Zwinkern servierte, Aufnahmen von der hoteleigenen Postkarte. Das Ganze musikalisch begleitet von einer Audio-CD der Schrummelsberger Musikanten, die gab es beim Tanztee günstig zu erwerben. Ein Video, das bei Freunden und Bekannten viel Zustimmung fand. Bis ein paar Tage später eine weniger nette E-Mail die Winterurlaubsvideofreude deutlich eintrübte. Der Absender, Herr XYZ, Zimmernachbar aus dem Winterurlaub. Die nette Familie, die Kinder 10 und 12 Jahre alt, begeisterte Wintersportler und täglich auf der Piste, waren mehrfach vor die Kamera »gelaufen«. Natürlich hast du sie vor den mutigen Abfahrten mit der Kamera festgehalten, groß und mit O-Ton. Als Dank für das Gespräch vor der Kamera bekam Familie XYZ den YouTube-Link zum fertigen Video und der Videohersteller den wenig freundlichen Hinweis, dass mit der Veröffentlichung des Videos Verstöße in allen möglichen Rechtsgebieten verbunden sind.

Blitzartig kommt dir der Gedanke: Aber das ist doch alles nur ein Privat-Video. Das Ergebnis des ausgiebigen Gesprächs mit dem E-Mail-Absender, er outet sich als Rechtsanwalt, ist überaus erhellend – für jeden Videomacher.

Betroffene Rechtsgebiete

Vor Hinweisen, Erläuterungen und Empfehlungen in diesem Buch muss klar sein, sie alle stellen keine Form der Rechtsberatung dar. Das ist wie bei Tante Erna, die mir bei Erkältungskrankheiten ihre alternativlosen Hausmittel empfiehlt oder gar aufdrängelt. Denn diese »Ratschläge« sind verboten, wenn sie in irgendeiner Form entgeltlich gegeben werden oder per Gesetz ausschließlich bestimmten Berufsgruppen vorbehalten sind. Selbst wenn Ratgebende gegenüber Ratsuchenden eine besondere Vertrauensstellung besitzen, können Empfehlungen und Ratschläge Haftungsfragen gegenüber dem Ratsuchenden nach sich ziehen.

Was für Tante Ernas Beratung bei Erkältungskrankheiten gilt, ist auch zutreffend bei der Beratung zu Rechtsfragen auf diesen Seiten. Rechtsverbindlich beraten und Auskünfte erteilen dürfen Anwälte, Erfahrungen austauschen hingegen kann ich mit Gleichgesinnten, in Internetforen, im Videoklub usw.

Als Videomacher rechtssicher zu agieren, ist vor allem schwierig, weil es nicht das *eine* Videorecht gibt. Je nachdem, was du mit der Kamera (egal ob für Video- oder Fotoaufnahmen) einfängst und was danach mit den gespeicherten Daten passiert, immer bewegst du dich in verschiedenen und oft gleichzeitig in mehreren Rechtsgebieten.

Aspekte aus dem Persönlichkeitsrecht

Jeder Mensch hat das Recht, zu entscheiden, ob Film- und Videoaufnahmen von ihm angefertigt werden. Dieses Recht am eigenen Bild regeln die Paragrafen 22 und 23 im Kunsturhebergesetz [24].

Mit Einführung der Datenschutz-Grundverordnung (DSGVO) im Jahr 2018 konnte so mancher in (s)einem Verein bereits Erfahrungen zum Umgang sowie zur Veröffentlichung von Daten sammeln. Personenbezogene Daten entstehen mit der Smartphone-Kamera beim Aufnehmen von Personen. Ob dabei deren Gesicht erkennbar ist oder ein anderes markantes Merkmal Rückschlüsse auf die Identität zulässt, ist gleichgültig.

Allein und ausschließlich die Verwendung dieser personenbezogenen Aufnahmen (Daten) für familiäre und private Zwecke ist gestattet, sofern diese Aufnahmen nicht verbreitet oder öffentlich zur Schau gestellt werden.

Den Videoaufnahmen der familiären Kaffeetafel zu Omas 100. Geburtstag steht nichts im Weg – bis der Bürgermeister, einen Präsentkorb im Arm, zum

Jubiläum erscheint. Wird der oberste Vertreter der Stadt vor der Aufnahme gefragt und stimmt zu, kann gedreht werden.

Die Zustimmungspflicht entfällt, wenn Aufnahmen von Versammlungen oder Aufzügen entstehen, an denen die dargestellten Personen teilgenommen haben, etwa bei Festumzug anlässlich des XXX. Stadtjubiläums.

Befreit von Sorgen bist du auch, wenn die abgebildete Person sich gegen einen finanziellen Ausgleich zur Aufnahme bereit erklärt hat.

Bei der Aufnahme von Kindern unter 18 Jahren geht ohne Zustimmung der Erziehungsberechtigten ebenfalls nichts mit der Kamera.

Personen, die »zufällig« ins Bild geraten, während gerade Videoaufnahmen entstehen, etwa in der Stadt, in einem Park, auf einem Schulhof, solltest du besser über die Dreharbeiten informieren. Mit der Erklärung, dass sie wenig oder überhaupt nicht erkennbar sind, kannst du meistens Ungemach und Streit vermeiden.

Einen Abbildungsbonus hast du beim Drehen von »Promis«. Dazu zählen Menschen, deren öffentliche Präsenz offensichtlich ist, etwa Politiker, Sportler, Künstler, Wissenschaftler.

Präzise Vorgaben sind dem Gesetz in mancher Hinsicht nicht zu entnehmen. So bleibt in konkreten Zweifelsfällen nur das Nachfragen: Darf die Kamera jetzt laufen?

Ob der zu Omas 100. Geburtstag gratulierende Bürgermeister – seit der gewonnenen Kommunalwahl vor 6 Monaten ein politischer Quereinsteiger und sehr talentiert – in die Kategorie prominenter Politiker fällt und damit gedreht werden darf, solltest du juristisch lieber nicht ausfechten. Gehe auf ihn zu, mache ihn spontan und mit freundlichen Worten zum Protagonisten des Videos – und er wird dir die Dreherlaubnis erteilen.

Sind sämtliche Zustimmungen eingeholt, darf die Smartphone-Kamera aufzeichnen und bald steht die nächste Frage im Raum: Ist die Vorführung des fertigen Videos in ausschließlich (privatem) familiärem Kreis geplant? Oder soll das Video ein größeres Publikum erfreuen?

Bei der Vorführung eines Videos im engen Kreis, dazu zählen neben der Familie auch Freunde und enge Bekannte, greift die DSGVO nicht. Jede Vorführung über diesen sehr eng begrenzten Kreis hinaus ist öffentlich und bedarf der Zustimmung der abgebildeten und nicht unkenntlich gemachten Personen. Mit dem Schutz der Persönlichkeitsrechte haben wir also auch nach dem Videodreh zu tun. Die Zustimmung der abgebildeten Personen sollte daher unbedingt auch die spätere Verwendung des Videos einschließen.

Öffentlich sind Videoaufnahmen auch in der Cloud, selbst wenn der Zugang Personen ermöglicht wird, die zu dem sehr engen Kreis der Familie, Freunde, Bekannte zu zählen sind. Gleiches gilt für die Veröffentlichung in sozialen Medien bei Twitter, TikTok, Facebook und natürlich YouTube und anderen Videoportalen.

Ein Blick in das Urheberrecht

Das Urheberrecht schützt Werke der Literatur, Wissenschaft und Kunst, wozu auch Videos gehören.

Im Falle der Herstellung eines Videos bist du der Urheber dieses Videos. Dabei reicht es nicht, die Idee für (ein ganz tolles) Video zu haben und dieses Video später einmal herstellen zu wollen.

Erst wenn das Video existiert, man sagt auch, dass es ein Werk ist, bist du Urheber und besitzt automatisch und genau an diesem Werk das Urheberrecht.

Du musst das Urheberrecht an deinem Werk nicht irgendwo anmelden oder eintragen lassen. Es ist mit der Schaffung des Videos entstanden und dann einfach da. Es ist deshalb da, weil ja auch das Video da ist. Auf dem PC oder einem Stick oder hochgeladen auf YouTube.

Das Urheberrecht kannst du nicht verkaufen, verschenken oder sonst irgendwie »loswerden«.

Als Urheber des Werkes kannst du bestimmen, ob und wie das Werk genutzt werden darf. Du bestimmst über die Verwertung des Werkes, da du als Urheber auch über die Verwertungsrechte verfügst. Die Verwertung kannst du selber wahrnehmen oder sie anderen übertragen. Mit der Verwertung kann auch eine finanzielle Gewinnabsicht verbunden sein.

So wie für dein Video (Werk) gelten die Urheberrechte und die Wahrnehmung der Nutzungsrechte auch für Werke anderer Urheber. Dazu gehören Fotos, Bilder, Musik, grafische Entwürfe, Videos, Bücher, Tonaufnahmen, Geräusche, Software und viele andere Werke im Sinne des Urheberrechts [25].

Bei der Herstellung eines Videos kommst du häufig mit den Werken anderer Urheber und deren Nutzungsrechten in Berührung. Dazu zählt die Verwendung fremder Fotos, Sprach- oder Musik-CDs, Geräusche, Videos usw.

So kann festgelegt sein, dass die Verwendung eines Bildes nur gegen Zahlung einer Gebühr genehmigt ist. Ebenso können Nutzungsrechte die unentgeltliche Verwendung von Musik festlegen.

Auf der Postkarte (ein Werk) des Winterhotels sind Fotos, an denen ein Mensch Urheberrechte und ein Mensch oder eine Gesellschaft Nutzungsrechte besitzen. Vor der Verwendung der Bilder dieser Postkarte musst du den Inhaber der Nutzungsrechte ausfindig machen und erfragen, ob die Nutzungsrechte die Verwendung der Postkarte in deinem Video erlauben.

Sind in dieser Hinsicht Probleme absehbar, kann sich – bei guter Planung – das Drehen oder Fotografieren des Hotels von außen mit dem eigenen Smartphone durchaus lohnen. Es spart viel Geld und/oder Ärger, wenn du bedenkst, dass Außenaufnahmen, also von der Straße, ohne Probleme verwendet werden dürfen.

Im Gegensatz dazu ist der Einsatz von Musik deutlich komplizierter. Es ist klar, dass an einer Musik Urheberrechte bestehen. Für die Verwendung eines Musikwerks in deinem Video brauchst du eine Genehmigung, die der Urheber auch versagen kann. Die Zustimmung solltest du vom Urheber schriftlich bestätigen lassen.

Das Urheberrecht erlischt 70 Jahre nach dem Tod des Urhebers. Mit dem Tod des Urhebers geht es auf die Erben über. Die Frist von 70 Jahren gilt für Musik, Fotos, Bilder und Gemälde, grafische Darstellungen und andere Werke, die unter das Urheberrechtsgesetz fallen.

Lizenzrecht und GEMA

Verwendest du für die musikalische Begleitung deines Videos eine Musik-CD, berührt das neben dem Urheberrecht zusätzlich Nutzungsrechte, die durch Aufnahme und Audio-CD-Herstellung entstanden sind.

Diese Nutzungsrechte auszuüben und zu kontrollieren, übertragen Urheber Verwertungsgesellschaften. In Deutschland lassen etwa 70.000 Urheber die Nutzungsrechte an ihren (Musik-)Werken durch die GEMA (Gesellschaft für musikalische Aufführungs- und mechanische Vervielfältigungsrechte) verwalten.

Enthält dein Video Musik von einem durch die GEMA vertretenen Urheber, wird die Gesellschaft automatisch dein Vertragspartner. Per Gebührenordnung lassen sich die zu erwartenden Kosten der Musiknutzung in deinem Video ermitteln.

Lizenzen für schöpferisches Gemeingut – CC

Weniger spektakulär ist die bereits im Kapitel *Musik aus dem Netz* auf Seite 156 aufgezeigte Möglichkeit, Musik aus Quellen zu beziehen, die nicht unter den Standardschutz »alle Rechte vorbehalten« fallen.

Diese geschützten Inhalte unterliegen Creative-Commons-Lizenzen (CC) [26]. CC ist eine Non-Profit-Organisation, die Urhebern Hilfestellung für die Freigabe geschützter Werke in Form vorgefertigter Lizenzverträge anbietet. Derzeit stehen sechs Lizenzverträge zur Verfügung, mit denen Urheber unterschiedliche Freiheiten für die geschützten Inhalte einräumen. Die dabei geregelten Rechte beziehen sich auf:

- Namensnennung

  Der Name des Urhebers muss genannt werden.
- Kommerzielle Verwendung

  Die kommerzielle Verwendung des Werkes ist nicht erlaubt.
- Erlaubnis der Veränderung von Inhalten

  Die Veränderung des Werkes ist nicht gestattet.
- Weitergabe unter gleichen Bedingungen
- Nach der Veränderung muss das Werk unter der gleichen Lizenz weitergegeben werden.

Aus diesen vier Modulen ergibt sich durch die Kombination die schon genannte Auswahl von insgesamt sechs verschiedenen CC-Lizenzen, die dem Rechteinhaber in offizieller deutscher Übersetzung derzeit in der Version 4.0 zur Verfügung stehen.

Ein sehr genaues Studium der Lizenzbedingungen ist dennoch dringend empfohlen, da die freie oder kostengünstige Verwendung der Musik auf bestimmte Ereignisse beschränkt ist. So kann die private und nicht kommerzielle Verwendung frei von Gebühren sein, die Verwendung der Musik in einem kommerziellen Umfeld – Imagevideo eines Unternehmens, einer wissenschaftlichen Institution oder Behörde – dagegen kostenpflichtig.

CC BY	Namensnennung
CC BY SA	Namensnennung Weitergabe gleiche Lizenzbedingung
CC BY NC	Namensnennung, nicht kommerziell
CC BY NC SA	Namensnennung, nicht kommerziell, Weitergabe gleiche Lizenzbedingung
CC BY ND	Namensnennung, keine Bearbeitung
CC BY NC ND	Namensnennung, nicht kommerziell, keine Bearbeitung

Die nicht genehmigte Verwendung der Audio-CD der Schrummelsberger Musikanten in deinem auf YouTube veröffentlichten Video ist damit eine Urheberrechtsverletzung sowie eine Verletzung der Nutzungsrechte.

Aufnahmen mit Kindern und Jugendlichen

Mit der Vollendung des 14. Lebensjahres müssen Eltern und Jugendliche den Aufnahmen zustimmen. Für jüngere Kinder ist die Einverständniserklärung der Eltern erforderlich, aber auch ausreichend. Ein Dreh der Nachbarskinder auf der Schneepiste ohne ausdrückliche Zustimmung der Eltern – also keine gute Idee. Verletzt werden in diesem Fall Persönlichkeitsrechte des Kindes sowie der Schutz von personenbezogenen Daten. Ohne ausdrückliche Zustimmung ist der Dreh auf der Piste ebenso verboten wie ein Dreh im Kindergarten. Es sei denn, mit den Erziehungsberechtigten der »Kleinen« gibt es präzise Absprachen zu den Aufnahmen und zur späteren Verwendung des Materials.

Trotz der restriktiven Regeln der DSGVO gibt es Eltern, die Interesse haben, auf Videoaufnahmen auch ihre Kinder zu sehen und im Kreis ausgewählter Zuschauer zu zeigen.

Im Meer sozialer Medien

Bevor sich soziale Medien vom Tummel- und Tauschplatz privater Äußerungen zum medial hochgerüsteten Kampfgebiet im öffentlich geführten Meinungsdiskurs wandelten, beschränkte sich die Weitergabe von Videoproduktionen auf selbst gebrannte DVDs. Deren Herstellungs- und Vervielfältigungsaufwand engte schon aus ökonomischen Gründen die Reichweite – also die Menge der Menschen, die durch ein Medium erreicht werden – deutlich ein. Kein vernünftiger Mensch hätte in seinem Wohnviertel per Video-DVD bekannt gemacht, dass der Filius ein Rotkäppchenkostüm für den Kinderfasching bevorzugt. Die nicht unbegründeten Bedenken, dass »besorgte« Nachbarn diese Verhalten Jahre später äußerst eigenwillig auslegen könnten, ist verständlich und in keiner Weise lebensfremd.

Weshalb also Bilder und Videos aus dem familiären oder zumindest privaten Umfeld in die ganze Welt »posten«? Es ist ein verbreiteter Irrglaube, dass ständige und weltweite Präsens von jedermann wie ein Gottesurteil über den Segnungen der Medienwelt schwebt.

Ganz im Sinne der Bekämpfung von Missbrauchsmöglichkeiten – und das gilt besonders für Aufnahmen von Kindern und Jugendlichen – ist (Selbst-) Beschränkung nicht nur das Ziel gesetzlicher Regelungen, sondern technisch sehr wohl möglich. Damit ist kein Zurück zur »Selbstgebrannten« (DVD) gemeint, sondern die bewusste Auswahl und Verwendung der medienfähigen Portale. Social-Media-Kanäle, in denen sich die private Nutzung von Inhalten nicht auf einfache Weise einstellen lässt, solltest du so lange meiden, bis sicher ist, dass ausschließlich von dir autorisierte Personen auf deine Videos zugreifen können.

Niemand wird auf ein erfrischendes Bad im Meer verzichten, weil die Gefahr des Ertrinkens besteht. Vernünftiger ist es, die Tücken des Meeres kennenzulernen, nicht ins unbekannte Wasser zu springen, gut vorbereitet zu sein und am besten auch noch Schwimmen zu erlernen. Im Meer der sozialen Medien gelten ähnliche Verhaltensregeln, um möglichen Schaden vorzubeugen und zu verhindern.

Einem Video über den Kinderfasching und einem männlichen Rotkäppchen kann Jahre später der Betroffene, inzwischen selber Vater von zwei Kindern, Erheiterndes wie Erhellendes abgewinnen und für eigene, pädagogisch kluge Entscheidungen nutzen.

Nutze daher die Medienportale nur dann zur Ausdehnung der Reichweite, wenn du ganz sicher bist, dass die halbe Welt Gast in deinem Privatleben sein soll.

Anders ist die Situation beim Verein, Unternehmen oder bei einer wissenschaftlichen Einrichtung. Da kannst du mit einem Mausklick die Welt medial erobern – oder es wenigstens versuchen.

YouTuber & Co

Dass du als aktiver YouTuber oder Nutzer anderer sozialer Netzwerke den gültigen Rechtsnormen Videos betreffend unterliegst, beschreibt ausführlich und auf aktuellem Stand [28].

- Für Videos, die du hergestellt hast, besitzt du die Urheberrechte.
- Für die Musikverwendung musst du eine Genehmigung des Urhebers der Musik haben. Zusätzlich kann die Verwendung von Musik gegenüber dem Inhaber der Nutzungsrechte der Musik kostenpflichtig sein.
- Musik, die unter die Creative-Common-(CC-)Lizenzierung (*Seite 196*) fällt, darf häufig, aber nicht immer, kostenfrei verwendet werden. Konkrete Aussagen dazu findest du als Lizenzhinweis zu dem entsprechenden Musikwerk.

- Jede Verwendung von urheberrechtlich geschütztem Material, Musik, Videos, Bilder und grafische Darstellungen, berührt Urheber- und die Nutzungsrechte, bedarf der Genehmigung und ist häufig kostenpflichtig.

  Selbst die Verwendung solchen Materials als Zitat oder »unwesentlichem Beiwerk« – ein Bild im Hintergrund, eine Musik aus einem Radio, ein Film im TV-Gerät – kann Probleme bereiten. Sicherheit schafft nur eine verbindliche rechtliche Abklärung.

- Die Verwendung eines Videos im Internet durch Einbetten ist grundsätzlich gestattet, setzt aber immer die Zustimmung des Inhabers der Nutzungsrechte voraus.

  Auf die gleiche Weise sind auch deine Videos geschützt. Das »Embedden« in andere Internetseiten bedarf deiner Zustimmung.

Der Check vor dem Dreh

Ob ein Familienvideo entstehen soll, der Verein für neue Mitglieder wirbt oder (m)ein Unternehmen mit einem Imagevideo Nutznießer meiner medialen Fertigkeiten sein wird, bevor der erste Videoclip aufgezeichnet wird, sind immer eine Reihe von rechtlich bedeutenden Fragen zu bedenken. Eine sehr gute Übersicht in Form von Checklisten für viele Rechtsfragen bei Videoproduktionen findet sich in [22]. Den Blick für die Vielfalt der Rechtsfragen bei der Herstellung von Videos kann diese Zusammenstellung schärfen, nicht aber die anwaltliche Beratung ersetzen.

Kapitel 12

YouTube

Aus der tollen Idee ist endlich ein fertig geschnittenes Urlaubsvideo entstanden. Die Oma ist neugierig und lockt mit Kaffee und Kuchen, die Kollegen sticheln und wollen zum jährlichen Grillabend das groß Angekündigte, ach so tolle Urlaubsvideo sehen. Immerhin sind etliche Wochen seit dem Urlaub vergangen, in dem auch der Dreh an der Ostsee stattfand. Doch noch befindet sich das geschnittene Video auf mehreren Spuren in der Timeline und wartet darauf, in die Medienwelt entlassen zu werden.

Mit dem PC in die Firma zu laufen und auf dem Schreibtisch das mühsam entstandene Werk zu präsentieren, erscheint dir so unpassend, wie ein 5-Gänge-Menü aus einem Campinggeschirr zu verspeisen. In der Firma gibt es im Schulungsraum Beamer und Computer, internetfähig natürlich. Der Raum ist abzudunkeln, eine weiße Wand dient als Projektionsfläche. Sogar gut klingende Lautsprecher sind installiert.

Hier möchtest du es den Kollegen zeigen ...

Konto einrichten

Irgendwie muss das Videoprojekt nur noch ins Internet. Mit dem Schnittprogramm Kdenlive wirst du auch diesen letzten Schritt erfolgreich gehen. Hast du YouTube zu deinem bevorzugten Videoportal erwählt, brauchst du ein Google-Konto. Nutzt du Google-Dienste wie Gmail, Blogger, Maps – und besitzt bereits ein Google-Konto –, sind die Google-Accountdaten auch zum Anmelden bei YouTube gültig.

Das von Kdenlive ausgegebene Videofile kannst du später auf der Startseite von YouTube über ERSTELLEN hochladen.

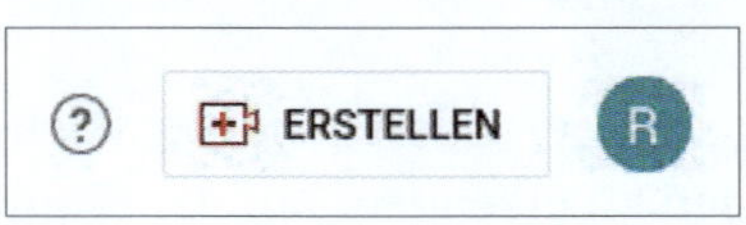

Viele Clips – ein Video

Wenn in deinem Video die Schnittarbeiten zu voller Zufriedenheit abgeschlossen sind, folgt als letzter Schritt der Bearbeitung das Rendern. In Kdenlive sind es nur wenige Klicks, um aus den einzelnen Spuren der Timeline eine gerenderte Datei zu erzeugen. Dabei werden Fotos, Titel, Videos und Audioinformationen, die ja auf mehreren Spuren verteilt liegen, unter Verwendung sämtlich verwendeter Effekte berechnet und so miteinander »gemixt«, wie es beim Schnitt sorgfältig in der Timeline bestimmt wurde. Beim Rendern entsteht als Resultat die Datei für das Abspielen auf einem Endgerät. Rendern rufst du über das Menü PROJECT und dann RENDER ... (es geht auch mit *Ctrl* + *Return*) auf. Es öffnet sich das *Rendering-Fenster* und zeigt auf den ersten Blick eine kaum überschaubare Vielfalt an Optionen.

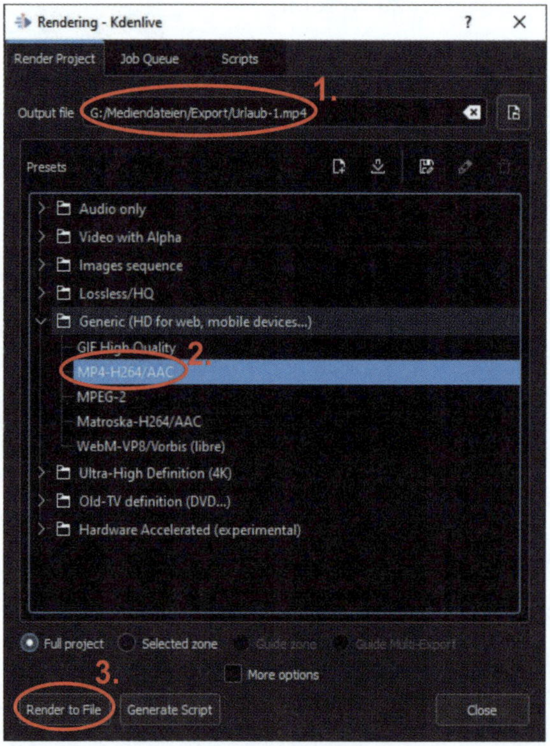

1. Speicherplatz und Dateinamen festlegen
2. Videoformat wählen
3. Rendern starten, Ausgabedatei erzeugen

Abb. 12.1: Rendern – Grundeinstellungen

Das verwundert nicht, da Kdenlive in der Lage ist, gerenderte Videodateien für eine Vielzahl von Geräten und Anwendungen zu erzeugen. Mit der Wahl des Ausgabeformats MP4-H264/AAC setzt du auf einen weitverbreiteten Industriestandard für die Videokomprimierung von Dateien. Wenn dein Video auf YouTube laufen soll, gilt dieses Format als optimale Wahl. Tiefer in die technischen Details der Videokomprimierung auch bei höheren Auflösungen (4K) kannst du mit [29] einsteigen. Bei längeren Videos und nicht so flotten Computern kann das Rendern mitunter einige Minuten dauern. Ungeduld hilft da wenig, genieße die Vorfreude auf das fertige Video.

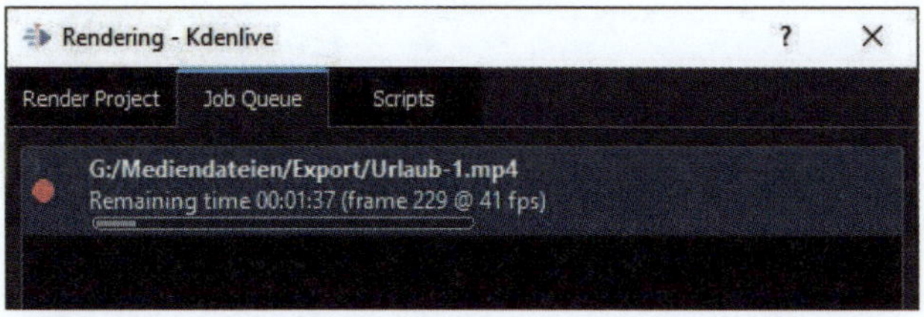

Abb. 12.2: Rendern – der Job läuft, kann aber etwas Zeit in Anspruch nehmen.

Läuft alles fehlerfrei, hat Kdenlive das gerenderte Video im Verzeichnis OUTPUT FILE abgelegt.

Kommt es beim Rendern der Videodatei zu einem Abbruch, gibt Kdenlive eine Fehlermeldung mit Hinweis auf die Fehlerursache aus. Am häufigsten sind falsche Datenformate der Mediendateien im Projektfenster die Ursache für Fehlermeldungen. Häufig hilft es, im Menü CLIP den Menüpunkt TRANSCODE TO EDIT FRIENDLY FORMAT aufzurufen und Mediendateien an die Projekteinstellungen anzupassen.

Für die Betrachtung der gerenderten Videodatei reicht ein Standardprogramm des Betriebssystems. So ist der *Windows Media Player* ebenso geeignet wie das Programm *VLC media player* [30]. Das Videoschnittprogramm Kdenlive kannst du erst einmal beenden und im nächsten Schritt die gerenderte Videodatei zum Videoportal YouTube hochladen. Im Internetbrowser musst du youtube.com aufrufen und dich anmelden.

Ein Klick auf ERSTELLEN öffnet in YouTube ein großes Fenster. In das ziehst du per Drag&Drop dein Video mit der Maus. Ein weiteres Fenster öffnet sich und das Hochladen des Videos beginnt. Das dauert je nach Videolänge und Qualität der Internetverbindung ein wenig. Darüber informiert YouTube im unteren Fensterbereich.

Die auszufüllenden Felder sind weitestgehend selbsterklärend.

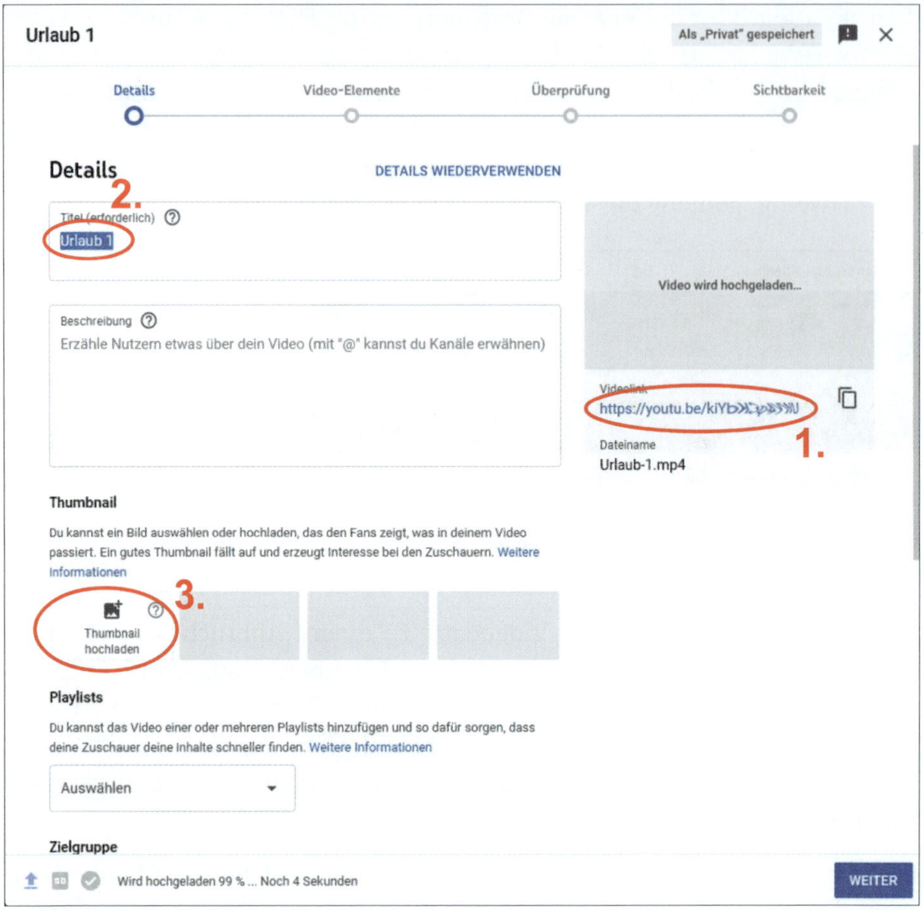

Abb. 12.3: YouTube

1. Hier zeigt YouTube die Internetadresse, unter der dein Video abgerufen werden kann.
2. Der Titel ist im einfachsten Fall der Videodatei-Name. Unter diesem Namen ist das Video bei YouTube zu finden. Der Name sollte Suchbegriffe enthalten, die ein Zuschauer verwendet, wenn er nach deinem Video sucht.
3. Video-Thumbnails zeigen Zuschauern Ausschnitte deines Videos. Sie können aus deinem Video stammen oder aus einer externen (Foto-)Datei. Beachte dabei die Richtlinien von YouTube. Verstöße können sanktioniert werden [31].

Auf den folgenden YouTube-Seiten besteht die Verpflichtung zur Angabe der Zielgruppe. Diese Verpflichtung ergibt sich daraus, dass YouTube ein Dienst von Google ist und dem »US-Gesetz zum Schutz der Privatsphäre von Kindern im Internet (Children's Online Privacy Protection Act, COPPA)« unterliegt.

Zu beachten sind ebenso Hinweise zu Altersbeschränkungen und zur Werbung. YouTube überprüft nach dem Hochladen das Video auch auf die Verwendung von urheberrechtlich geschützten Inhalten.

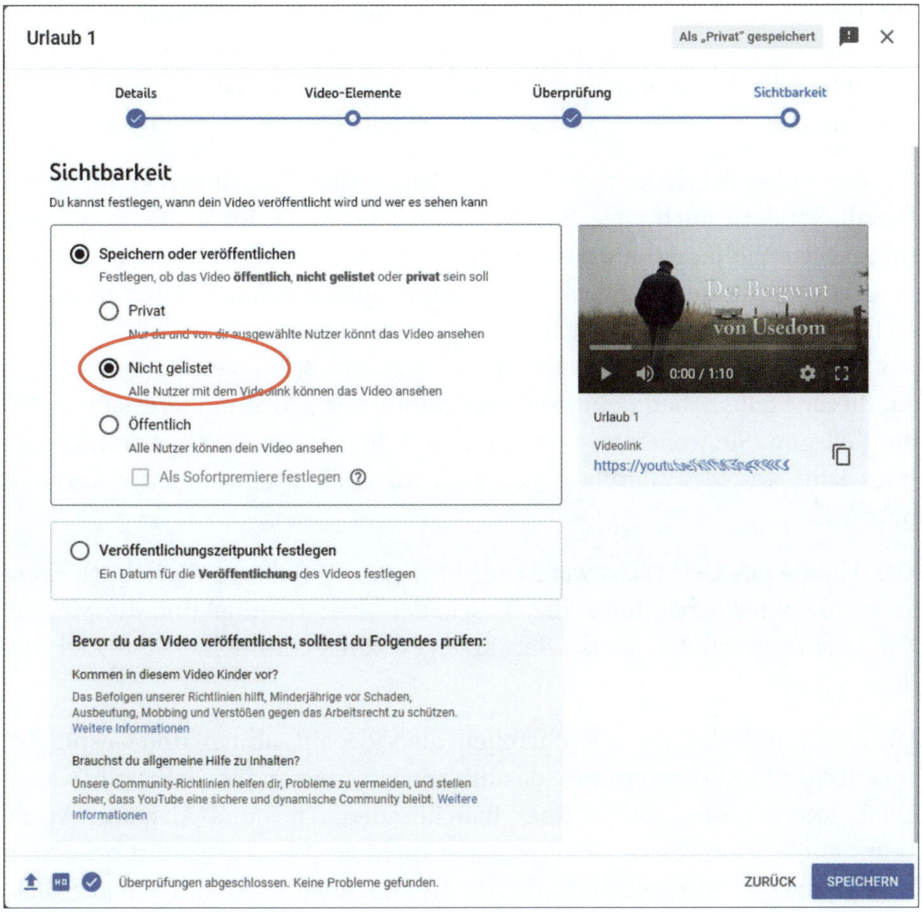

Abb. 12.4: YouTube – Reichweite ist gut zu skalieren.

Über die Einstellung der *Sichtbarkeit* kannst du die Abrufbarkeit deines Videos steuern:

- *Privat* – Nur Nutzer mit deinen Zugangsdaten können das Video sehen.
- *Nicht gelistet* – Nutzer mit dem Videolink können das Video sehen.
- *Öffentlich* – Jeder Nutzer bei YouTube kann das Video sehen.

Über gute Gründe, die Sichtbarkeit deines Videos nicht oder nicht sofort öffentlich zu machen, ist in *Im Meer sozialer Medien* auf Seite 198 nachzulesen.

Ist es vorbei?

mit dem großen Moment? Das Video ist gelaufen und selbst die sonst witzelnden Kollegen kommen um ein paar lobende Worte nicht herum. Auch auf den letzten Metern deines Videoprojekts warst du perfekt vorbereitet. Der Computer im Schulungsraum ist bei YouTube eingeloggt, das Bild auf der Projektionsfläche gut eingerichtet, die Tonwiedergabe überprüft und für gut befunden.

Als das Video lief, herrschte Ruhe im Raum und danach gab es nicht nur Beifall, sondern auch viele Fragen. Nicht zum Super-Smartphone mit den megavielen Bildpunkten und solch technischem Kram. Dass es ein Schnittprogramm mit unendlich vielen Funktionen gibt, daran denkt hier niemand. Es hat dich Stunden der Einarbeitung gekostet. Immer wieder hast du Musik aus dem Netz geladen und versucht, ob sie zum behäbigen Bergwart passt. An dieser Stelle haben heute viele geschmunzelt. Für ihn interessieren sich die Kollegen. Sie wollen wissen, wie er auf die witzige Idee mit dem Gipfelbuch kam, wie viele Bergbesteiger sich inzwischen in dem Buch verewigt haben …

Das Thema des Gesprächs waren der Protagonist und sein Gipfelbuch ebenso wie die »herrliche« Insel, die Ostsee, der blaue Himmel und die Möwen. Die Urlaubsgeschichte ist bei den Kollegen »angekommen«. Dein Ziel hast du erreicht.

Die Idee zum Video, deine Recherchen, die Videoaufnahmen und Gespräche, Insertschnitt und Keyframes – das interessiert niemanden, dafür gibt's auch keine Anerkennung. Selbst über Bauchbinden, Titel und Abspann wurde kaum ein Wort verloren. Die Zuschauer meinen: So etwas gehört bei einem Video dazu. Inzwischen weißt du, damit haben sie recht. Ein Video mal so »anzugehen«, hat dir unheimliche Freude bereitet. Es muss ja nicht immer im Urlaub passieren. Da fällt dir ein Artikel der Lokalzeitung ein: Der neu gegründete Verein für den Aufbau der historischen Wassermühle sucht Mitstreiter – Anruf unter Telefonnummer XXX. Vielleicht wäre ein Video über dieses Projekt hilfreich? Du greifst in die Tasche zum Smartphone, wählst die angegebene Nummer und meldest dich mit den Worten: Ich habe da eine Idee …

Anhang

Link- und Literaturverzeichnis

(auch zum Download unter www.mitp.de/0541)

1. Entwicklerseite der Videoschnittsoftware kdenlive
   https://kdenlive.org/de/
   Entwicklerseite der Videoschnittsoftware KDEnlive

2. Kdenlive downloadliste
   https://download.kde.org/stable/kdenlive/22.08/windows/kdenlive-22.08.0.exe.mirrorlist

3. Linux Manjaro
   Robert Gödl, mitp Verlag, ISBN 978-3-7475-0349-2

4. Blog im mitp Verlag zu
   https://blog.mitp.de/kdenlive/

5. Etwas längeres KDEnlive Einstiegs-Tutorial von Ralf Becker
   https://www.youtube.com/watch?v=G-x31rJfatc&t=0s

6. PhotoSync zur Übertragung von Videos und Photos von Handy auf PC
   https://www.photosync-app.com/home.html

7. Hersteller für Videotechnik und Zubehör u.a. Gimbal
   https://www.dji.com/de/om-5
   https://www.kabika.de/Lichttechnik/LED-Fluter-Scheinwerfer/230-V-Fluter/LED-Fluter-46W-4000lm-neutralweiss-Duracell/Maximus

8. Online-Tool, das aus Begriffen oder Suchphrasen Fragestellungen generiert – kostenlos
   https://www.w-fragen-tool.com

9. https://maestrolearning.com/blogs/6-tips-for-shooting-a-talking-head-video/
10. https://www.computerbild.de/artikel/cb-Tests-Handy-Test-2020-Smartphone-Kamera-Zoom-Tele-Aufnahmen-29397689.html
11. Software für Drehbuchschreiber https://dramaqueen.info/about/
12. Aristoteles in Hollywood: das neue Standardwerk der Dramaturgie. Ari Hiltunen. Bastei Lübbe, 2001.
13. Anschlussfehler https://de-academic.com/dic.nsf/dewiki/84508
14. https://userbase.kde.org/Kdenlive/Manual/QuickStart/de Kdenlive/Handbuch/Schnellstart
15. Vogelstimmen mit Download https://freeanimalsounds.org/de/voegel/
16. Hoerspielbox mit Download https://hoerspielbox.de/
17. Freesound - Internetseite für div. Sounds https://freesound.org/
18. Lizenzfreie Musik für YouTube und Projekte https://www.free-stock-music.com/
19. Free Music Archive (FMA), freier Zugang zu offen lizenzierter Originalmusik von unabhängigen Künstlern https://freemusicarchive.org/curator/Video/
20. Kostenlose lizenzfreie Musik als Download für Videos https://pixabay.com/de/music/
21. Kompressor einstellen – Einfache Anleitung https://www.delamar.de/audio-kompressor/kompressor-einstellen-53039/
22. Videoschnitt, Bild-im-Bild-Effekte und Bluescreen mit Kdenlive; LinuxUser 05/2020

https://www.linux-community.de/ausgaben/linuxuser/2020/05/videoschnitt-bild-im-bild-effekte-und-bluescreen-mit-kdenlive/4/

23. Checkliste: Welche Einwilligungen und Rechte müssen bei Videoaufnahmen zwingend vorliegen?
https://filmpuls.info/checkliste-rechte-einwilligungen-film-video/

24. Datenschutz-Grundverordnung
https://dsgvo-gesetz.de/

25. Gesetz betreffend das Urheberrecht an Werken der bildenden Künste und der Photographie
https://www.gesetze-im-internet.de/kunsturhg/

26. Urheberrechtsgesetz
https://www.gesetze-im-internet.de/urhg/inhalts_bersicht.html

27. Creative Commons - Schöpferisches Gemeingut
https://creativecommons.org/licenses/?lang=de

28. Was ist CC / Hinweise und Erklärungen zu 6 Lizenzverträgen
https://de.creativecommons.net/was-ist-cc/

29. YouTube & Co.: Was darf ich und was nicht?
Information der Verbraucherzentrale NRW
https://www.checked4you.de/tv-musik/film-fernsehen/youtube-urheberrecht-252176

30. Warum das Videoformat H.264 für Videos und Streaming noch immer an Bedeutung zulegt
https://filmpuls.info/was-heisst-h264-videos/

31. VLC media player
https://www.videolan.org/vlc/index.de.html

32. Youtube – Hilfe
https://support.google.com/youtube#topic=9257498

Danksagung des Autors

Für die Idee zu diesem Buch kann niemand etwas. Wie das mit Ideen so ist, sie war einfach da. Aufgeschrieben verpackt und als E-Mail versendet geriet sie im mitp-Verlag in die Hände von Frau Katja Völpel. Dank ihres Engagements, der aufbauenden Worte, vieler kritischen Hinweise und ihrer höchst kompetenten Begleitung konnte dieses Buch entstehen. Ihr gilt mein besonderer Dank.

Mein Dank an Kdenlive für die freundliche Unterstützung geht besonders an Lydia Pitscher und Eugen Mohr vom Entwickler-Kernteam.

Für die unkomplizierte Hilfe bei der Gestaltung der Bilder (*Abb. 4.6* und *Abb. 4.20*) danke ich Fritz Roth, Greifswald.

Für die Überlassung der Fotos (*Abb. 7.4* und *Abb. 7.5*) mein Dank an RØDE Microphones (AUS).

Bei Dr. Andreas Schabenberger von der Kanzlei HEUKING KÜHN LÜER WOJTE bedanke ich mich für die Hinweise zu Fragen des Rechts.

Zum Thema Sehen und Wahrnehmung danke ich Dr. Regine Bredow für die ausführlichen Erläuterungen.

Stets bei guter Laune zu, sein ist das Verdienst guter Freunde. Mein ganz herzlicher Dank dafür an Birgit, Christiane, Franzi, Netti, Jörn, Karsten, Rainer, Ralf und Volker.

Meinen größten Dank hast du verdient, Bine.

Stichwortverzeichnis

Y

Z